二十世纪人文译丛

希腊精神

——一部文明史

〔英〕阿诺德·汤因比 著
乔 戈 译

商务印书馆
SINCE 1897 The Commercial Press

ARNOLD J. TOYNBEE

HELLENISM:
THE HISTORY OF A CIVILIZATION

阿诺德 · 汤因比

作者简介

阿诺德·汤因比(Arnold Joseph Toynbee, 1889—1975),英国著名历史学家，曾被誉为“二十世纪智者”。先后任职于牛津大学、伦敦经济学院和英国外交部等机构，一生游历甚广，曾两度访华，非常推崇中国文化。著述颇丰，代表作为《历史研究》（12卷，1934—1961），其历史理论和全景式的文明史叙述方式对后世产生了深远影响。

译者简介

乔戈，中山大学哲学博士，美国波士顿大学古典研究系访问学者，目前任教于重庆西南政法大学。主要研究领域为政治哲学史、古典哲学。著有《国家的伦理》(2014)一书，另有论文和译文数篇，分别载于《现代哲学》、《求是学刊》等刊物。

总　序

“人文”是人类普遍的自我关怀，表现为对教化、德行、情操的关切，对人的尊严、价值、命运的维护，对理想人格的塑造，对崇高境界的追慕。人文关注人类自身的精神层面，审视自我，认识自我。人之所以是万物之灵，就在于其有人文，有自己特有的智慧风貌。

“时代”孕育“人文”，“人文”引领“时代”。

古希腊的德尔斐神谕“认识你自己”揭示了人文的核心内涵。一部浩瀚无穷的人类发展史，就是一部人类不断“认识自己”的人文史。不同的时代散发着不同的人文气息。古代以降，人文在同自然与神道的相生相克中，留下了不同的历史发展印痕，并把高蹈而超迈的一面引向二十世纪。

二十世纪是科技昌明的时代，科技是“立世之基”，而人文为“处世之本”，两者互动互补，相协相生，共同推动着人类文明的发展。科技在实证的基础上，通过计算、测量来研究整个自然界。它揭示一切现象与过程的实质及规律，为人类利用和改造自然（包括人的自然生命）提供工具理性。人文则立足于“人”的视角，思考人无法被工具理性所规范的生命体验和精神超越。它引导人在面对无孔不入的科技时审视内心，保持自身的主体地位，防止科技被滥用，确保精神世界不被侵蚀与物化。

回首二十世纪，战争与革命、和平与发展这两对时代主题深刻地影响了人文领域的发展。两次工业革命所积累的矛盾以两次世界大战的惨烈方式得以缓解。空前的灾难促使西方学者严肃而痛苦地反思工业文明。受第三次科技革命的刺激，科学技术飞速发展，科技与人文之互相渗透也走向了全新的高度，伴随着高速和高效发展而来的，既有欣喜和振奋，也有担忧和悲伤；而这种审视也拷问着所有人的心灵，日益尖锐的全球性问题成了人文研究领域的共同课题。在此大背景下，西方学界在人文领域取得了举世瞩目的成就，并以其特有的方式影响和干预了这一时代，进而为新世纪的到来奠定了极具启发性、开创性的契机。

为使读者系统、方便地感受和探究其中的杰出成果，我们精心遴选汇编了这套“二十世纪人文译丛”。如同西方学术界因工业革命、政治革命、帝国主义所带来的巨大影响而提出的“漫长的十八世纪”“漫长的十九世纪”等概念，此处所说的“二十世纪”也是一个“漫长的二十世纪”，包含了从十九世纪晚期到二十一世纪早期的漫长岁月。希望以这套丛书为契机，通过借鉴“漫长的二十世纪”的优秀人文学科著作，帮助读者更深刻地理解“人文”本身，并为当今的中国社会注入更多人文气息、滋养更多人文关怀、传扬更多“仁以为己任”的人文精神。

本丛书拟涵盖人文各学科、各领域的理论探讨与实证研究，既注重学术性与专业性，又强调普适性和可读性，意在尽可能多地展现人文领域的多彩魅力。我们的理想是把现代知识人的专业知识和社会责任感紧密结合，不仅为高校师生、社会大众提供深入了解人文的通道，也为人文交流提供重要平台，成为传承人文精神的工具，从而为推动一个高度文明与和谐的社会建设贡献自己的一份力量。因此，我们殷切希望有志于此项事业的学界同行参与其中，同时也希望读者们不吝指正，让我们携手共同努力把这套丛书做好。

“二十世纪人文译丛”编委会

2015 年 6 月 26 日于光启编译馆

奇异的东西虽然多,但没有一种能像人这样奇异。

——索福克勒斯:《安提戈涅》

你应当拜上帝这位主,唯独要侍奉他。

——《马太福音》4:10 和《路加福音》4:8

引自《申命记》6:13

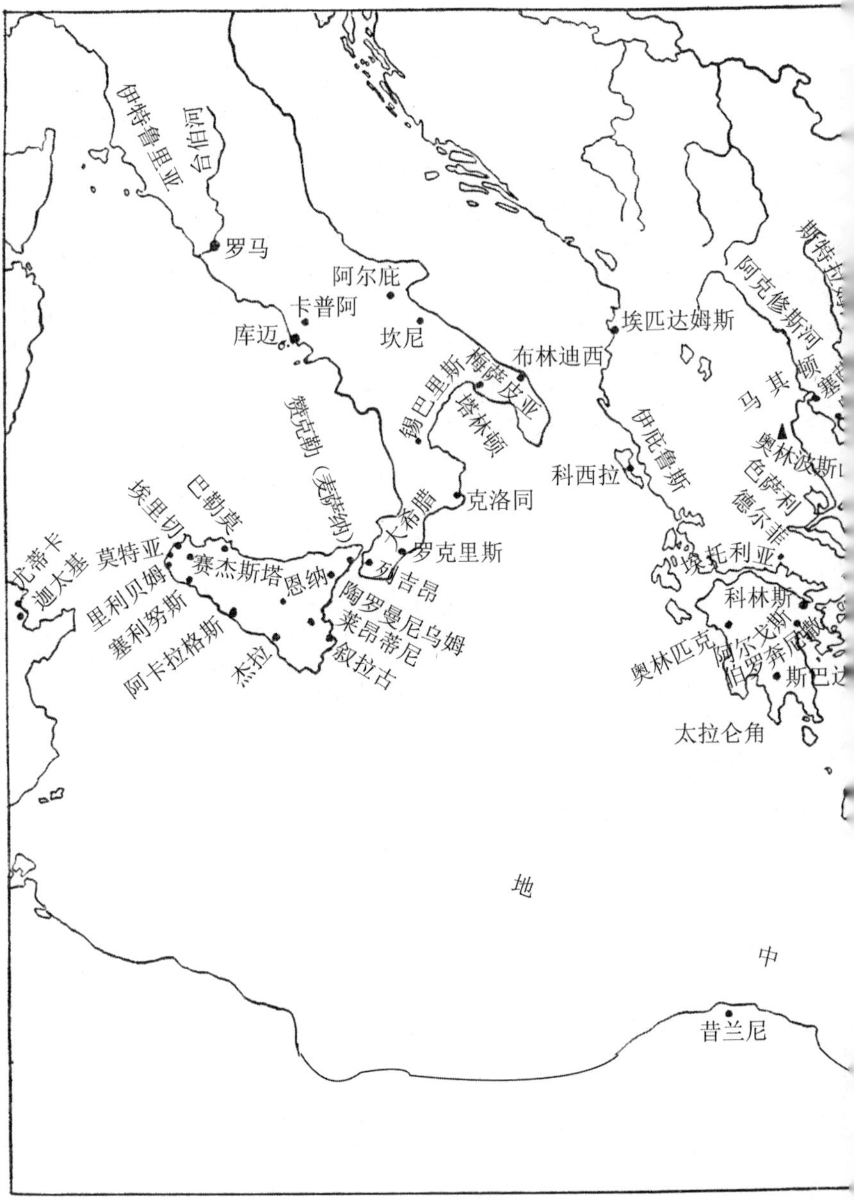

说明：本图尽可能完整显示书中提及的地名，它不只呈现那些在某个特定时期

海

地点，图中标明的部分地名并非同时存在。

图2 爱琴海

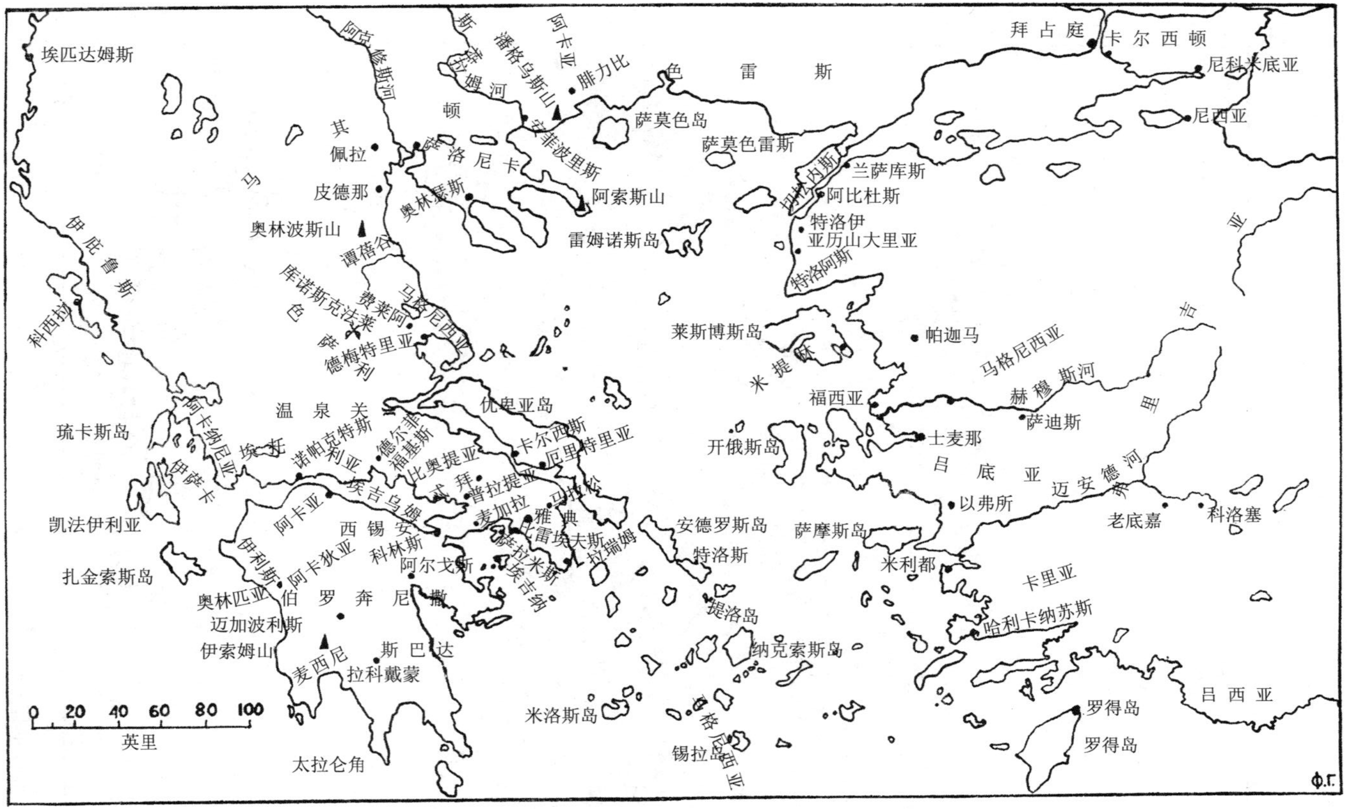

说明：图中某些地名并非出现于同时代。

目　录

前　言

1914 年,吉尔伯特·默雷(Gilbert Murray)教授作为"家庭大学文库"(Home University Library)的主编之一,向我委托了此书。当年,我在牛津休长假,假期伊始,我就对本书的构思做了一些笔记,并且呈交给默雷教授征求批评意见。当我写作的时候,面前放着一封默雷教授于 1914 年 7 月 20 日的来信,它的开头这样写道:"我很惭愧之前没有写作此书。我完全专注于完成《阿尔刻提斯》①的工作,而遗忘了其余世界。"从接下来的一个月开始,直到他生命的尽头,大约有 43 年时间,默雷一直致力于世界和平的目标。然而,当时默雷在英格兰写下的这句话表明,即便是这样一位从学生时代开始就一直对政治抱有超乎寻常兴趣的学者,也完全没有预料到第一次世界大战的爆发。

战争开始的那段时间,我消化了默雷对我的笔记所做的极富启发的批注,并且写完了前四章的初稿。但从那以后,我就没再读过这些初稿或笔记。

1951 年,我在瑞士度假期间,完成了一些新的笔记,并且又提交给默雷教授。这一次,因为没有公共灾难的妨碍,我写完了崭新的全书初稿。然而,不幸的是,我没能在默雷去世前及时完成并向他呈现。

眼下这个版本是 1956 年 4 月到 1957 年 10 月间,我在世界的不同地方写完的:太平洋、塔斯马尼亚(Tasmania)、威斯特摩兰(Westmorland)、冰岛、汉普斯特德(Hampstead)和苏塞克斯。我在写作本书的时候并没有

---

① 《阿尔刻提斯》(*Alcestis*)是古希腊戏剧家欧里庇得斯的一部戏剧。此时,默雷正在完成它的英译和注释工作。——译注

viii 重访爱琴海地区的希腊世界中心,但我的确目睹了这个中心之外扩展的某片广阔区域。这个区域既包括马其顿的亚历山大和巴克特里亚的德米特里乌斯(Demetrius of Bactria)横跨大陆的征服,也包括尼罗河上亚历山大里亚的经济和文化影响力从海上对阿拉伯海东部国家的和平渗透。

当一个人试图写一部文明史时,去某个剧场(无论多小)观看正在上演的戏剧会大有助益。用自己的双眼远远地瞧一眼风景,远比他花费数年研究地图和文本要有收获得多。

在我着手本书的第一批笔记之前,也就是1911至1912年,我亲自徒步(以最佳的方式)旅游了罗马附近的区域,最远到达塔尔奎尼亚(Tarquinii)、希斯佩罗(Hispellum)和加埃塔(Caieta);另外还游览了希腊的欧洲大陆区域,最北抵达法萨罗(Pharsalus)和安布拉基亚湾(Ambracian Gulf);我还步行穿越了克里特岛东部三分之二的区域以及阿索斯(Athos)半岛。1921年,我游览了君士坦丁堡、马尔马拉海(Sea of Marmara)具有亚洲风情的海岸,最南抵达迈安德河的安纳托利亚(Anatolia)西海岸和色萨利(Thessaly)北部以及马其顿西部,包括林塞斯蒂斯(Lyncestis)、欧耳代亚(Eordaea)、艾里米奥提斯(Elimiotis)。1923年,我造访了安卡拉。1929年,我穿过安卡拉和西里西亚隘口,游历了塞琉西斯(Seleucis)北部的两座城市奥龙特斯河上的安条克(Antioch)和皮埃里亚(Seleicia Pieria)。途中,我为了去巴士拉(Basra)和日本,又穿越了阿勒颇(Aleppo)和大马士革。1948年,我和妻子作为土耳其政府的客人,在安纳托利亚中东部经公路进行了为期一周的游览。我们造访了勃尕卡尔(Boghazqal' eh)、阿马西亚(Amasia)、托卡特(Tokat)、塞巴斯提亚(Sebastia)、卡萨利亚(Cappadocian Caesarea)、西里西亚隘口(再一次游览,这次是通过公路,而不是铁路)、塔尔苏斯(Tarsus)和阿达纳(Adana)。在1956至1957年间自东向西的环球旅行中——本书的前半部分是在这次旅行期间写作的,我在阿里卡曼陀(Arikamedu)第一次(1957年2月)到达了后亚历山大时代的希腊世界,它是位于印度东南岸的希腊"工厂",刚好在本地治里(Pondichery)的南面。在这段时间与

1957 年 8 月开始前的间隙,我们游览了犍陀罗(Gandhara)的塔克西拉(Takshasila)和白沙瓦(Peshawar)——贵霜帝国(Kushan Empire)的都 ix
城。我从巴比伦出发,到达了里海隘口(Caspian Gates),通过东北方向的大路上行,这条路是塞琉古(Seleucid)国的枢纽,也曾是波斯帝国的枢纽。另外,我还从贝鲁特(Beirut,腓尼基人的城邦和罗马殖民地贝鲁图斯)的据点出发,游览了哈特拉(Hatra)和埃尔比勒(Arbela),并且游览了佩特拉(Petra)和巴尔米拉(Palmyra);还有塞琉西斯的两个南部城市老底嘉(Laodicea)和奥龙特斯河上的阿帕美亚(Apamea),腓尼基城市阿拉德斯(Aradus)和塔索斯(Tartus),科伊勒-叙利亚(Coele-Syria)的一些地方如巴贝克(Baalbek)以及奥龙特斯和约旦的温泉,希腊史的帝国时代在德鲁兹(Jabal Druz)和浩兰(Hauran)的城市,德卡波利斯(Decapolis)的费拉德费亚(Philadelphia)、格拉撒(Gerasa)和加大拉(Gadara),腓尼基人海岸的比布鲁斯(Byblos)、西顿(Sidon)和推罗(Tyre),非利士人(Philistine)海岸的加沙(Gaza)和拉菲亚(Raphia),最后到达了城墙围绕的耶路撒冷,这座城市的街道设计显示了哈德良(Hadrian)的卡皮托林纳城(Aelia Capitolina)的格局。

我对希腊世界的直接知识尚有巨大而严重的缺陷。到目前为止,我还没有游历过迈加拉、西西里或突尼斯,伊庇鲁斯(Epirus)和潘诺尼亚(Paenonia,如今的马其顿共和国),安菲波里斯(Amphipolis)、腓利比(Philippi)或潘格乌斯山(Mount Pangaeus),罗得岛(Rhodes)、卡里拉(Caria)和吕西亚(Lycia),乌克兰或埃及(希腊世界的两大谷物供应源),巴克特里亚(Bactria)或帕罗潘尼撒德(Paropanisadae)(两者如今都在阿富汗)。敢写这些重要的区域而没有亲眼目睹会有一定风险,但除此之外的选择就是推诿不写,拖到天荒地老。总之,本人尽力可为的是:摊开自己的作品,让读者评鉴。

阿诺德·汤因比

1958 年

第一章

故事情节

作为一种文明，希腊精神出现在公元前2000年的末叶，并一直延 1
续至基督纪元的第七个世纪。自希腊精神诞生伊始，它就横跨了爱琴海，继而传播到黑海和地中海沿岸，最终穿越大陆，东至中亚和印度，向西最远抵达了北非和欧洲的大西洋沿岸（包括不列颠岛的某些区域）。

“希腊精神”（Hellenism）在英语词汇中并非日常用语，倒是“希腊人（语）”（Greek）和“希腊”（Greece）这些词被用得更为频繁。然而，这两个词都无法准确表达本书的主题，因为无论是把本书题为“一部希腊人文明的历史”，还是“一部希腊的历史”，都会令人误解。

希腊是一个国家的名字。它位于欧洲东南方最远端半岛的末梢。自海洋与陆地呈现出今天的轮廓以来，它就已经出现在我们这个行星表面的天然版图之上。因而，希腊出现的时间要早于希腊文明（Hellenic Civilization）的产生。此外，今天——也就是希腊文明消亡1300年之后的时代，那个以“希腊”命名的王国依然还在那片版图上存在着，并位列当今世界诸国之林。当然，除希腊文明自身以外，它也目睹了其他文明的兴衰。譬如，在希腊文明泛化的时代之前，米诺斯-迈锡尼文明就曾占据着希腊；而希腊文明之后，拜占庭文明又随之而至。另外，在拜占庭与近代之间的那个时段，希腊还曾被十字军与奥斯曼土耳其人相继并入过西方中世纪的基督教世界与伊斯兰世界。即便是在
希腊文明存在的1800年间，在“希腊”一词的通常用法上，整个希腊文 2
明的范围也跟“希腊”的范围仅有局部的重合。由始至终，希腊文明的一个主要区域是在亚洲的西海岸，那里位于土耳其，而非希腊。另一方

面,处于欧洲大陆的希腊北部地区,在公元前 4 世纪以前都未完全并入希腊世界。

就“希腊人(语)”(Greek)一词而言,英语的用法同拉丁语的用法一样,都必然要把它同“希腊语”联系到一起。此外,希腊语与希腊文明也并非是同时期或者共存的。今天,当希腊文明已经消亡了 1300 年之后,希腊语依旧是一门活语言,而它作为一门活语言,在希腊文明出现之前就已经存在了无数个世纪。第二次世界大战后,一位已故英国学者文特里斯(Michael Ventris)成功破译了公元前 15 至前 13 世纪的希腊语文献。这些文献发现于米诺斯-迈锡尼世界的三个都城:克里特的克诺索斯以及摩里亚的迈锡尼和皮洛斯。它们被刻在泥板上,其文字并非腓尼基(Phoenician)字母——从公元前 8 世纪开始希腊语的书写才使用腓尼基文字——而是克里特的“线形文字 B”,一种非字母的语音文字。由此可见,希腊语大约早在公元前 20 世纪就已经被引入了希腊的欧陆地区。但我们并不清楚,多久以前它就已经使自己脱离了印欧语言的母体——古老世界(Old World)的某个中心区域——开始由东北欧向地中海沿岸地区传播了。无论如何,希腊语都比希腊文明有更久远的历史。较之于希腊文明,希腊语不仅更早,也历时更长,即
3 便是在两者并存的时代,它们覆盖的区域也从未完全重合。

在希腊文明历史进程的大部分时间里,有一些说希腊语的民族并不是希腊文明圈的成员。直到公元前 4 世纪,那些居住在希腊大陆地区北部的人(画一条西北走向的线从希腊中部把它划分成南和北,稍偏德尔菲和温泉关以西的位置),尚未转向希腊精神。在相反的方位上,住在塞浦路斯和亚洲南边海岸线以及西里西亚和潘非里斯沿海平原地区(那里是讲希腊语的犹太裔罗马公民圣保罗的家乡和首个传教区)的民族,也都还没被完全希腊化。色雷斯的西北角,也就是围绕着斯特拉姆河和爱斯开河源头的地方,住着一些说希腊语的落后部落,到公元 1 世纪为止,他们仍旧生活在希腊精神的世界之外。他们的希腊化,多少还是受拉丁语罗马人的强迫。

在所有源于希腊精神而改变信仰的族群中——无论讲希腊语与否，无疑，罗马人的皈依最为重要。只不过，他们皈依得较晚。而那些不讲希腊语的民族，比如意大利的梅萨皮亚人（Messapians）、阿普利亚人（Apulians）、伊特拉斯坎人（Etruscans）和亚洲的吕底亚人（Lydians），他们的希腊化都比罗马人早。此外，还有些不讲希腊语的民族——卡里安人（Carians）和吕希安人（Lycians）——住在亚洲西海岸的最南端，同那些住在爱琴海两岸的邻族一样，都是希腊文明圈的原始成员。虽然这些民族在希腊文明史上的角色远不如罗马人那么显耀，但却在希腊精神的篇章里由始至终以希腊人的生活方式享有其殊誉。

在希腊文明史的尾声，罗马人不仅赋予了地中海沿岸的希腊人以政
治统一和内部安定——把他们置于同一个政府之下，而且还为希腊文明 4
提供了第二种语言工具，补充了希腊语。在罗马帝国，拉丁语和希腊语具有相同的官方地位。西塞罗、维吉尔、贺拉斯以及其他伟大罗马文人的成就都证明了其意义所在，他们以拉丁文写作的具有希腊风格的人文作品，堪比任何希腊文佳作。在希腊史的帝国时代，希腊世界的主导精神是会说两种语言。罗马皇帝奥勒留（Marcus Aurelius Antoninus）的家族来自西班牙，他的母语是拉丁语，但他的札记用的是希腊语。来自安条克的史家马塞林努斯（Ammianus Marcellinus）、来自亚历山大里亚的诗人克劳狄安（Claudian），他们的母语都是希腊语，但其作品均是以拉丁文完成。

有不少原因可以说明，为什么把希腊文明称为"希腊（人/语）文明"（the Greek civilization）或"希腊（国）的文明"（the civilization of Greece）是不恰当的。虽然在英语的公共领域，单词"希腊（人/语）（Greek）"和"希腊（Greece）"远比"希腊精神（Hellenism）""希腊的（Hellenic）""希腊人（Hellenes）""希腊（Hellas）"更为人熟知，但后一组词有两个优点：一是它们不存在歧义；二是这些词在希腊文中是希腊人自己用来指称其文明、世界及其自身的用语。"希腊（Hellas）"似乎最早是用来命名马里亚克海湾（Maliac Gulf）顶端周围的那个地区。它处于希腊中部与北部的

分界线，统辖了大地神和阿波罗神在德尔菲的圣地，以及阿尔忒弥斯神在温泉关附近的安塞拉的圣地（那里是位于大海与山区之间的狭窄通道，是从希腊中部通往北部的交通枢纽，并继续通往希腊北部与之接壤的欧亚大陆）。“希腊人（Hellenes）”的含义是“希腊的居民”，当它也被用来命名临近区域的一些地方民族联盟时（这些民族掌管着德尔菲和温泉关的圣地，而且皮提亚运动会［Pythian Festival］的承办也跟他们有关），或许“希腊人”因而就获得了更宽泛的含义：表示“希腊文明社会的成员”。希腊世界有四大运动会，都是泛希腊（Panhellenic，国际化）的非地方性赛事，而皮提亚运动会只是其中之一。另外三个是：科林斯（Corinth）地界内举行的伊斯塞安赛会；科林斯的伊斯塞慕斯（Isthmus）稍偏西南方的伯罗奔尼撒（莫里亚）地区，也就是弗里乌斯（Phlius）地界内举行的涅米亚（Nemean）运动会；伯罗奔尼撒以西、皮洛斯以东的艾里斯（Elis）地界内举行的奥林匹亚（Olympian）运动会。任何一个有泛希腊地位的运动会，其颁发给艺术和运动优胜者的奖品都不具有任何经济价值。那些地方性的运动会为了吸引参赛者，倒是会提供有经济价值的奖励。然而，成为一个泛希腊运动会优胜者的荣耀如此之高，以至于有无物质报酬都无足轻重了。

虽然是泛希腊的皮提亚运动会赋予了希腊人共同的名称，但四个运动会之中，奥林匹亚运动会最早赢得了泛希腊的地位。希腊的史家们会以某次奥林匹亚运动会的举办时间来标注公共事件的日期（奥林匹亚运动会每隔四年举行），而获准参加奥林匹亚运动会则被视为成为希腊人的标志。比如，亚历山大一世的马其顿不甘臣服于波斯帝王薛西斯，当波斯在公元前 480 至前 479 年进攻欧洲大陆的希腊地区时，就为希腊联盟的最高指挥官提供过有价值的情报。马其顿受奖赏获准参加奥林匹亚运动会并不是因为他们的母语是希腊语，而是基于一份传说中的族谱。该族谱把马其顿王族溯源至伯罗奔尼撒东北部的一个城邦阿尔戈斯（Argos）——它是希腊所有城邦中最受人敬仰的城邦之一。罗马人获准参加伊斯塞安运动会则出于希腊人对他们的感激，因为罗马人在公元前229年对希腊世界做出了贡献,他们歼灭了侵犯希腊欧陆地区西海岸的伊利亚海盗。

若希腊精神无法等同于任何一个特定的国家或语言,那我们该如 6
何定义它? 究其本质,希腊精神既非地理概念也非语言概念,而属于社群和文化的概念。希腊精神作为一种迥异的生活方式在城邦(这种主导性的制度)中得以呈现。此外,任何人,无论其出身和背景如何,只要让自己的生活方式符合希腊城邦的生活方式,就可被认同为希腊人。公元前5世纪的马其顿王亚历山大一世和欧洲游牧民族斯基泰人的可汗司库列斯①,公元前2世纪的罗马将军弗拉米尼努斯②和犹太大祭司约书亚-雅松(Joshua-Jason)③,都是凭此被接纳为希腊人的明显例证。

然而,我们对希腊精神的定义依然不够完整,因为它那迥异的风俗制度并非独有。尽管希腊语中的"城邦(polis)"一词进入了现代西方世界的语言,并衍生出诸如"政治(politics)""政策(policy)""警察(police)"等词汇,可城邦并非希腊人的创造。在公元前三千多年,城邦就已经存在于底格里斯河和幼发拉底河下游的苏美尔地区,比希腊文明的产生时间大约要早两千年。同样城邦也是迦南地区的文明特征,它是希腊文明的同辈和姊妹。迦南式城邦的著名典型有:叙利亚沿岸的腓尼基人城邦西顿、推罗和阿拉德斯,加的斯和迦太基,以及在西班牙西南部和西北非的其他腓尼基人殖民地;此外,《旧约》还记录过,公元前7世纪约西亚王曾把犹大领地改造为耶路撒冷的城邦国。这种

---

① 司库列斯(Khan Scyles the Scythian,约卒于公元前478或前480年),公元前5世纪中叶的斯基泰人君王。其母亲为希腊人,司库列斯受她影响学习希腊语和希腊文化,生活方式也跟希腊人一致。但由于斯基泰人普遍敌视外来生活习俗,随后便推翻了司库列斯的统治,将其放逐,并推举其同父异母兄弟奥克塔马萨德斯(Octamasades)取而代之。可参阅希罗多德《历史》第四卷第6—80页。——译注

② 弗拉米尼努斯(Titus Quinctius Flamininus,公元前229—前174年),罗马政治家和将军,却追慕希腊文化,会讲流利的希腊语,在其主事希腊地区之时,主张给予希腊诸城邦国以自由,受希腊人推崇,甚至有希腊人将其头像印在钱币之上,奉若神明。——译注

③ 在耶路撒冷大肆推行公民希腊化、兴建希腊式运动场的犹太人祭司。——译注

7 (城邦的)制度在西方基督教世界也曾有过复兴,作为一种共同体,它曾属于希腊,却在希腊社会步入衰败之后诞生。西方中世纪城邦的著名典型有:意大利中部和北部地区的威尼斯、米兰、佛罗伦萨和锡耶纳,普罗旺斯的马赛,加泰罗尼亚的巴塞罗那,弗兰德斯的根特、布鲁日、伊普尔以及德国北部的汉莎众镇。跟从前的希腊一样,中世纪的西方基督教世界几乎沦为若干城邦的联合体;即便是在500年后的今天,民族国家成为我们西方世界的典型建制时,那种消亡的中世纪城邦制度依然在如下一些著名的遗存地得到体现:汉堡、不莱梅、巴塞尔、日内瓦、伯尔尼、苏黎世以及圣马力诺。最后提到的这个名字——圣马力诺,虽然它面积最小,但因其依然拥有完全的主权和独立而不同寻常。

因而,单纯就城邦这种制度本身而言,还不是希腊生活方式的特有标志。希腊精神的特征在于,它将这种制度作为一种手段,对某种特定的宇宙观予以现实地表达。公元前 5 世纪,希腊哲人普罗泰戈拉(Protagoras of Abdera)在其赞美格言中有所表达:"人是万物的尺度。"若以传统犹太教—基督教—伊斯兰教的语言来讲,我们会说,希腊人把人视为"创造之主"(the Lord of Creation),并且将人作为处于神之地位的偶像来崇拜。

人类崇拜或人文主义,并非希腊特有的偶像崇拜形式。在一切时代和地域的文明进程中,这种观念一直是拜人宗教的特征。比如,在今天的西方世界,尽管事实上还不够公开,这种宗教就明显拥有主宰地位。西方人是人类集体力量的热烈崇拜者,尤其是崇拜自己通过实际运用现代西方物理科学家的种种发现而克服人类之外的自然界的力
8 量。18 世纪的西方理性主义者和 15 世纪的西方人文主义者,也以自己的方式同为人类崇拜者。希腊人文主义经验若有何与众不同,那就是,在时至今日的记载中,希腊人最为专注和坚定地实践了人类崇拜。这就是希腊历史的特有标志,它带来了一个有趣的问题:希腊人的人类崇拜与希腊精神的兴起、完成、衰败以及最终灭亡之间的关联是什么?

这个问题正是本书的主题。但在着手这个故事并且试图解读它的

意义之前，我们不得不问自己，为何希腊精神是第一个将自己的精华毫无保留地注入人文主义的文明？此外，为何希腊精神也是时至今日唯一如此充分地致力于人文主义的文明？而后来的文明、甚至我们自己的文明都未能将其重现。这样一些思考，也许有助于我们找到这个基本问题的答案。

当人处于自身历史的此阶段时，他已逐渐有意识地主宰了人力之外的自然界，而痛苦经验尚未迫使其面对依然无法主宰自己这一真相。因此，作为宗教的人文主义便会吸引着他。

第一代文明——在底格里斯河和幼发拉底河下游的苏美尔文明、巴基斯坦西部的印度文明、黄河下游的商文明、尼罗河下游的埃及文明和爱琴海诸岛的米诺斯-迈锡尼文明——成就了人对人力之外的自然界的主宰。在希腊文明以及同时期迦南地区的姊妹文明兴起之前，这些更古老的文明已经创造或继承了农业、动物驯养、车、船等技术发明。就创造力、想象力和勇气而言，除原始人对火的掌握利用之
外，这些文明超越了之前所有的发明，同时也超越了之后所有的发 9
明，因为它们为后来的发明奠定了基础。然而，即便这些初级文明以其成就成功确立了人类对于人类之外的自然界的胜利，它们也没有引发对人类力量的崇拜。在一个相对短暂的过渡期——众所周知的新石器时期之后，事实上，那些出自原始生活的初级文明依然处于过去千万年以来的惯性之下。当时的原始人尽管会用火，也有了语言的能力，可他们仍无法主宰自然界。他们认为自然界是他们的女主人，因而拜倒在她脚下。在自然界中，初级文明尤其没能掌控一个要素；它作为根本，比其他任何要素与人的关系都更为紧密，并且使人类的人格在自然界中依附于它。他们没能掌控的这个要素便是家庭，人类依然受制于家庭。

原始的自然崇拜是初级文明的产物，而初级文明却造就了更为复杂的宗教；这些宗教是它们对社会衰败和瓦解经历的回应。原始人对体现在家庭与农作物之中的自然的崇拜，为初级文明提供了一种表达

途径，这也是他们体会失败之痛的初始方式。原始宗教为初级文明提供了某种标志，既象征着人类生活的悲剧内涵，也象征着源自生活挫折的奇迹般的胜利。这些经历表现在有关种子[1]的比喻中：种子在地母神的子宫中枯萎和埋葬，然后又在次年再成长为作物，或者成为人类家庭的下一代。这样的想象在崇拜的过程中变为行动，而崇拜的对象是悲恸的母亲或妻子及其受苦的儿子或丈夫——他遭遇了致死的暴力又光荣地复活。此宗教从苏美尔地区延伸到大陆的尽头。苏美尔人的女神伊南娜（Inanna）——她的阿卡德名字伊莎（Ishar）更为人熟知——同其伴侣塔穆兹（Tammuz）在埃及重现为伊希斯（Isis）和奥西利斯（Osiris）[2]，在迦南则为阿斯塔特（Astarte）和阿多尼斯（Adonis）[3]，在赫梯（Hittite）世界是西布莉（Cybele）和阿提斯（Attis），在遥远的斯堪的纳维亚是南娜（Nana）和拜珥德（Balder）——女神依然保留着她原初的苏美尔名字，而男神，在斯堪的纳维亚跟在迦南一样，成了匿名的"我们的主"。

几乎整个希腊世界范围内都在膜拜这位悲伤的女神和她死而复生的男伴，而举行仪式最著名的希腊地点就是厄琉西斯（Eleusis）——得墨忒耳（Demeter，地母神）、她的女儿珀耳赛福涅（Persephone）和谷物神特里普托勒摩斯（Triptolemus）的圣地。我们兴许会猜到，厄琉西斯密仪[4]作为希腊文明的一种遗产，源自更早的米诺斯-迈锡尼文明。然而，即便在希腊世界内，以自然崇拜作为最高宗教，这也是例外。它在厄琉西斯得以延续，并一直保留了下去。自然崇拜依然是妇女和农人的宗教，而且这些人群还一起组成了人口的绝大多数。但他们却是受压抑的大多数，其宗教也随之转入地下。

---

① 种子（seed），也可译为子孙。此处为双关语。——译注

② 伊希斯和奥西利斯分别为古埃及的生育之神和冥界之神。——译注

③ 阿斯塔特和阿多尼斯分别为迦南地区的爱情女神和植物神。——译注

④ 厄琉西斯密仪（Eleusinian mysteries）是厄琉西斯的一种秘密宗教的年度入会仪式，这种秘密仪式与得墨忒耳神密切相关，后来传到罗马。——译注

之所以发生这种情况，那是由于，跟尼罗河、底格里斯河和幼发拉底河流域相对连续的文明相比，爱琴海［文明］在米诺斯-迈锡尼文明衰落与其希腊后继文明的兴起之间曾出现过明显而剧烈的断裂。衰落社会的残片被蛮族入侵的洪流淹没，往昔的痕迹在希腊民间记忆里也被如此彻底地抹去，很难再有任何关于先前残存文明的回忆。希腊文明不得不依存于两种来自蛮族的遗产来激发生命：归名于诗人荷马的史诗和一座万神殿。荷马史诗之于希腊人，相当于《圣经》对于基督徒和《古兰经》对于穆斯林的意义。万神殿中的诸神，并未象征着自然的神秘更替，而是以男人的形象、蛮族人的形象以及所有人的形象展现在世人面前。

那些奥林匹亚诸神是其人类原型的鲜活再现，但不幸的是，蛮族的 11
人性却让人格外生厌。蛮族作为原始人，不幸被迫遭遇了一种衰败文明的最后代表。这一历史的偶然事件突然摧毁了蛮族传统法则和风俗的结构，由此在他们成熟到足以享受自由前为其解除了桎梏。事实上，蛮族就像一位既丧失了幼儿纯真却又不具备成人自控力的少年。在米诺斯-迈锡尼文明已具雏形和希腊文明崭露头角的社会过渡时期，新兴的诸神向古代自然神施加了无上的权威；他们作为一伙拥有非凡力量的战队，却带着鲜明而声名狼藉的蛮族特征。新兴的诸神从富丽的匪堡而来，将自己定居在奥林匹亚山巅，主宰了宇宙。

蛮族的人性在奥林匹亚万神殿那带着痛苦的现实主义风格中得到反映，但它不配成为一个处于文明进程中的社会的崇拜对象，因为其很快就在希腊世界中声名狼藉。即便是在那些最终成为权威修订版的荷马史诗中，奥林匹亚诸神也开始名声败坏，被人耻笑。公元前6世纪的哲人科洛丰的色诺芬尼[①]就曾激愤地指责过他们。因而希腊人被迫开始找寻另一些可供选择的崇拜对象。直到希腊文明消失，这种诉求始

---

① 色诺芬尼（公元前570—前480年），古希腊哲人、诗人，曾激烈批判诸神起源的传说，提出了世界本源为土的说法。他的许多观念影响到了巴门尼德和芝诺。——译注

终没有停止过。但正是这些在艺术和思想领域成就了如此天才的希腊人，从未成功地独立弃绝他们从蛮族陛下那里继承的人类崇拜。希腊人仅仅是在两种不同的人类崇拜形式中摇摆，至少它们都比崇拜神化
12 的蛮族战士和悍妇更令人愉快。两种选择之一便是对显而易见的人类集体力量的崇拜。它首先出现在局部的城邦，而后最终出现在一个独立的帝国，其领土似乎囊括了整个世界，并且在事实上囊括了环地中海沿岸的所有希腊城邦。第二个选择是崇拜某位被神化之人，因为他似乎是位救世主。曾有西西里的僭主或马其顿的国王或罗马皇帝把自己展现为社会的救世主；也曾有斯多亚或伊壁鸠鲁学派的圣人似乎能够用自己超然的风范拯救其他的个体，因为他们明显是在用自己的苦行拯救自己。

即便是以不那么鄙俗的方式，希腊人在践行人类崇拜时也从未感到过释然。这种无法释然体现在他们害怕犯下骄狂之罪。一个人怀有过度的自负，就会引发诸神的怨恨和惩罚。希腊人认为，人不可能神化自己而不受惩罚。

最终，希腊人逐渐发现，由骄狂引起的惩罚不可避免，而任何形式的人类崇拜实践又如此无法令人满足。于是希腊人便倒向了两种东方的宗教，这两种宗教都产生自受希腊精神冲击的、希腊人曾用武力征服过的亚洲社会。在印度和中亚，希腊人逐渐皈依了佛教的一种早期形式，它在后来的宗派中以“大乘佛教”(Mahayana)为人所知；在地中海流域，希腊人则逐渐皈依基督教。

这两种宗教实质上扭转了希腊人的人文主义，因为它们提供的崇拜对象都不是人。以色列的神演变为基督教的上帝，就如同希腊的神——阿波罗、伊壁鸠鲁和奥古斯都[①]——也曾是人类可以直面和保持交流的人一样。然而上帝与人之间的共同之处却在这两种宗教中有
13 不同的基础。希腊诸神与人接近，是因为人以自己的形象创造了他们；

① 奥古斯都，即屋大维，罗马帝国开国君主，奥古斯都是其封号。——译注

以色列的上帝与人接近,是因为他以自己的形象创造了人。对于菩萨(潜在的佛陀),大乘佛教信徒们以一种等同于崇拜的方式敬献着,菩萨的存在体现在追求佛陀自我寂灭的目的中,他们已摆脱了任何人性的迹象。菩萨如此接近自己的目标,也能在任何时候抛开生存本身。此外,眼下的任何事物都无法阻止菩萨超脱进入涅槃,除了他们对其他有感之物的怜悯——后者需要菩萨的佑助以解脱欲念之苦。大乘佛教甚至比犹太教更排斥人类崇拜。然而,在倒向这两种非人类崇拜的东方宗教的过程中,希腊精神用自己的某种人文主义给它们烙上了印记。

实质上,诱惑了半个希腊世界的基督教曾是犹太教的一种演变;这种演变在犹太人看来,是由注入了希腊观念的犹太教带来的,它正好是犹太教表征的对立面。在基督徒的信念中,以色列的神以自己的形象创造了人类,通过使自己化身为人,为其所创之人提供了一条救赎之路。但对犹太人而言,这种有关神的化身的激进基督教学说,作为一种神话,是渗透进犹太教的亵渎,也是希腊异教中所有最为败坏的错误之一;它背叛了犹太教在苦难历久的努力中取得的成就——净化和升华了人对神性的眼界,本不应该有任何正统的犹太人敢接受它。只有加利利人犯此弥天大罪,那是因为早年间加利利在公元前最后一个世纪
被迫皈依犹太教之前已经受希腊影响了 250 多年。希腊精神对基督教 14
学说和见解的影响的确深远,这缘于上帝在幻化为人的过程中,让自己承受了苦难,而这是一个凡人无法逃避的命运。事实上,受苦之神的形象潜藏着人类崇拜,却被希腊化的人类崇拜者们所拒斥。圣保罗就曾意识到,被钉十字架的基督,除了是犹太人眼里的绊脚石之外,在希腊人眼里也是件荒唐的事情。希腊人的想法在此转变为一位有教养的希腊男人对那些女人与农夫的地下宗教的蔑视。然而,希腊(神)的化身观念曾侵入犹太教产生影响,这一次又侵入基督教产生影响。显然,基督教崇拜的神的悲惨逝世和成功复活,一直都牢牢抓着希腊广大下层社会的人心。

与此相比,似乎希腊精神对那些取得优势的东方宗教的其他影响

显得微不足道了。但即便如此，也仍有一些重要的影响。在希腊艺术中，基督教和大乘佛教都找到了表达各自观念和理想的视觉手段，使文盲大众皈依其门下。在希腊哲学中，基督教找到了表述其信仰的思想手段，让其术语能够为受过希腊文化教育的社会精英所接受。在罗马帝国的行政结构中——一种基于城邦单位组成的普遍政体——基督教会找到了组织自身的运行模式。

在人类历史上，文明的希腊式体验即使不再有后续效应，也一直是一段迷人的插曲。然而，眼下我们回顾一番后不难看出希腊精神对后来文明所做贡献的意义和价值，无论是对基督教、大乘佛教还是其他高深宗教的观念和理想。尤其是伊斯兰教和后佛陀时代的印度
15 教，这两种宗教源自希腊精神与另外两种文明（希腊精神在迦南和印度的同辈）的碰撞。今天，那些高深的宗教还是人类生活中最伟大的精神力量，而希腊精神依然活在对它们的影响之中。希腊精神对这些高深宗教的影响既有消极的，也有积极的。其最大的负面影响是，希腊精神悲怆地证实了人类崇拜的缺陷；而其最大的正面影响在于，希腊精神向犹太教植入了一种反犹太的“道成肉身”观念，由此唤起了基督教。

第二章

希腊生活方式的自然环境

希腊世界的核心要道一直是水路。当亚历山大大帝推翻了波斯帝 16
国,将希腊精神的范围向东方、南方的遥远内陆扩张之后,波斯国王在西南亚和埃及的希腊继承者们发现自己难以抗拒地重返了海边,并且为了获得爱琴海列岛中的一个岛屿而不惜牺牲希腊大陆腹地的一整片行政区。在希腊史随后的篇章中,当罗马人把已经扩展的希腊世界西半区统一于同一个政府后,希腊式“世界国家”的首都实际上已经从罗马迁移到了位于博斯普鲁斯海峡沿岸的拜占庭。

专注于水路并非希腊世界独有。与希腊世界具有相同地理结构的还有贯穿于尼罗河、底格里斯河和幼发拉底河、印度流域以及黄河的那些同时代文明。然而希腊文明却享有其前身(米诺斯-迈锡尼文明)独有的特征:其主要航路是海而不是江河。也只是到了希腊精神处于最后迸发时期的基督教时代之后,其他以海洋为中心的文明才在印度尼西亚和日本诞生。

希腊文明的发源地是爱琴海地区。但爱琴海东海岸与西海岸或其间的岛屿一样,都只是希腊世界的一个部分。确实,沿小亚细亚西海岸的希腊城邦,包括伯罗奔尼撒(摩里亚)和希腊中部,最西至德尔菲和温泉关,都在希腊生活中扮演着关键角色,直至公元前6世纪,当希腊城邦
屈服于来自内陆外强的统治,不得已放弃希腊人在欧洲的领导权时。 17

爱琴海地区的地形错综复杂,山峦隔开洼地,岛链横贯海洋。这种结构正是地球表面叠合、断层和塌陷的结果。事实上,爱琴海地区只是一片浩瀚区域的一小部分,该区域漂移了全球近四分之三的范围,使上

述地理变迁得以发生。这片区域从南美的南端(出现在南极海域)延伸至摩洛哥和西班牙,沉入大西洋洋面之下。层叠的山峦以巨大的曲线横掠出一个弧形,环绕太平洋的三面,从美洲的西坡达到沿亚洲东海岸群岛环线的最南端。在西里伯斯岛,这个弧形连接了另一个弧形,后者缠绕新西兰穿越印度尼西亚和喜马拉雅山脉到帕米尔高原,然后从这里开始以洼地继续向西,用多条平行线穿越东半球的西半区。爱琴海地区并不是这一区域中唯一低洼塌陷并低于海平面的地区。相同现象也出现在加勒比海、白令海峡、日本、菲律宾和印度尼西亚,以及黑海和西地中海海域。在它们之间,爱琴海地区就是连接点。然而,眼下我们关注这片作为突变地形典型的爱琴海,是因为它曾经是希腊文明的发源地和永恒的焦点。

爱琴海地区的构造和位置赋予了其自身三种显著的自然特征,这对其居民的生活产生了重大影响。

首先,爱琴海地区提供了绝佳的海运交通。尽管游历乡村是件费力
18 的事情,因为从一小片平原到另一片平原,得翻越隔断它们的那些陡峭而崎岖的山峦;然而,当许多平原降至海平面以下时,它们也就拥有了一扇面对广阔世界的窗户。许多时候,在平原与山峦交汇于海岸的地方,会有不少便利的天然海港。此外,群岛链——海底山脉的顶端——在海岸与海岸之间以平行线斜跨过大海,提供了学习航海技术的条件。当地的航海家们在爱琴海学习航海技术,因为那里的大陆绝不至于遥不可见,港口也罕有不可企及的,这让航海家们能找到通道引导他们进入更宽阔的水域。出爱琴海向东北方航行,经过达达尼尔海峡、马尔马拉海和博斯普鲁斯海峡,爱琴海的水手们就能驶进辽阔的黑海。若向东南方航行,穿过一片群岛的联结——其中最宽阔、最佳的地点就是位于克里特东端与亚洲的西南角之间的罗得岛,水手们就会驶入东地中海。此外,如果水手们紧沿群岛东岸航行直达尼罗河三角洲,而后逆流而上,他们首先会发现一条陆上运输通道,而后又会发现一条船运通道,能把他们从三角洲的起点运往苏伊士湾的起点,在那里水手们会抵达印度洋的

入口。从爱琴海的西南方向出发——在克里特的西端与伯罗奔尼撒东南方的尽头(危险的马里阿海角)之间,水手们的前方便是地中海的中部与西部海域。水手们可以穿越梅塞尼海峡行至台伯河、阿诺河、罗讷河和埃布罗河的入口;或者选择走西西里与突尼斯之间更宽阔的通道,冒险驶出赫拉克勒斯之柱(Pillars of Hercules),他们就能穿过直布罗陀海峡进入大西洋。

爱琴海地区这种地理构造的第二个影响是,它在这一区域为其居民
提供了条件优越、面积却极为有限的耕地。山的峭壁使得土壤如同一只 19
碗里的粥一样积蓄在山谷里。土壤的厚度可观,表面也平坦,但土平面与山腰相交的那一条线,便是耕作终止之界。因为山本身是如此贫瘠,即便耕作者辛劳地在山坡低处开出梯田,能够在土平面之上固定住的土壤却极少,差不多仅够种植一点橄榄树。在一个降雨充沛而又多悬崖的国家,比如秘鲁高原的大西洋坡面,梯田几乎能够一直修到山顶;但在爱琴海地区,气候过于干燥,山腰过于贫瘠,以致大量的劳动都是徒劳。事实上,爱琴海地区也可以像秘鲁高原那样,依靠降雨为它的作物提供水分。然而,爱琴海地区几乎和秘鲁一样,荒漠与耕地之间的界限是如此鲜明;沿着无雨的海岸,那里的耕作完全依赖于灌溉,维持草木生命的水分仅够存活,无法形成水流。

受爱琴海地区地理位置的影响,气候产生了极端的季节变化。由于地处欧洲与非洲的分界线,爱琴海的冬天如同欧洲,夏天如同非洲。爱琴海冬夏季节的严酷,让那些来自欧洲大西洋沿海或秘鲁大西洋沿海地区的游客震惊:由于几乎持续恒温的洋流带来了缓慢的影响,那些地区的气候变化均保持在一个极为有限的范围内。

爱琴海地区无规律的气候带来的季节性极端天气,曾反复令本书作者感到震惊。例如在1911年12月27—30日间,他就曾徒步穿越位于伯罗奔尼撒的北阿卡狄亚高原,从阿尔戈斯去梅哈斯皮雷昂修道院。他发现高原覆盖着地毯般的积雪,有些地方雪有几尺深,除了那些由骡子和
人在两堵雪壁之间慢慢移动踏出的一条纵向小径之外,几乎没地方能迈 20

开步子。另外一次,在 1912 年 1 月的第二个礼拜,当他去色萨利想逛逛那里的村庄时,刺骨的严寒挫败了他。北风从欧亚大草原的西海湾吹来,沿着黑海的北岸直到喀尔巴阡山的东面山脚,黑色的霜冻裹住了地面,让人失去知觉。他第三次体验爱琴海的冬天,是在 1948 年 11 月末的一天,他同妻子驾车从雅典往返科林斯。那天,冬季景象的色彩就像埃尔·格列柯(El Greco)描绘的暴风雨中的托莱多城一样:铅灰色的天空,冰冷无情的海水。他不得不艰难穿过雪堆前往科林斯卫城山顶。之后,当他驾车返回雅典,沿着“恶地”(Nasty Landing)翻过斯基戎山崖的山脊时,风无情地刮来,猛烈地把萨罗尼克湾的水击打成泡沫,几乎将观察者吹离地面。当一个人凝视被暴风雪横扫的阿戈里德山区,倘若他不知道自己身在何处,这个人或许会以为自己是在观望冰岛的海岸。从所有季节来看,夏天的炎热又处于另一个极端,它炎热的方式让人恐惧。1912 年 7 月 12 日,本书作者于清晨 5 点抵达伊泰阿,并开始步行前往德尔菲。这是一段漫长的上坡路,他很快意识到这是在跟太阳赛跑。尽管他在太阳接近顶点前很久就蹒跚步入德尔菲,但还是在抵达游览的终点前被灼热的光线晒垮。17 年后本书作者发现:当他身处 9 月份的巴格达,阴凉处的温度高达华氏 117 度,并没有享受到来自欧亚大草原北风的眷
21 顾——那北风在爱琴海的夏天会很宜人。然而他并不觉得伊拉克和沙特阿拉伯的炎热就比他在希腊经受到的更严酷。

爱琴海地区的这些自然特征是希腊史的巨大动力。国内农田缺乏,大面积扩大耕地也无可能,这促使希腊人首先向弱小的邻国扩张。其后,当希腊人的扩张因其受害者和竞争者的抵抗而中止时,他们又以商业和手工业贴补农业。希腊人在家门口控制了海洋,这为他们进入更辽阔、复杂的世界开辟了道路。此外,由于希腊人熟悉了爱琴海气候的极端季节变化,他们便能够在大范围的不同自然环境下行动自如。

对于希腊民族的海外扩张而言,他们最少遭遇反抗的线路是:向西沿地中海,向东北穿过海峡延伸至黑海。因为这些地方的原住民在文明上比希腊人落后得多,因此,他们不可能是希腊人的对手。这样一来,希

腊人唯一的真正敌人就是其他黎凡特社会(Levantine societies)①与其竞争的先驱。希腊的殖民者在意大利的"脚背"和"脚尖"上建立了"大希腊"(Great Hellas,"大中央希腊"的意思);在西西里建立了第二个更为富饶的伯罗奔尼撒;在昔兰尼加建了第二个克里特;在遥远的"蔚蓝海岸"(French riviera)地区建了微型的伊奥尼亚。这样的航海扩张令希腊移民接受了本土以外的气候。卡尔西斯人在爱琴海的北岸建了新的卡尔西斯城;尽管它靠近殖民者的故乡,但却远比"蔚蓝海岸"寒冷得多。黑海的北岸——米利都人在那里的俄罗斯大河河口建了商贸站——那里还要更冷。相反的方位上,瑙克拉提斯(Naucratis)的泛希腊聚居区位 22
于尼罗河三角洲受北风的港湾,它所处的地点明显比爱琴海炎热。瑙克拉提斯作为亚历山大里亚的前身,是希腊世界一个时期内的首府——从亚历山大大帝推翻波斯帝国开始直到罗马人征服地中海流域结束。

希腊世界扩张的第一波沿海路进行,直到航海运动在公元前6世纪末被遏制。此后,扩张再度由公元前4世纪末的亚历山大大帝和公元前3世纪的罗马人发起,但这个时代的扩张运动是在陆地上推进的。公元前2世纪,亚历山大的继承者们把希腊精神带到了处于印度洋季风区的亚穆纳河和恒河流域。公元前最后一个世纪,罗马人把希腊精神带到了位于海湾暖流区的欧洲大西洋沿岸。

在大陆扩张的东南和西北方向,希腊的城邦扎根于更为陌生的环境——甚于冰雪覆盖的第聂伯的波利斯提尼斯和酷热的尼罗河的瑙克拉提斯。在幼发拉底河流经阿拉伯北部草原的一段河流岸边,杜拉-欧罗普斯(Dura-Europus)保留了自己的希腊特征。位于底格里斯河的塞琉西亚(Seleucia)、伊拉乌斯河的安条克和希达斯派斯河的布希法拉(Bucephala),也在炎热的伊拉克、胡齐斯坦和旁遮普平原保留了它们的希腊特征。其他希腊移民区是在安纳托利亚和伊朗的高原,以及阿姆河

① 黎凡特(Levant)传统泛指意大利以东的地中海区域,尤其指称地中海东岸、阿拉伯沙漠以北的一片区域。——译注

和锡尔河——那里的国家半年都被冰雪覆盖——保留了特征。在相反的方位上，无论是莱茵地区的科隆还是英格兰东部荒原地区的林肯，我们都能在这些现代城市的名字中发现无畏的罗马殖民者为西北欧留下的拉丁风貌的希腊城邦。

23 那些横跨大陆的希腊精神先驱在迥异的自然环境下磨练自己、保存自我，但他们在天性上对这些地方最为亲近，这些地方在狭小的爱琴海围绕的辽阔内陆大地上极其罕见，那里的气候、植被或海域使他们想起了故乡。希腊的移民——退伍的军人或敢于冒险的平民——循着亚历山大军队的足迹涌入了西南亚和埃及。比如他们就发现了外约旦(Transjordan)的山区，那里有雨水哺育的溪流和树木。此外，当希腊移民踏上遥远的帕罗潘尼撒德①的土地时，凉爽的高地环绕着阿富汗河流的源头，道路从亚洲的四面八方汇集于此。移民们为这片覆盖着葡萄树的伊甸园欢呼，它就像狄俄尼索斯神自己的故乡。希腊殖民者以武力占领了帕罗潘尼撒德，当时幼发拉底河以东余下的所有希腊世界都已被欧亚游牧侵略者践踏，直到公元前最后一个世纪他们都还占据着这个地方。克里米亚和庞蒂克海岸，在希腊海洋扩张时代就已被希腊殖民者占领的两个位于黑海沿岸的真正希腊殖民地，是希腊城邦最后的庇护所。在克里米亚海岸的边缘，作为现代以来塞瓦斯托波尔(Sevastopol)的所在地的克森尼索(Chersonesus Taurica)直到9世纪都始终是一个独立的城邦。位于庞蒂克海岸的特拉布宗(Trebizond)城，在西方的十字军推翻东罗马帝国的公元1204年之后，恢复了自己的独立，并维持了250年。

事实上，虽然希腊侨民对不同环境的忍耐力堪称绝无仅有，但在背井离乡的过程中，希腊本土的巨大吸引力始终萦绕着他们。公元6世纪末，一位来自“大希腊”的希腊人——位于意大利“脚尖”克洛同的医
24 生德莫塞德斯(Democedes)，被意外驱逐到了波斯帝国境内。德莫塞

① 帕罗潘尼萨德(Paropanisadae)，位于阿富汗北部的地区。——译注

德斯曾被聘为希腊萨摩斯岛（亚洲的西岸外）的公共卫生官；当萨摩斯被波斯的军事力量占领后，他同雇主一起沦入了相同的命运。幸运的是，因为波斯皇帝大流士从马背上跌落受伤，德莫塞德斯得到召见伺候大流士。后来，为了报答他成功治愈了这位威严的病人，德莫塞德斯被任命为皇帝的私人医疗顾问。然而这显赫的地位并不能慰藉困居在胡齐斯坦的德莫塞德斯，又由于大流士不愿意放他离开，他便劝诱皇帝让他担任波斯海军巡逻队在地中海西海湾的情报官。正如德莫塞德斯所料，当波斯舰队开到他老家克洛同的时候，他成功地逃了回去。

希腊人的思乡病承袭了塞琉古人的癖好，后者在整个后亚历山大的希腊时代把自己的边界最远推到了远离家乡的大陆。“胜利者”塞琉古[1]在他的主人亚历山大死后，通过占领巴比伦（伊拉克）——作为西南亚的核心区域，既是供给来源地又是交通枢纽——找到了自己安身立命之地。然而塞琉古在获得地中海沿海地区之前始终无法安分。当他攻占叙利亚北部后，他立刻就把自己帝国的行政和军事总部设在了当地异乎寻常的海角上。崭新的库瑞斯泰斯（Cyrrheticê）、安塞穆思雅斯（Anthemusias）、麦格多利亚（Mygdonia）和奥多曼提斯（Odomantis）在“肥沃新月”（the Fertile Crescent）北缘应运而生。这些马其顿行省名字在叙利亚和美索不达米亚的出现，并没有舒缓塞琉古对其故土的思念。直到不间断的战争的尾声，塞琉古已经把亚洲和色 25
雷斯并入了广阔的亚洲范围，他还想重访已经离开了 53 年的马其顿。这种对爱琴海的怀旧，夺去了塞琉古的性命，他在途中被人刺杀；同时也夺去了塞琉古的后人安条克三世[2]的性命，他的帝国跟罗马人发生了冲突。但这些深刻的教训都没能帮助安条克大帝四世伊皮法尼斯（Epiphanes）抵挡住爱琴海的诱惑，他依然把塞琉古王朝逐渐萎缩的财

① “胜利者”塞琉古（Seleucus the Victor，公元前 358—前 281 年），曾作为亚历山大大帝建立的科林斯同盟的指挥官。在亚历山大大帝死之后，他建立了塞琉古王朝。——译注

② 安条克三世（Antiochus Ⅲ，公元前 241—前 187 年），塞琉古王朝历史上最伟大的君王之一，曾数次侵略叙利亚地区，并远征印度。——译注

政花在雅典的装饰上。伊皮法尼斯想通过重建奥林匹亚神宙斯大神庙,把自己的名字列入“希腊人中的希腊人”的不朽行列。这项工程由雅典僭主庇西特拉图斯(Peisistratus)开始,由罗马皇帝哈德良完成。塞琉古王朝人的行为表明,无论一个希腊人离开爱琴海多远,他的内心始终牵挂着希腊的地理中心。

第三章

应对挑战：混乱与压迫

希腊精神史第一章的历史背景是米诺斯–迈锡尼文明的兴衰，它是 26
爱琴海地区先于希腊精神的文明。不讲希腊语的米诺斯人曾经是古老
文明的奠基者，他们的衰落要么是欧洲大陆希腊语区迈锡尼人兴起的
结果，要么就是其原因。迈锡尼人在公元前 15 世纪末克诺索斯（米诺
斯·克里特的首府）被洗劫之前，曾占据过它。尽管与米诺斯人相比，
迈锡尼人就是蛮族，但是同那些紧随迈锡尼人之后的外来蛮族相比较，
迈锡尼人称得上是米诺斯传统的继承者和守护者。迈锡尼人的确创造
了某些事物，它们在一定程度上取代了被迈锡尼人摧毁的东西。比如
迈锡尼人以朴素的方式创建了亚加亚人[①]的海上力量，执行着“米诺斯
王”的海上执法任务。毫无疑问，从公元前 15 世纪末到公元前 12 世纪
末的整个时代是一个分崩离析的时代，而社会和文化延续的重大断裂
出现在结尾而非开始。最深重的灾难并不是克诺索斯在公元前 15 世
纪的被洗劫，而是自公元前 12 世纪初以降，蛮族紧随大移民
（Völkerwanderung）浪潮的来临。这不仅毁灭了迈锡尼文明及其在爱
琴海地区的其他据点，还势如潮水般地横扫了亚洲，淹没了赫梯帝国[②]
的首都哈图沙（Hattusas）——如今为人熟知的是它的土耳其名字勃尕
卡尔。倘若今天有谁站在哈图沙的遗迹中，试着想象罗马诗人维吉尔在 27

① 亚加亚人（Achaean），远古时代希腊的四个主要部族之一。——译注

② 赫梯帝国（Hittite Empire），是位于小亚细亚地区的奴隶制古国。最早可溯源至公元前 19 世纪中叶，在公元前 14 世纪形成赫梯帝国，是西亚最早使用铁器的国家，最后于公元前 8 世纪被亚述人所灭。——译注

《埃涅阿斯纪》第二卷虚构的特洛伊被洗劫的场面，他就能意识到公元前12世纪的灾难是何其深重。好战的移民浪潮滚滚而至，势头不减，沿着地中海东岸进发，一直到尼罗河三角洲的东北角遭到了埃及海陆军队的殊死抵抗，方才止步。受挫的非利士幸存者们在巴勒斯坦沿海地区驻扎了下来，并以自己的名字命名了那个区域。

我们有关从克诺索斯被劫到公元前1188年尼罗河战役结束的那个激烈动荡时代的知识，一部分来自于由现代考古学家复原的埃及、赫梯和亚述政府官方记载的残片，一部分来自尘埃落定之后，我们对公元前最后一千年爱琴海地区、亚洲、叙利亚和迦南的语言学版图的追溯性解释，另外还有一部分来自两部希腊史诗《奥德赛》和《伊利亚特》，它们在传统上被归于荷马名下。

埃及人的记载告诉我们骚乱随处可见。公元前12世纪早期，来自北方侵略者的大举入侵是整个大变革的高潮和顶点。但在此之前已出现过这样的情况：公元前14世纪，来自阿拉伯沙漠北部的蛮族，从东方发起了对迦南和叙利亚的第一波侵略；此外，公元前14至前13世纪，蛮族从西部沙漠出发反复入侵了尼罗河三角洲。蛮族似乎来自遥远的突尼斯、西西里或甚至是撒丁岛。大范围的骚乱区域说明了这样的事实：在公元前2000年的后半段，米诺斯社会并不是唯一衰落的黎凡特文明。埃
28 及人与赫梯人尽管就叙利亚和迦南的归属达成了关于争议主权的协议，并于公元前1278年停战，但两国为此已交战了百年，国力耗尽。赫梯人在小亚细亚西部跟阿扎瓦[1]帝国的系列战争中进一步消耗了自己的国力。尽管在公元前14世纪晚期，战争最终以赫梯人胜利告终，但事后证明，这场胜利让赫梯人付出了过高的代价。事实上，蛮族从四面八方注入的社会空间不仅遍布爱琴海地区，也遍布整个黎凡特社会。

这个地区后来的语言版图告诉了我们有关这些移民身份和路线的

① 阿扎瓦帝国（Arzawa），在公元前15世纪至前12世纪是位于安纳托利亚西部的政权。后来被赫梯人攻占，并被一分为三。——译注

更多知识。当时,说弗里几亚语(Phrygian)的民族如同一支长箭从达达尼尔海峡向东南方斜穿过亚洲;这些侵略者们迫使卡里安人退到迈安德峡谷,来到河流的入口处。这样一来,又轮到卡里安人把吕西安人逼到了半岛“脚尖”的“球形区”上。我们从有关亚述王迪格拉特-徘勒赛一世(Tiglath-Pileser Ⅰ)的记载中得知,来自东南欧的弗里几亚移民的先头部队已经抵达了底格里斯河的上游;直到公元前 12 世纪晚期,亚述人的军队才阻止了他们的前进。另一个入侵民族从厄皮鲁斯(Epirus,所称“大陆”,位于意大利“脚跟”对面的奥特朗托海峡东部)斜穿过欧洲大陆的希腊区和爱琴海地区,抵达罗得岛和临近亚洲西南角外的小岛。

那些入侵爱琴海地区的欧洲大陆人讲的是一种希腊方言。在希腊术语里,或许是因为人们在多里斯(Doris)讲这种语言的缘故,这种方言被人们称为多里斯语。多里斯作为一个群岛,是入侵者们朝东南方向行进的最远端。讲多里斯语的入侵者们割裂了希腊语民族的这个古老分支,后者所在的区域保存着迈锡尼文明,也掌握着亚加亚人的海上力量。 29
新的入侵者要么吞并他们,要么就把他们赶走。当时,在伯罗奔尼撒的古老分支仅残存于高原的中央区域(阿卡狄亚),以及遥远的海外塞浦路斯——这里在公元前 14 世纪就已经被亚加亚的冒险者占领。在希腊中心区域的希腊语民族古老分支如今除了阿提卡和优卑亚(严格说这是一座岛屿,其实也是欧洲大陆的一部分)外,在欧洲大陆已无任何落脚点。大多数讲伊奥尼亚语的希腊人被驱赶漂洋过海到了爱琴海的岛屿,并且还在赫梯王国灭亡之后在安纳托利亚西海岸建立了崭新的伊奥尼亚,那里已经空空荡荡(作为米利都的桥头堡,这里曾是亚加亚海军努力夺取的唯一亚洲大陆落脚点)。在希腊北部的希腊语民族古老分支,同样被驱赶漂洋过海到了伊奥里亚,那是通往伊奥尼亚北部的小亚细亚西海岸。讲伊奥里亚语的希腊人现今在欧洲的代表性聚居地只有两处飞地,一处是色萨利,另一处是在讲多里斯语的侵略者的后方压迫下的彼奥提亚。讲伊奥里亚语的希腊人取代了之前讲伊奥尼亚语的居民。“彼奥提亚人”的名字证明了讲伊奥里亚语的人来自希腊北部,因为这个名字的含义是“波伊奥（Boion）居民”，而波伊奥是品都斯山脉（Mount Pindus）的同义词。

在叙利亚和迦南，新的语言学图谱也讲述了类似的故事。叙利亚讲古老闪语的亚摩利人（Amorite Semitic）就被一波来自亚洲的赫梯难民包围，使亚摩利人从奥龙特斯流域迁徙到河流上游源头。此外，来自北阿拉伯的讲闪语的阿兰人（Aramaean）侵略者又把亚摩利人赶到了安提陶
30 鲁斯和阿玛鲁斯山脚。在迦南，闪语民族的古老分支如同身处希腊欧洲区域的伊奥里亚语民族和阿卡狄亚语民族一样，如今仅生活于偏远的飞地。除了腓尼基，海岸线被来自爱琴海的非利士难民占据，内陆则被摩押人、犹大人、亚扪人、以色列人等希伯来人占据。

在我们有关动荡暴力时代的三种知识来源中，《伊利亚特》和《奥德赛》最详细、最引人入胜，但它们也最难以捉摸和不可靠。事实上，别名特洛伊的伊利昂城位于爱琴海与黑海之间的航道上，那里穿行着东南欧与亚洲间的渡船，它在历史的片段中必定扮演着举足轻重的角色。其实现代考古学对特洛伊的发现和解释已经证明，自公元前3000年到公元前13世纪，它就是一处要地。荷马史诗描绘了亚加亚人围攻这个战略要地十年并随后漂泊寻找归家之路的场面；它与埃及和赫梯官方记录的时代境况极为吻合。同荷马史诗一样，它们也把亚加亚人呈现为好战的海上漂泊者。另外，传统上认定特洛伊沦陷的时间，一种估计是公元前1194至前1193年；另一种是公元前1183年，非常接近于现代埃及学家确认的尼罗河战役的时间，在这场战役中，海洋民族被埃及人击败。然而，任何试图将《伊利亚特》和《奥德赛》视为历史资料的做法都会面临意想不到的困扰。例如，帕里斯，别名“伊利昂的亚历山德罗”（Alexandros of Ilion），《伊利亚特》里的反面人物，在赫梯官方材料中记载为“韦鲁撒[①]的亚历山德罗（Aleksandus of Wilusa）”。赫梯文献中记录的是帕里斯的真实历史背景，他出现在公元前14世纪末以前，而非公元前12世纪。事实

① 韦鲁撒是赫梯文献中对特洛伊的称呼。在词源上，伊利昂的名字就源自韦鲁撒。——译注

上,要么帕里斯和亚历山德罗并非同一个人,要么这个人跟公元前 12 世 31
纪大动荡时代的特洛伊被围没有丝毫关系。但真相是,史诗作者是杰出的艺术家,却不是可靠的史家。尽管史诗作者们的主题是真实的历史事件,但他们首要关心的却是如何抓住观众的注意力,因而他们会牺牲历史的准确性以把自己的故事铸造为一件艺术品,有时候甚至会为了所有人的共鸣不惜篡改历史。

希腊诗人赫西俄德身处新文明黎明前的黑暗,他在四五百年之后描写爱琴海地区社会动荡的过渡时期时呈现了两幅相互矛盾的画面。一幅画面把蛮族写实地描绘成凶狠的强悍种族;另一幅画面则正如荷马史诗一样,把蛮族理想化为高贵的英雄种族。第二幅画面我们是通过蛮族自己的眼睛来审视他们;而第一幅画面我们则像是从受害者的角度来审视。在希腊文学传统中,理想化的画面更占主导,这部分缘于希腊精神的天赋,它使得那些源自蛮族的史诗编撰为诸如《伊利亚特》和《奥德赛》的完美艺术作品;另外,或许还有一部分原因在于,希腊社会既未从其米诺斯先驱那里继承任何能与《圣经》相当的经典——《圣经》在西方基督教世界取代了条顿人(Teutonic)的史诗,也没继承任何能与《古兰经》相当的经典——《古兰经》把残存于阿拉伯的异教诗歌逼到了伊斯兰世界的角落。虽然城邦奠基者们展开的希腊精神史开篇无力抗拒蛮族英雄的魅力,但当他们用荷马史诗理想地展现蛮族精神时代时,他们在现实生活中却摆脱了它。

蛮族精神时代在爱琴海地区留下的遗产杂乱无章。而作为一段黑暗时代的希腊史开篇,在黑暗最终于公元前 8 世纪散除之前延续了大约
四百年。诗人赫西俄德证实了,黑暗时代是一个生活悲苦的时期。然 32
而,同此前的社会断裂不同的是,这是一个建功立业的时代,它见证了低地居民在战胜高原居民后爱琴海地区秩序的重建。

爱琴海地区正如日本列岛一样,大约有 90% 的陆地都由无法耕种的山区占据,仅有 10% 的陆地平坦且适于耕作。然而,在高原居民与低地居民的斗争中,低地居民占有三种优势:低地地区的人口更多、更密集且

更富裕。这就给他们提供了组织与装备的可能,而那些散居并饱受贫困之苦的高原对手们就无力获得这些。

低地居民的军事装备必定是在公元前2000年后半叶的某段时期发明的。在公元前最后1000年中,这种装备使用的范围从东南方的亚述延伸经过亚美尼亚和亚洲一直到希腊精神的西面锋头(包括那些身处西地中海流域进入希腊化进程的民族)。它独有的特征包括圆形的金属盾牌和带有马鬃冠饰的金属头盔。其发明者必定对马有极高的尊崇,并且拥有冶金的天赋和足够的矿产。基于这三点要素的考虑,能兼而有之的便是赫梯人。众所周知,他们酷爱马,也是铁器制作的先驱。公元前15至前14世纪,小亚细亚的赫梯内陆帝国与亚加亚人的海军曾有直接的接触,而亚加亚人的海军在爱琴海取代了米诺斯人的海军。此外,亚加亚人从赫梯邻居那里学会了如何使用战车,因此,这或许也是爱琴海民族
33 开始接受金属盔甲的时期。另一种可供选择的说法是,这种装备或许是由公元前12世纪移民潮中的卡里安人引入爱琴海地区的,公元前5世纪的卡里安史家希罗多德就曾把马鬃冠的发明归于他们。《伊利亚特》中就曾描绘过,被围的特洛伊内外双方的勇士已经用上了这种装备;另外,我们会发现,这次围攻即便是一个历史事件,也必定只是移民潮的一段偶然插曲。在移民潮的时代以及随后的整个黑暗时代,金属盔甲和战车都由贵族继承和垄断;当他们的士兵组成军队时,行军依靠战车,而一对一作战则需要步行。较之于徒步的轻装高原战士,重装战车士兵在自己的平原上更有优势,但这种优势并不具有决定性。比如迦南的情况就表明,在黑暗时代,低地的战车士兵除了在海岸线之外,处处都被高原人克制。因而,希腊低地居民的胜利,或许主要取决于他们城邦的组织,而非盔甲和战车的装备。

在黑暗时代的希腊世界,共同体的政治统一产生了城邦。若每个共同体相互隔绝,则会因为过于弱小而无法形成有效的政治体。表达政治联合过程的希腊词是“Synoecism”,其字面意思是“合并”(housing together);但这个术语不能从如此表面的含义去理解(*au pied de la*

lettre）。它不能单纯理解为“城市群”（conurbation）。毫无疑问，在任何情况下，这种政治联合的确都带有地理层面的含义。城邦，作为融合（Synoecism）的结果，希腊语是“polis”。而“polis”的原初含义是“堡垒”（citadel）。那些“合并”在一个城邦的共同体，至少会建立一个共同的堡垒。即便仅仅作为平原居民带着自己的家禽、牲畜和随身财物躲避敌人 34
的城市。然而，因为融合也意味着建立共同政府，所以堡垒时常会在自己的城墙内建一个固定的市中心，它包括用于公共祭拜的神庙与用于公共商业交易的会场（有的公开，有的隐蔽）。1912 年 3 月，本人在通往克里特岛东头的锡蒂亚（Sitía）附近参观了这种作为防御性工事的市中心，那里的公共建筑地基很瞩目，只是没有迹象表明围墙内有任何私人住宅。此外，通常毫无疑问的是，确实有一片固定的城市聚居点围绕在固定的市中心周围；另外，这种早期市镇的确是分布在自己的环形城墙内。可是，整个城邦的人口都将他们的房屋挤在城墙内的情形并不常见，即便那里的领土极小，耕地触手可及，而在领土广阔的地方就更是明显不太可能。

比如斯巴达城邦就是位于拉科戴蒙辽阔平原的五个村落的联盟，欧罗塔斯河的中段从那里穿过。这些村落中的四个似乎已经融合为一个城镇，但第五个村落阿密克莱因为是阿波罗神坛所在的圣地，依然还在三英里之外山谷内的原地。只是在法律上，阿密克莱人也是斯巴达公民，同那些家在斯巴达城内的同胞一样享有相同的地位、权利和义务。在另一边，每一位阿提卡（雅典城邦的领土）的本地居民都是雅典公民，但阿提卡也是一片巨大的领土：从处于阿提卡半岛的末梢的苏尼欧海角[1]到雅典城，需要一天的长途跋涉，大约有 40 英里的距离。很 35
可能在公元前 431 年雅典与伯罗奔尼撒人的大规模战争爆发前，多数雅典公民都在城邦之外的一些郊镇和村落中安家，而农村人则驻扎在长城墙之间——当时城邦依靠它与港口连接躲避伯罗奔尼撒军队的侵犯。

① 苏尼欧海角（Cape Sunium），位于阿提卡地区最南端的海角。——译注

事实上,雅典与斯巴达广阔的领土都是特例。在整个希腊世界,只有另外两个西西里的城邦——叙拉古(Syracuse)与阿卡拉格斯(Akragas)与它们规模相当,直到公元前4世纪罗马开始扩展领土才将其颠覆。雅典与斯巴达的地方融合始终没有完成,这并不奇怪。因为融合的本质不是地理位置的统一,而是思想的统一,但这种心理上的结合无法人为产生。公元前369年,忒拜政治家伊帕密浓达(Epameinondas)把阿卡狄亚西南方的村落统一进迈加波利斯(Megalopolis)城邦。“Megale polis”意思是“大都市”。新的国家是反对斯巴达的缓冲带,而新的城市是设防的堡垒。为了让迈加波利斯有足够的城市人力确保有效的防御,城邦建立者逼迫那些阿卡狄亚的村民离开自己农村的祖屋,到新的环形城墙内定居;然而,这种搬迁太不得人心,因此为了使新的国家不致再一次分崩瓦解,城邦建立者便慎重地允许一些迁移的村民返回自己的故居,并保留其新的迈加波利斯公民身份。这个事例说明,挽救一个城邦的政治统一,需要付出的代价是某种程度上允许人们放弃地理上的统一。

我们并不知道希腊世界的统一进程在什么地方开始,但我们或许能猜到,这个地方就是小亚细亚的西海岸。那里有伊奥尼亚语和讲伊奥里亚语的难民,他们被多里斯语入侵者赶出了希腊的欧洲区域,因此不得不一直保持迁徙,远离内地的威胁。如果这些新来的民族要延续
36 下去,那他们就必须聚到一起建立共同的堡垒,并在其中成立共同政府。我们知道,亚洲大地上这些城邦的建立者们来源极广,亚洲的希腊地理名称艾伊俄里斯(Aiolis)的意思就是多样化。来自欧洲希腊许多不同地区的移民队伍联合起来,在亚洲的土壤上构成了新的政治体。在希腊的政治制度术语中,城邦下面的一个主要分支名为“Phylae”,它的字面含义是“民族”或“种族”。这个术语可以很自然地用于那些来自不同民族的移民队伍,他们联合建立了丰喀亚(Phocaea)或克洛丰,但用来命名那些来自不同村落的人群就不太相称——或许自从久远的时代以来他们就在欧洲希腊区域同一小片平原的某个地方比邻而居。如果这个术语当时还没有成为已有的政治制度术语的惯用语,那我们

就可以考虑用另一个术语来命名他们联合构建的城邦。这些思考表明,在希腊世界里,城邦或许首先出现在爱琴海的亚洲沿线,然后从这里蔓延到希腊的欧洲地区。

无论如何,低地居民对这种政治制度的接受让他们超越了几乎希腊任何地方的高原居民。城邦的建立为其公民带来了公共安全的福祉。公民佩剑的惯例被废止,甚至带着拐杖都会让人觉得粗鲁无礼。建立城邦的成果由斯巴达做出了经典诠释。希腊语"斯巴达"意为"播种之地"。在欧罗塔斯河流域,低地居民已经彻底震慑和战胜了高原居民,因此他们能够在空旷的地方建立自己的城邦。斯巴达没有城墙也没有堡垒,五个融合村落的联合力量带来的军事优势确保了斯巴达的安全。与此同
时,迦南同时代的历史表明,在拉科戴蒙,斯巴达与其周边高原居民战争 37
的结果事先并无定论。迦南在移民潮之前就一直是一个城邦组成的世界;在此之后,城邦开始沿海岸线分布。与此相对,正如我们在内陆所见,黑暗时代的低地居民与高原居民之间的战争以低地居民的溃败告终;而以色列人与犹大人高原共同体的胜利融合就是一段后话了——它们在希腊史上的同辈是位于阿卡狄亚最后融合的高原共同体。

低地居民在大多数希腊地区对高原居民的胜利,使前者在爱琴海地区重建了一系列的古代法律和秩序——当迈锡尼人从米诺斯人手里夺过制海权的时候,这些古代法律和秩序已经被动摇过一次;再到亚加亚人的海上力量被颠覆时,它们就最终分崩离析了。上述胜利是通往新文明建立的第一步。尽管道路已经因为城邦的创立而开启,但依然是困难的一步。这种政治制度因为其社会服务功能自然赢得了威望和感激。正如亚里士多德曾言,"有了城邦,才有生活"。然而,但凡有价值的事物都需要付出代价。

爱琴海恢复秩序的一部分代价是社会不公的产生。大多数希腊城邦——雅典是这一规律的唯一例外——开始的障碍是其人民被划分为一等公民(住在城里和毗连的耕地上)与二等公民(被征服的高原居民下迁到城市外围)。这种共同体内的划分必然引发后来的社会冲突。

斯巴达城邦在拉科戴蒙对待周边被征服的高原共同体时，就比通常的
38 做法更宽厚和明智。斯巴达允许这些附庸城邦维持自己微小城邦的自主性。它们对其宗主的首要义务就是战争时期服务于拉科戴蒙联军。那时他们会被斯巴达领主们编入军队。而拉科戴蒙军队的历史由始至终都表明，来自附庸城邦的军人在军队中一点不比他们的斯巴达战友胆怯和懦弱。在另一方面，斯巴达攻占了欧罗塔斯河流沿岸的平原时对待俘虏的严酷手段在希腊史上都堪称罕见。那些农奴（在希腊语中，"heilôtes"要么表示"战犯"，要么表示"沼泽居民"）被斯巴达视为已经丧失了人权，并且贬为永久的奴隶。

用公元前5世纪早期一位哲人以弗所的赫拉克利特的话说，恢复秩序的另一种代价是，"战争是万事之父"。赫拉克利特表达思想的术语属于宇宙论而非政治学，并且"战争"一词在此语境下使用的是比喻意义。然而即便在字面上，他的说法也道出了恢复秩序方法的真相。正因为凭此方法，希腊才在黑暗时代恢复了秩序。低地居民以军事力量战胜了高原居民，战争，作为完成希腊文明兴起第一步的行动，就像城邦一样，成了希腊生活的基本制度。希腊史上，战争与文明的提早联姻是更为不详的兆头。因为跟旧秩序不同，新秩序基于许多地方性的要塞，它们在政治上相互独立，因此更可能轻易发生冲突。米诺斯的海军已经为所有爱琴海地区的海岸和岛屿带来了和平。它的继承者，亚
39 加亚人的海军，在某种程度上也完成了相同的国际公共事务。但希腊城邦的新世界不再有这样一位至高无上的和平维护者，高原居民与低地居民之间的战争便随之而来。

战争的机制被用于解决希腊社会最早的问题，同样也被用于解决随之而来的问题。解决早先问题带来的后果困扰着希腊人。城邦的建立有助于恢复爱琴海地区的法律和秩序，也使得人口增长达到了区域财富可维持的数量上限。如我们所见，这个地区的地理结构已经格外苛刻地限定了人口的数量上限。此时的希腊人需要为成功迈出通向文明的第一步而付出代价。他们在公元前8世纪面临的抉择是，要么忍

饥挨饿，要么以武力把多余的人口向海外输出到占领的新耕地上。可以证明，希腊城邦能为那些有组织远征的"武装农民"供给水源，他们比那些居住在海岸相对落后的当地人更为强大。这些海岸居民分别住在希腊西北海岸、意大利的"脚背"和"脚尖"、西西里岛、昔兰尼加的绿洲以及达达尼尔海峡、马尔马拉海、博斯普鲁斯海峡和黑海的海岸。此外，在"武装农民"超过两百年（从公元前 8 世纪 50 年代一直跨越到公元前 6 世纪的最后 25 年）的远征过程中，希腊世界完成了大规模的航海扩张，对此前述章节已做了简要勾勒。

在组织大规模海外移民的过程中扮演主导角色的希腊人是亚加亚人和罗克里斯人（Locrian），他们是意大利"脚背"和"脚尖"的主要殖民者。科林斯人殖民了希腊西北部的海岸，包括作为战略要地的科西拉岛，并在西西里建立了叙拉古。迈加拉人（Megarian）是科林斯人在海峡的邻居，他们利用自己占据的两片沿海区域，在西西里与博斯普鲁 40
斯海峡和黑海海岸建立了殖民地。卡尔西斯人的城邦在易瑞普斯（Euripus），那是位于艾维厄岛与希腊中部大陆之间的狭窄海峡，能让他们从一个方向将殖民地建到西西里，并且从另一个方向把整个卡尔西斯城建到爱琴海北岸。伊奥尼亚的米利都人在黑海和流入黑海的小型海域扮演着决定性角色，正如科林斯人在西面的地位。丰喀亚人（Phocaean）在"蔚蓝海岸"上建立马赛的乐于冒险的伊奥尼亚人也是如此。那些来自爱琴海的锡拉小岛——已成形并被淹没的火山断面——的无畏探索者们在昔兰尼加建立了一系列的希腊殖民地。

曾有一个希腊城邦的殖民地、一个可追溯至斯巴达的重要希腊殖民地塔拉斯（Taras），位置优越，地处意大利"脚跟"下的天然海港，它缅怀着自己的建立者——斯巴达的帕塞尼亚（Partheniae，"未婚母亲的儿子"）。故事是这样：在斯巴达征服麦西尼的战争期间，所有斯巴达到达参军年龄的男性公民都在战场上留了很多年，以致逐渐长成的一批斯巴达姑娘们最终耐不住性子，通过不合规矩的结合生下了自己的孩子。拉科戴蒙政府并不承认非婚生子女的斯巴达公民身份。因此，当这些子女心存反感，决心移民去另一个政治体时，拉科戴蒙政府对此并不表示遗憾。帕塞尼亚的故事或许是个传说，但事实上，塔拉斯是斯巴达唯一建立的殖民地；而且，同样属实的是，斯巴达选择解决希腊普遍的人口过剩问题的方案是独一无二的。斯巴达侵占的新农田不是来自海外，而是其在伯罗奔尼撒的近邻；另外，耕作斯巴达所侵占土地的
41 也不是其公民，而是那些被贬为农奴地位的原住民和以前的地主——斯巴达已经把欧罗塔斯下游的居民贬为农奴。

斯巴达解决希腊普遍问题的方案也许并不比占领海外领土的惯常手段更邪恶，但被证明更难实施。有些希腊城邦殖民地如塔拉斯、叙拉古、阿卡拉格斯、赫拉克利亚的臣民数量与斯巴达在麦西尼的人口相当，而且这些臣民同样难以驾驭。被侵略的梅萨皮亚人（Messapians）成功抗击了塔拉斯，而被侵略的西西里人给叙拉古带来了不可小觑的麻烦。希腊城邦的海外殖民地臣民丧失了政治与经济的自由，却至少得到了某些文化上的收获。臣民们被迫融入一种文明，他们也承认这种文明优于自身，为他们最终向占领者的同化开辟了新道路。而麦西尼人并没有从斯巴达的占领中获得此类好处。他们从不跟自己的命运妥协，在希腊世界独树一帜，抓住每个机会反抗，决不让自己的精神被压迫摧毁。在通过公元前 8 世纪的一场旷日持久且殚精竭虑的战争攻克了麦西尼之后，斯巴达人于公元前 7 世纪又发动了一场更为恐怖的战争，镇压了麦西尼人一系列暴动的第一波。而当斯巴达再次征服麦西尼人后，他们的双手始终没有停止过镇压麦西尼人的任务。

斯巴达侵占麦西尼的报应颇具反讽。为了让被征服并沦为奴隶的麦西尼人继续充当农奴，斯巴达人不得不适应奴隶制，从 7 岁到 60 岁，他们都要全职入伍。斯巴达人将自己的双手从艰苦劳作的土地上解放
42 了出来，只是为了不得不把时间都花在操场和兵营。斯巴达也成了第一个民主制的希腊城邦国家，以前的贵族淹没在了芸芸大众当中。每一位男性斯巴达公民都成了另一个人的“同胞”。每一位公民士兵都分得一块麦西尼的土地，还配有奴隶无偿地为他的膳堂供应食物，此

后,膳堂组建成斯巴达的军事特别行动机构。

这种特殊的生活方式(agôgê[1])据说是由“吕库古”(Lycurgus)建立的。征服麦西尼的斯巴达人在这种生活方式下,不会有自由的行动,更谈不上自己的业余时间、财产和家庭。可是吕库古不是一个历史人物,他作为一个神,在希腊神话中的形象是曾与狄俄尼索斯神发生争执的色雷斯的国王。所谓的“吕库古制度”(Lycurean’s system)不是一个社会改革家的蓝图,而是斯巴达为占领麦西尼,在无可避免的情况下勉强调整斯巴达生活的结果。公元前7世纪的斯巴达抒情诗人阿尔克曼(Alcman)并不逊色于同时代其他希腊城邦的诗人,但他在斯巴达却后继无人。如果有人今天去转转斯巴达当地的博物馆,看看里面的展览,就会有相同的感受。在公元前7世纪和公元前6世纪的展品中,我们会看到斯巴达的瓷瓶画和牙雕艺术与其他希腊同时代的城邦相比不相上下。然而到公元前6世纪末这些艺术就已然消退,此后接下来的展品就是从公元前2世纪开始的那些平庸的浮雕了。其间那苍白的三个半世纪与吕库古制度在斯巴达推行的时代重合,而那也正是希腊世界其余地区的艺术繁盛期。斯巴达经过一条特殊的道路,将自己引向了这样的命运。

拉科戴蒙政府有意终止斯巴达参与希腊公共生活,禁止斯巴达
“同胞”参加泛希腊节日的竞赛。拉科戴蒙政府担心,如果允许其军人 43
参加国际赛事赢得个人荣誉,军人的纪律就会逐渐瓦解。但这类限制并不适用于斯巴达的妇女,因为任何一个斯巴达女继承人都可以自由地把财富用于参加四马战车赛的团队。斯巴达女人服务政权的方式,就是用她们那绝情的言语促使处于极端压力下的男人们达到军事标准。从公元前6世纪到公元前4世纪,斯巴达的女人是唯一不受拘束的希腊女性。

---

① agôgê,古希腊语,意为养育、训练、引导。这个词在当时的斯巴达特指针对其男性公民的一整套教育、训练的体系和生活方式,包括军事、交流、狩猎、歌舞等。——译注

第四章

城邦的个人解放

公元前 6 世纪结束前,斯巴达经历的痛苦精神演变是希腊城邦未 44
来的一种征兆;与此同时,它也是希腊精神自身的未来征兆。希腊人把自己的城邦当作神来膜拜,而不是单纯视其为公共机构;正如“宇宙之主”[①]要求其崇拜者所做的那样,这需要神圣化的城邦最终能让其公民做出牺牲,从而引发了城邦制度的厄运。就像庄严的克洛诺斯神(Kronos)吞掉了自己的孩子那样,希腊城邦最终也激起了那些长期受苦的膜拜者们的反对和背叛。

然而,斯巴达的发展是早熟的。在海外扩张时代,斯巴达具备的希腊文明进程的特征,并不是其生活的最终军事化,而是在此之前繁荣的斯巴达艺术。可是,同样是这个时代,像其他所有产生过不凡成就的制度一样,希腊城邦曾提出过苛刻的诉求,要求公民恪守当地法律,服从军事训练和纪律,并且预备着在战场上为了自己的国家与敌人进行殊死战斗。

这也许意味着,战争肇始于非常糟糕的原因。雅典诗人索福克勒斯曾作为指挥官之一,指挥雅典的远征军在公元前 439 年再度攻占了萨摩斯岛。雅典哲人苏格拉底服役的军队再度占领了波提狄亚,这时正处于公元前 431 至前 404 年雅典—伯罗奔尼撒大战的前奏。雅典人征服萨摩斯人和波提狄亚人有失公义,于是后两者就“正义地为了自由

① 宇宙之主(Juggernaut),是信徒对印度教克利须那(Krishna)神的称呼。信徒们会在节日上有意让运神像的车碾死自己,作为一种献祭。——译注

45 而抗争”。这在很大程度上反映了希腊精神的征服习性:作为公民职责的基本规范居然使得两位高尚的天才人物在国家犯错时依然为之而战,这样的经历预示着某种国家与良知之间的冲突。这正是索福克勒斯的悲剧《安提戈涅》(*Antigone*)的主题,而这一创作正是在作者为祖国服役对抗萨摩斯岛那年的前夕。剧中的女英雄因为蓄意违抗政府让她哥哥的尸体曝尸荒野的指令,招来了死罪;而她的哥哥则犯下了背叛自己国家的无耻大罪。安提戈涅选择了死亡而非背弃自己的信念,她应当得体安葬哥哥尸体的义务压倒了尊重公共权威的义务。42 年之后,也就是公元前 399 年,苏格拉底本人亲自占据了索福克勒斯靠女英雄在雅典占据的位置。然而,总体而言,直到公元前 431 年这一关键年份,除了斯巴达外,希腊城邦无论是在个体还是在集体层面,赋予其公民的都远远多过其夺走的。在希腊人有能力解决秩序混乱与资金短缺这两个后续问题之前,他们的城邦已经为解决问题提供了条件,不仅是“活着”,还是“更富足地活着”。前文所引用的亚里士多德《政治学》的段落中讲到,“有了城邦,才有生活”,接着又讲到“城邦制度存在的理由是使生活更有价值”。倘若亚里士多德写作的时间比实际早 100 年,那么他的第二句格言就能得到事实的印证。至少有三个世纪(结束于公元前 431 年),希腊城邦的确为个人提供了空间和激励。

城邦将个人从自然崇拜的束缚中解放出来,为他们提供个人空间。更为关键的是,城邦把个人从特殊家庭形式的自然崇拜的严格束缚中
46 解放出来。家庭生活把人类束缚在人类之外的自然界。在家庭的怀抱中,人不再是拥有自己思想和意志的独立人格,而是家庭之树的一个分枝;相应的,家庭之树又是生命进化之树的一个分叉,而生命进化之树深深扎根于潜意识深处。

在雅典悲剧诗人埃斯库罗斯有关阿忒柔斯(Atreus)家族故事的“三部曲”剧作中(首演于公元前 458 年),我们获得了强烈的印象:一个个体绝望而努力地摆脱家庭义务带来的心灵困境,而城邦的善意干预也解脱了他本不该有的苦痛。这是一个家族的故事:家族的成员杀

害了自己的亲人，接下来幸存者们面对了无法躲避的强求。阿波罗神让奥瑞斯忒斯为死去的父亲阿伽门农复仇——杀戮父亲的谋害者是忒吕泰墨斯特拉，她也是阿伽门农的妻子和奥瑞斯忒斯的母亲，于是复仇女神无情地迫害了奥瑞斯忒斯，因为他夺去了一个男人能够拥有的最亲密女性亲属的生命。复仇女神是我们人类罪恶感的神话化身。在相互冲突的家庭义务的恶循环中，尽管常理告诉我们奥瑞斯忒斯不是罪人而是受害者，但他依然没有办法逃脱可怕的困境。女神雅典娜作为雅典城邦的神话化身，解救了奥瑞斯忒斯。雅典娜还说服复仇女神接受雅典法庭陪审团的裁定。当陪审员对当事双方的判决投票数量对等时，雅典娜身为法庭的主导者，投票站在了仁慈和理智的一边。

城邦的法律，乃至城邦的兵役，解放了家庭对个人的古老束缚，但代价是落入了城邦的新束缚。在埃斯库罗斯时代的雅典，这个问题已经被支持个性的城邦解决。但产生这种变化的时间还不算太长，因而 47
《奥瑞斯忒亚》(*Oresteia*)的主题不会让公元前5世纪的观众感到陈旧或无聊。在扩张的希腊世界的西缘拉丁姆(Latium)，家庭以顽固的防御行为守护其最初的权威。而在漫长的罗马法史上，即便是公元6世纪，在罗马法受希腊哲学人文气息影响700年、受基督教的优雅气质影响200年后，依据查士丁尼皇帝(Emperor Justinian)颁布的最终法典，一个家庭的建立者对其妻子和成年子女依然保有很多古老的专断权。在罗马史进程更源远流长的范围内，任何一位成年的男性罗马公民，直到其父亲去世那天为止，事实上都是其父亲的奴隶。当然，自从罗马建国以来，始终有一个地方，儿奴(slave-son)是一位自由人，那就是兵营。当父亲和儿子都被动员起来的时候，儿子作为父亲的战友就成了同事，为共和国服务。

除了给个人以空间，城邦也带给他们激励。在把公民从由来已久的家庭束缚中解放出来的同时，城邦并没有剥夺他们的亲密感——那是家庭生活圈的魅力所在，并使其生活变得贫乏。在很大程度上，城邦本身是一个足够小的共同体，它能够让公民之间直接对接工作，就像家庭工作一样。当然,无论政治生活的规模如何小,与家庭习俗相比,法律都是无关个人好恶的事物。正如与家庭仇恨相比,战争也无关个人好恶。另一方面,无论是在罗马帝国还是现代西方民族国家,与这种无关个人好恶的人际关系相比,前帝国时期的希腊城邦让家庭纽带变得
48 更为紧密。亚里士多德指出,公民的规模不应该过于庞大,所有集合的人要听得清“一位没有扩音工具的讲演者”的讲话。并且,历史事实表明,很少有希腊城邦——或许只有雅典、叙拉古、阿卡拉格斯和罗马最终的公民规模例外——超过了亚里士多德所设定的限度。斯巴达并不属于例外之一,因为在斯巴达攻占麦西尼后,即便其领土占据了伯罗奔尼撒大约五分之二的区域,斯巴达的人口也只有一小部分由珀里俄基人[①]和农奴组成。在波斯国王薛西斯进攻希腊欧洲大陆(公元前480—前479年)的时候,据说斯巴达到服兵役年龄的成年男性(占统治地位的少数人)已经多达5000人。这看起来有所夸大,因为斯巴达在公元前431年同雅典开战时,其成年男性似乎还不到3500人。

在希腊世界的海外扩张时代(公元前8—前6世纪),城邦为个人提供了新的空间和激励,其程度体现在这个时代的个人成就上——这些人在各行各业都声名远播。比如在文学领域,有克洛丰的弥涅墨斯(Mimnermus of Colophon)、帕罗斯的阿基洛库斯(Archilochus of Paros),以及莱斯博斯岛的阿尔凯奥斯和萨福(Alcaeus and Sappho of Lesbos)这些诗人。他们写作的主题是那些拥有自我意识之人的个人体验,如性爱和酒精的乐与悲、政治的忠与怨。而最重要的主题是终有一死之人的命运的“高贵与不幸”。阿基洛库斯如此彻底地解放了自己,他勇敢地夸耀自己没有在战场上履行公民义务。在一场不义的攻克战中,帕罗斯发动了对爱琴海北部萨索斯岛的色雷斯原住民的战争,阿基洛库斯曾为了脱险而扔掉盾牌。他非但没有羞愧得无地自容,反而在诗歌中夸耀自己这种有失军人体统的行径。事实上,这首诗能保

① 珀里俄基人(perioeci),指在斯巴达享有自由但是不具备公民权的一个阶层。——译注

存至今也告诉我们,阿基洛库斯一定在他的同代人中找到了共鸣。思 49
想界有一些自然学家,他们思考的是物质宇宙的本质。首要的实体是水或不确定的物质,还是心灵?这正是米利都的泰勒士(Thales of Miletus)与他的同胞阿那克西曼德(Anaximander)以及克拉左美尼的阿那克萨戈拉(Anaxagoras of Clazomenae)之间争论的问题。宇宙是均质且静止的统一体?或者说它是数量繁多、多种多样、运动和富有变化规律的?并且它的变化规律是一种不同质量要素的交替混合和分离?所有可见事物中明显的性质和形态是一场不间断的雨水中无数统一原子的产物?这是埃利亚的芝诺(Zeno of Elea)与阿卡拉格斯的恩培多克勒(Empedocles of Akragas)以及米利都的留基伯(Leucippus of Miletus)之间论争的问题。

在技术领域也有一些显赫的名字。例如,科林斯的阿美尼阿斯(Ameinias of Corinth),第一个发明三倍动力桨船只的希腊人;还有萨摩斯岛的泰奥多罗斯(Theodorus of Samos),第一个浇铸青铜器的希腊人。即便如此,希腊人绝不是技术的开拓者。技术是一种希腊人蔑视的追求,希腊人对它的轻视延伸到了除农业之外的其他大多数手工业。比如在我们眼中,希腊人制作的花瓶是他们艺术才能的最佳作品之一,但他们储存的花瓶数量很少。即便是那些艺术大师们也未获得较高的社会尊重,技术与科学之间硕果累累的联姻是17世纪以来的近代西方世界一直孜孜以求的,但在希腊史上并没出现相应的产物。由始至终,希腊科学的旨趣在于沉思而非实验。数学、哲学与诗歌是希腊人最为擅长的领域。

希腊精神的海外扩张时代,希腊人在这些领域的成就如此之高,以致我们毫不惊奇他们会把自己的政治制度奉若神明,因为它为个人的天赋提供了自由空间。虽然既未公开也未获正式承认,当时,对城邦体 50
现的人类集体力量的崇拜事实上已替代了对奥林匹亚诸神的崇拜,成了希腊世界的首要宗教。公民们崇拜的城邦假借古老神祇的名义,其中有些神祇是奥林匹亚诸神,而其他的一些更为古老,公民将其纳入了新的角色。有些地方召唤的神祇都是男神，比如航海的科林斯人就把奥林匹亚的海神波塞冬奉为他们城邦的保护神。然而大多数城邦是由守护的女神代表，比如雅典的雅典娜波利乌库斯（Athênê Poliûchus，“城邦的守护者”），斯巴达的雅典娜卡西奥库斯（Athânâ Chalcioecus，“我们铜墙铁壁之家的女神”），埃吉纳的雅典娜阿法伊亚（Athânâ Aphaiâ），阿尔戈斯的赫拉，以弗所的阿尔忒弥斯，等等。守护女神代表了一个城邦男性公民的集体力量。以现代西方心理学的话语来讲，或许可以说，他们崇拜的女神是其共同崇拜的女性意象。科林斯人构想的女性意象就是阿芙洛狄忒（Aphrodite）。

较之于以蛮族形象创造的奥林匹亚诸神，城邦是更值得奉献的对象。解放后的人类如果没有在自己身外或多或少找到值得奉献的对象，那他们就会陷入忧虑。城邦应接受其公民的奉献，原因在于它为后者提供了一种能激励他们实现自己天赋的社会环境。可是，一个与邻国相互敌对的地方政治共同体，它接受的奉献真的完全应该遵照它自己的要求么？它能够给个人最强大的能力提供空间么？它能够激发个人成为最卓越的自己么？这些都是关系着希腊精神未来的问题。同海
51 外扩张时代的希腊人不同，我们带着后知之见，知道其未来会怎样，我们至少可以在希腊人珍视的这种制度中觉察出两处重大缺陷。

希腊世界城邦的基本缺陷在于，城邦为数众多，而不是只有一个。按照亚里士多德的描述，如果世界上的人口数量只是一个城邦应有公民的最大数量，那存在的就应该是“唯一的城邦”。对人类而言，这是最佳的政治制度。当然，在现实中，甚至从一开始，仅仅是希腊世界的总人口（尚且不算毗邻地区的人口数量）就远远超过了上述限制。因此在现实生活中，绝不会存在任何一个诸如“唯一的城邦”的事物。单一的城邦，只是一个抽象的幻想。事实上，直到希腊历史的尾声，尚有为数众多的希腊城邦。当罗马把希腊世界的姊妹们从版图上抹去，并把余下的城邦降为自治区的地位后，罗马让自己成为一个扩大的希腊世界西半部分的“唯一城邦”。直到这个时候（当时要挽回局面为时已

晚)还有一些拥有主权的城邦,并且它们之间还长期处于战争状态。希腊史从一开始,每一个新生的城邦都习惯于对周围高原居民发动战争。当高原居民被征服之后,每一个城邦都在自己的作战范围内同其他城邦开战,继续塑造自己作战的习性。因此,大多数城邦的制度与战争的制度相关,除非进入和平的关键步伐已经迈开。

城邦的第二个缺陷在于,公民只能在共同体当中充分享有城邦提供的空间和激励的条件;也就是说,只有那些有时间花在市场所在地(公共商业的交易场所)以及共同体谋生的区域和作坊的男性公民才有条件。那些乡下的公民处于事实而非理论上的不利地位,因为他们 52
的土地远离了国家的公共中心。而自从城邦兴起以来,(来自所有社会阶层的)女人和奴隶是主要的受害者。正如《奥德赛》记载,在后米诺斯时代和前希腊混乱时代的野蛮生活中,女人和奴隶如过去一样,一直是社会的成员。但公元前 8 世纪及之后的希腊城邦生活,尽管代表了通往文明的一种巨大进步,但在这个进步之中女人和奴隶却被抛到了后面。

一个城邦的这种社会建构为男人的生活带来了太多崭新的好处和乐趣:他们的母亲、妻子和姐妹如今在精神上不再同他们平起平坐。意味深长的是,在那个时代,妓女的雅名叫"伴侣"(hetaira)。希腊城邦的妓女,如同她们在现代日本的姊妹一样,一定要兼备精神才艺和身体的吸引力。她一定要能够深入男性顾客的思想品位。同样意味深长的是,典型的浪漫情事是同男孩发生而不是女人,并且希腊的公共意见对同性通奸只有温和的谴责。偶尔有个女人闯入男性世界,不是作为一个"伴侣"而是因为她擅长某些男性技能(比如诗歌)的缘故,她同样容易坠入同性恋情。这表明,即便女人有最杰出的成就,也无法在性冲动的自然满足上找到幸福,因为她跟男人无法真正实现平等,也就无法成为妻子或女主人。雅典政治家伯里克利(Pericles)的葬礼演说纪念了公元前 431 至前 404 年雅典—伯罗奔尼撒大战第一年行动中死去的雅典人。奥罗鲁斯(Olorus)之子,雅典的史学家修昔底德重现了演说,其

中就简要地告诫雅典的女人们，她们首先和最终的义务就是让自己默
53 默无闻，而且要养育更多的子女以弥补共同体战争中的伤亡。只有在斯巴达——斯巴达一直都特殊而早熟，在希腊海外扩张时代的过程中，女人们才恢复了某些她们在前希腊混乱时代和蛮族精神时代在各处都享有的地位。女人们享有的地位是“吕库古制度”①迫使她们分担男人背上的重负时意外收获。斯巴达的女孩同样也被严格管理，但成熟的女性会自由很多。在这样一种关联中，亚里士多德准确地察觉到，军事化的民族更容易产生“对女人的大规模管制”，正如诺克斯（John Knox）所说。

希腊城邦的缺陷使它们不足以成为希腊人整个生活的准则或毫无保留的献身对象。城邦的不足可以通过城邦框架之外的重要制度来加以评判，这些制度存在或产生于公元前 8 至前 6 世纪的希腊世界，并且其中有相当一部分是由海外输入的。对这些外在制度的考察揭示了城邦无法提供（或者至少是无法满足）的三种需要。社会的某些阶层，尤其是女性和奴隶，并没有享受到城邦生活的舒适，他们需要在其他一些领域获得心理的补偿。社会所有阶层的生活需要有比小城邦的狭隘视野更宽阔的框架；在一个泛希腊（Panhellenic）而非地方性的社会框架里，他们需要生活在更广阔的世界。还有一方面，所有的阶层需要的宗教体验和满足，都无法在城邦崇拜或奥林匹亚诸神的崇拜中获得。上述三种需要，大多数非城邦（non-city-state）制度至少具备了其中一种。它们维系着那个时代希腊人的情感和想象。

女性和奴隶们需要心理慰藉，这可以通过他们坚持自然崇拜的庆
54 祝仪式得到证明。而在城邦的礼拜仪式日程中，自然崇拜的仪式已经先后被奥林匹亚诸神崇拜和城邦守护女神崇拜驱逐到了幕后。这些贬值的自然膜拜无法提供足够的满足，而未能满足的需要造就了厄琉西

① 吕库古制度指斯巴达国王吕库古为斯巴达建立的政治体制，包括建立元老院、分配土地、建立公共食堂等，树立了斯巴达人尚武、爱国、实干的气质。——译注

斯当地秘仪的命运，也造就了由色雷斯引入的自然神狄俄尼索斯（别名巴克库斯[Bacchus]）的命运。位于阿提卡的厄琉西斯秘仪崇拜是一种地方性的自然崇拜，它保存了其作为这个地区首要宗教的地位；此外，它一直向女性、奴隶开放，也对外乡人开放。我们对厄琉西斯秘仪及其教义所知甚少：与非人格化的不朽家族或国家不同，厄琉西斯秘仪把谷粒一年一度的枯荣解释为个人来生的确证。虽然狄俄尼索斯崇拜遭遇了一场失败的入侵——神话记录了它的敌人吕库古和彭忒斯①暂时瓦解了这位新神的入侵，但它依然在希腊世界如鱼得水。我们或许会猜到，令某些希腊灵魂反感的狄俄尼索斯崇拜的特征，恰好吸引了其他人。这种宗教赋予女性举足轻重的地位，为她们内心潜意识深处的非理性激情提供了出口。

俄耳甫斯（Orphic）的崇拜和学说以及毕达哥拉斯的哲学体系均来自于希腊世界之外的某些地方，它们似乎一直是诸如狄俄尼索斯崇拜之类宗教的"通俗"（low-brow）和"高雅"（high-brow）版本。俄耳甫斯和毕达哥拉斯派的学说、对象以及其吸纳对象的方式，跟同时代印度的某些思潮在一些关键要素上一致。若说这些类似仅仅是偶然，是无法想象的。印度与希腊的相同宗教现象可能有一个共同的起源，即欧亚
大草原。公元前 8 和前 7 世纪，在一个欧亚游牧民族定期爆发的扫荡 55
中，有一部分人向东南方向挺进印度流域，另一部分人向西挺进多瑙河流域，他们也许是某种宗教的传播者——这种宗教依然存在于亚洲北部。这种宗教的基本教义是，现世不是灵魂的最终归宿，而且身体内的生命也不是身体的最高目标，灵魂的真正目的在于把自己从生存的桎梏中解放出来。但这个最高目标也难以达到，因为生存并不限于一生，除非有人掌握了有关解脱方法的知识并且坚定地遵循它，否则就会沦入前世今生的不幸轮回，一轮接一轮，没有目的。萨摩斯岛的先知哲人

① 彭忒斯（Pentheus），在希腊神话中是忒拜城的国王。据说曾禁止忒拜人崇拜狄俄尼索斯神。相关故事主要来自欧里庇得斯的悲剧《酒神》（*Bacchae*）。——译注

毕达哥拉斯在意大利“脚尖”的大希腊地区创建了一个共同体，把一些信仰付诸实践，这是原始宗教团体与近代西方科学研究院的混合体。大师的言辞是其门徒的真理信条。跟穆罕穆德和加尔文一样，毕达哥拉斯的控制力超过了城邦的政府。但与他们不同的是，毕达哥拉斯在克洛同挑起了争端，瓦解了毕达哥拉斯学派共同体的力量，并驱赶幸存的门徒流亡异乡。倘若毕达哥拉斯及其追随者在政治上真如他们在数学上那样成功，希腊史也许会在随后的真实进程中发生不可思议的转折。

公元前最后一个千年的第二个250年，希腊的先知们在精神上还无法与迦南和伊朗的同时代伟人相提并论。与这些同时代伟人不同的是，毕达哥拉斯和恩培多克勒把哲人和自然科学家的角色融入了先知的角色。此外，他们与以赛亚也或许与查拉图斯特拉不同，其差别在于，毕达哥拉斯和恩培多克勒把原始巫师的角色也融入了先知的角色。克里特的先知埃庇米尼得斯(Epimenides)也许就只是个古风时代宗教
56 崇拜的行家。另外，那些精通俄耳甫斯教的人也身败名裂，因为他们堕落到某种粗俗的层次，靠信徒们的迷信赚取钱财。与毕达哥拉斯学派运动一样，俄耳甫斯教运动失去了自己成为泛希腊教派的明确目标。而当时位于希腊中部的德尔菲神谕却满足了希腊人对泛希腊宗教制度的需要。

除了原初的占据者远古的大地女神，共享德尔菲圣地的还有两位后来闯入的神祇：奥林匹亚神阿波罗和色雷斯神狄俄尼索斯。神谕从当地综合三种特征的神性中获得启发：体现于大地女神的自然神性，阿波罗代表的统治宇宙的神圣力量，以及由狄俄尼索斯呈现的潜意识下的邪恶神性。一位处于迷狂出神状态的女先知以阿波罗的名义宣告了神谕，她的讲述在传播至公众之前，已经由德尔菲学园的祭司用六音步韵文进行了编订。需要有关未来讯息的公众不仅包括城邦政府还包括个人，而神谕无法忽略这种粗鄙的渴望。德尔菲神谕善用含糊其辞的手段维护自己预见力的声誉。然而，在薛西斯入侵希腊欧洲地区之时，

神谕却错误地预言了这位明显强大的入侵者的胜利，并建议问询者们放弃抵抗。这让德尔菲神谕名誉扫地。德尔菲的祭司们试图重塑德尔菲已被动摇的威信，他们散布谣言说，阿波罗神奇地介入并抗击了一支正往阿波罗的圣地进发的波斯远征军队伍。虽然这个故事没有遭到公开的质疑，但它已经倒在了理性主义新时代的黎明时刻。无论如何，这一时期的德尔菲已实现了自己的现实使命，不再讲述不可捉摸的命运，而是为智者提供建议。我们应该参战么？我们应该何时发动政变？我
们应该在哪里建立海外殖民地？诸如此类的问题，德尔菲的祭司基本 57
上都做出了明智的答复。德尔菲的智慧来自于长期的经验和准确的信息。作为一个泛希腊的顾问，在希腊社会史的海外扩张时代扮演了可敬的角色。

之前已经提到，德尔菲是四个泛希腊周期性运动会的会场之一。正如与其相联的圣地一样，这些运动会最初具有宗教意义，但后来转变为既有艺术又有体育的个人才能的竞赛。四种赛事向任何一个自由人敞开，他可以通过获得冠军而自称希腊人；此外所有泛希腊的机构，作为主要的表现媒介，都有意识地成为了希腊共同文明的组成部分。在荷马的诗歌中，希腊人拥有另一种共同的财富；这些诗歌的流行，鲜活地保留了有关早期社会的记忆。早期社会尚未分裂为多个相互敌对的城邦，而随后这些城邦分化了希腊人的忠诚。这正是希腊精神的特征，因为它本就应该在诗歌、体育而不是政治或宗教上成功地表达自己的共同观念。

正如我们对《伊利亚特》和《奥德赛》的了解，自从 18 世纪末以来，现代西方学界一直对它们的创作时间和作者存在争议。但毫无疑问的是，这两部杰作背后有一个诗歌传统，同前希腊大移民时代一样久远。这些诗歌正是从那个时代获得了自己的主题和背景。当史诗孕育在希腊史黑暗时代大多数时间里时，它一直是一门口头技艺，因为曾在米诺斯-迈锡尼时代的爱琴海地区使用过的写作技艺，已经消失在了大移民
的混乱中，直到公元前 8 世纪才为希腊人获得。爱琴海世界语言文 58

字的复兴，并不是因为重新使用了米诺斯人的音节文字，在迈锡尼时代米诺斯文字已经被用于书写希腊语（和其他语言）。如今除了在塞浦路斯，这些文字已经被所有地方遗忘。其他地方的希腊人创造的语言文字，借鉴了临近迦南地区的腓尼基人的字母。在远古形成的苏美尔人与埃及人书写体系的启发下，腓尼基人和赫梯人以及米诺斯人于公元前 2000 年的后半叶创造了新的文字，并且腓尼基人和赫梯人从未停止过使用它。腓尼基人文字只保留了辅音，用来记录的字母也只有辅音字母，从而使其文字中字母的数量减至最低。较之于音节文字，腓尼基文字更为简明，但因准确性不足而优势殆尽，因为还有一些办法可以为纯粹用辅音字母书写的单词提供元音字母。当希腊人借用这种字母来书写希腊语时，吕希安人和卡里安人就剔除了元音，并且通过发明文字代表这些元音来补充希腊语。简洁性的细微损失随之被巨大的精确性和准确性弥补。元音化之后的希腊语字母从创造至今一直是最为简洁和精确的书写体系，此外，它在形式上被拉丁语吸收，直到今天，现代西方世界还在使用。希腊语的发明把写作的技能赋予了每一个人，而更早发明的苏美尔语、埃及语以及中文的影响却相反，它们都是如此复杂和繁冗（用一些代表音节的语音符号同一些代表特定单词的古老符号结合），以致牢牢地垄断在一些拥有特权的专家手中。在阿提卡，即便不是在公元前 6 世纪末之前，也早在公元前 5 世纪，读写能力就已经
59 如此普遍，因为任何一场公民投票都要求投票人把他们希望从自己国家放逐的政治家名字写在一块陶片上。

字母改进后的希腊语版本为希腊人提供了另一种共同的机制，它有力地塑造了泛希腊的认同感。希腊字母因为其优越性也被推荐给希腊人的邻族。它很快就被中部沙漠地区以西的安纳托利亚人和北部（最远包括威尼斯）的意大利人借鉴，用来书写他们的当地语言。这些民族接受了希腊文字，同时也接受了希腊文明的其他内容。这也为希腊世界用一种和平交流的方式取代暴力的征服和用殖民方式拓展边界开辟了道路。

第五章

应对挑战:腓尼基人和伊特拉斯坎人来自西部的竞争

希腊社会一直通过海外扩张来解决本土内部的人口过剩问题,但 60
在公元前6世纪因为遭到竞争者的强烈抵抗而中止。竞争者们的抵抗是为了让自己殖民黑海和地中海西面的海岸,而这些地区落后的原住民无力抵抗任何来自扩张的黎凡特文明的敌人入侵。

在公元前最后1000年的头几个世纪,希腊文明在爱琴海地区的出现,改善了米诺斯-迈锡尼社会瓦解后留下的无序状态。这种新生文明的幸运在于,它没有遭遇任何毗邻的相同类型的社会的压迫。正如这种新秩序不得不对抗的无序状态,压迫下的自由是一种源自前希腊蛮族精神时代的遗产。大移民在公元前12世纪的早些年暂时席卷了那些黎凡特强国。他们摧毁了爱琴海的迈锡尼海军和安纳托利亚的赫梯大陆帝国,还耗尽了埃及的国力,尽管埃及人竭尽全力把蛮族抵挡在国门外。因此产生的某种政治真空使爱琴海、叙利亚和迦南有可能恢复秩序,并以微小的城邦规模形成新的政治共同体。在它们历史齐头并进的开端,叙利亚和迦南地区形成的新社会领先于爱琴海地区的新社
会。当希腊人还在同混乱的秩序抗争时,腓尼基人就已发明了文字,并 61
在公元前12世纪的大移民中幸存下来,探索大西洋。然而,腓尼基人共同体、非利士人共同体和迦南的希伯来人共同体、叙利亚的阿兰人共同体以及避难的赫梯人横跨陶洛斯山脉的共同体,当中没有任何一个能够在希腊社会的本土对它构成威胁。腓尼基人和赫梯人的海上代理人伊特拉斯坎人(Etruscans)能做的顶多是同希腊人展开争夺黑海和地中海西岸控制权的竞赛;此外,在这场竞赛开始前的大约两百年间,

希腊人赢得了最多的好处,而所有这些好处本来是敌对的黎凡特冒险者们从落后的原住民那里获得的。

在公元前 6 世纪前半叶的尾声,希腊人已经赢得了对黑海的决定性胜利。希腊人的对手在这个区域仅存的行踪就是腓尼基人在爱琴海北部萨莫色雷斯岛(Samothrace)上的"巨神"(Kabirim)崇拜;以及伊特拉斯坎人的幸存者在利姆诺斯岛(Lemnos)的聚居点,此地刚好位于达达尼尔海峡的入口处。伊特拉斯坎人最终躲进了达达尼尔海峡的入口处,来到了马尔马拉海南岸的两个地方。西地中海的腓尼基人仅在西西里岛的西端努力保存了三个堡垒,而位于意大利西海岸的伊特拉斯坎人居住点已经被处于意大利"足尖"和"足背"的"大希腊"以及希腊边远居民点的长链包围。这一长链由丰喀亚及其女儿马西莉亚(Massilia)建立,从"蔚蓝海岸"延伸到加泰罗尼亚人的布拉瓦海岸。作为控制西面的要塞,西西里岛东部和南部的整个海岸,都已被贯穿为一体的希腊殖民城邦占据。

希腊人在与敌对的腓尼基人和伊特拉斯坎人的竞赛中,取得了第
62 一阶段的胜利,这应归功于希腊人占有的三点优势:数量上占优、更为有利的军事位置,以及远离了第一批在西南亚不断兴起的新生军事力量的进攻。

就数量而言,沿着加美尔山与奥龙特斯河河口之间的迦南和叙利亚海岸,串连着五到六个腓尼基人母邦,其数量无法与位于亚洲、爱琴海群岛以及希腊欧陆地区的数百个希腊城邦相提并论;此外,伊特拉斯坎人的故乡肯定还更少,因为在海外定居的伊特拉斯坎人不仅与故乡失去了联系,甚至对其位置都丧失了任何准确的记忆。这为我们留下了这样的猜测,那些讲非印欧语的人必定是来自安纳托利亚南岸某些隔绝的区域,或许是西里西亚西部被岩石包围的沿海地区;这里从公元前 2000 年开始到这一个千年的结束,无论是讲卢维语(Luvian)的入侵者还是希腊语的入侵者,都没有抵达过。

希腊人行动的据点,既阻碍了希腊人的两个竞争者进入黑海,又从

侧面包围了其进入西地中海的通道。这强化了希腊城邦数量优势的效果。然而希腊人最大的优势或许在于远离了亚述人和巴比伦人的军事力量，而这些民族的军事力量导致了叙利亚和迦南民众的不幸，使他们从公元前9世纪到公元前6世纪反复被侵扰。但在公元前6世纪，西地中海和西南亚的政治变革带来了命运的转折。首先，公元前6世纪，在希腊扩张的压力下，身处西西里西部、西班牙南部以及西北非的海外腓尼基人，采取了与公元前853年一段时期内在叙利亚和黎巴嫩母邦同样的行动；当时腓尼基人参与了挫败亚述侵略者的卡卡战役（Qarqar）。 63
公元前6世纪，腓尼基人殖民的城邦把自己永远置于其中一个成员国迦太基（“新城邦”）的单独统治之下；而且迦太基同海外的伊特拉斯坎人建立了一个反希腊同盟，以至于西边的希腊人发现自己面对着竞争者们结成的联军。其二，迦南和叙利亚沿岸的腓尼基母邦的命运也发生了转折，这是波斯人取代亚述人及其巴比伦后继者的结果。波斯帝国的缔造者居鲁士在公元前538年征服了巴比伦帝国，为腓尼基人和犹太人带来了自由。而腓尼基人的城邦从这场政治革命中取得的收获仍然比犹太流亡者多。波斯帝国的政府让腓尼基人和犹太人同自己合作，赋予他们跟自己一样的微型帝国。这种基于优待的（与波斯帝国的）联合，为腓尼基人提供了有力的军事、政治和经济支持。腓尼基人和犹太人国家的内陆地区也逐渐同波斯帝国化敌为友；此外，向东延伸到中亚和印度的一片广阔经济带如今已向腓尼基人和犹太人敞开。因为同伊特拉斯坎人不同，腓尼基人从未失去与本土的联系，因此，随着其地位的突然提升，腓尼基母邦必定巩固了腓尼基人的海外地位。这两项急剧的变革合力打破了力量的均衡，使希腊人在公元前6世纪末以前结束了海外扩张。其实在150多年前，希腊人的海外扩张已经遭遇了逐渐高涨的抵抗，并且抵抗已经开始对希腊社会的内部生活产生影响。

希腊世界的人口持续增长（一直增长到公元前2世纪），海外的扩 64
张却开始减缓甚至最终停止，而单人或单亩的产量并没有任何增加，持续的人口增长变成了向内的压力。随着新的军事改革和随后的经济改革,此后城邦内部生活的社会压力变得进一步恶化。大约公元前730年,步兵征战的方阵编队(操练队列)就已被引入希腊世界。大约公元前650年爱琴海亚洲沿线的某地就发明了货币,而货币的使用从公元前625年开始向希腊世界的其余地区传播。

对于重装步兵而言,队列作战是比勇士间单打独斗更有效率的战斗方式,但却没有实践的可能,因为金属盔甲对所有人来说都太过昂贵(除了共同体内那些最富有的成员)。用便宜的铁替代昂贵的青铜,大约从爱琴海地区的大移民时代就已经开始,并在随后的黑暗时代完全实现。铁器也为自耕农提供了以往只能由一小撮贵族垄断的农具,并且随后促使城邦的重装步兵数量大幅攀升。随着重金属供应的增长,希腊世界首次让农民步兵的方阵取代了驾驶战车的士兵。农民步兵的美德不在于个人的英勇,而在于操练、纪律以及集体精神。

希腊战士效率最低的装备就是圆盾。如果圆盾体积较小,战士手持在战车上,就只能在战场上保护很小的范围;如果做得足够大,可以
65 罩住从脖子到大腿的身体,但圆盾就会非常沉,以至于整个左手和左臂都不得不用来把持圆盾。圆盾甚至还会过于凸出并超过左肩,而与此同时却把脚暴露在外面,所以双脚又不得不穿上让人负担更重的金属护具。在新的方阵对战中,生产大直径的笨重圆盾是为了军事道德。当方阵列队时,每个人左边凸出的圆盾能掩护左边的人,因此,面对敌人的时候,保持方阵就比打乱为行列更安全;若有战士掉队,他不仅自己会失去右边战友的掩护,还会把紧靠左边的战友暴露在外。然而,一个人手上拖着如此笨重的包袱是很难脱逃的,因此,不丢弃盾牌成为了一种荣誉。“我相信我儿子回家的时候,要么手持盾牌要么死在盾牌上”,这是斯巴达母亲们特有的观点之一。在战场上光荣牺牲的战士的尸体会被幸存的战友们放在他的盾牌上光荣地运回家。这种笨重的装备逐渐成了勇敢的试金石,人们将其视为完美的“武器”(hoplon),而把方阵中的重装兵视为“持盾者”(hoplītês)。

自耕农组成的重装步兵方阵列队和集体精神终止了贵族制拥护者的事业。自耕农试图通过模仿游牧民族来维持自己的权威(在公元前8至前7世纪游牧民族会定期离开欧亚大草原实施侵略)。他们模仿游牧民族最新式的骑兵战术替代驾驭战车。但在引入步兵方阵的时代,取代希腊世界传统战车的骑兵并没有成为主要的武装,直到四个世纪之后的亚历山大大帝时代才实现。在希腊世界方阵对战的前三个半世纪,希腊最优秀的重装兵方阵属于拉科戴蒙人(拉科戴蒙是斯巴达 66
国家的官方名称,它包括附庸的珀里俄基人共同体);此外,晚至公元前4世纪,拉科戴蒙人的方阵还包括有军团(人们所熟知的“骑士”)。然而公元前4世纪的战斗,既不是传统的战车手之战,也不是新式的骑兵战。拉科戴蒙人的步兵方队保卫着斯巴达国王,他们凭借着军功而不是天生的贵族身份,赢得了令人艳羡的地位。

或许早在公元前7世纪中期,斯巴达自耕农组成的重装步兵就已经被贵族战友们视为队伍中的同胞。在希腊的其他城邦,自耕农重装步兵也要求享有在斯巴达的相同待遇。既然自耕农已经上升为共同体军事的中流砥柱,他们就觉得自己应当要求共同管理公共事务。当自耕农对政治尚不满意时,他们的经济状况也不尽如人意,因此他们决心依靠因军事上的重要地位而获得的政治权利弥补经济上的失衡。

在一个土地时常匮乏的时代,自耕农和农业生产者更难满足自己的需要,他们被迫向那些贵族地主借贷,因为后者依然还有多余的财富可放贷;而货币的发明使借贷更为容易。硬币作为一种交易的介质,是由国家发行流通的金属片,上面刻有这个国家的图像和标志。国家的信誉保证了硬币的价值与其面值一致。正如国家向公众保障货币的交换价值一样,国家也有权利在自己的主权范围内垄断货币的发行。国家的干预正是希腊的创新。自从底格里斯河和幼发拉底河下流的文明开始萌芽,私人已经开始使用标准重量的金属作为交易的介质。这种 67
古老手段的新发展让资金流通变得更简单,尤其是借贷和放贷的生意。

倘若借款人无法履行应承担的义务，那么他和他的家庭及其财产就会落到放贷人的手里。自耕农不得不抵押自己的土地，而无地的农业劳动者则不得不拿自己和孩子的人身自由作为抵押品。此外，如果失地农民和劳动者无法履行义务，成了债主的奴隶，那债主有权将他们卖到海外。债主由此捞取了大量的不义之财，而其受害者则变成了蛮夷。因此，失地农民和劳动者不仅要求对方归还他们的自由和土地，还要求将大地主们的地产充公和分割。这些要求能够实现双重目的：既打破了大土地所有者的经济权力，又缓解了希腊世界海外扩张放慢以来出现的土地短缺。

在150年社会全面变迁的进程中，压迫和怨恨已经消散殆尽。当时，即公元前6世纪结束前不久，当海外扩张已完全终止时，大多数主要希腊城邦的贵族都已经丧失了特权；与生俱来的权利取代财产资格成为政治选举权的基础，许多大规模的土地产业也被分割，希腊世界的经济发生了革命性的变革。这种变革极其重要，因为它解决了由于希腊世界扩张的减缓和事实上的停滞带来的经济问题。

68 在大多数共同体内，这些变革都是由专制者（僭主）的暴力催生的。专制开始从伊斯塞安国家（科林斯、西锡安［Sicyon］、迈加拉［Megara］）泛滥开来，并且首先扩散到了亚洲国家（米利都、米提林［Mytilene］），最后传到雅典。这些专制都不长久，最长不过三代就被颠覆了。斯巴达是个特例，它努力实现目标的途径既不是沦为专制也不是进行经济革命。我们知道，斯巴达为了给平民分配土地，牺牲的不是斯巴达贵族，而是斯巴达占领的毗邻的麦西尼人；另外，对于从麦西尼人那里分得大量土地的重装步兵而言，认定为斯巴达“同胞”的财富门槛微不足道。斯巴达转移了公民内部的对立，但代价是制造了其与农奴之间的对立，并且还试图通过剥削其农奴的土地和劳动力（在不背离农业供给的传统经济模式下）维持自己的重装部队。

毗邻的国家出现了颠覆性的专制，它危及到了斯巴达为解决自身普遍社会问题而找到的特殊方法，因此斯巴达的统治者们动用自己的陆军力量去摧毁希腊欧陆地区的专制（最远包括雅典在内）。由于这些政治制度在斯巴达对它们采取行动前就已经完成并且早已遗忘了自己的使命，因此，斯巴达的成功并非难事。当时伊斯塞安人的国家基于自耕农步兵与商人之间达成的协议——他们之前曾支持专制以作为废黜以往贵族等级制的手段——把自己置于一个保守的政治制度之下。这些新的政治制度同斯巴达结成了永久的联盟，斯巴达从此开始制定 69
联盟的共同外交政策。雅典专制在公元前510年被颠覆，但随后发生的事情就大为不同。两年后，当斯巴达应雅典保守人士的请求第二次干涉雅典时，因为雅典自耕农重装步兵与占大多数人口的无地人士的联合，斯巴达的军力被迫投降并撤退。而新的政治制度正是基于上述这种联合，没有同斯巴达结盟或接受斯巴达的领导。雅典固执地坚持了自己的道路并且维持了100年，在此期间它书写了自己的历史。

从社会变革的早期以来——希腊世界经历了过去的150年——雅典已经步入自己的道路。在雅典，首次建立专制的企图已经破产。公元前594年（政府建立的年份），对立的派别试图遵照双方都能接受的共识找到解决方案，而达成共识的双方均赢得了信任，他们分别是：被授予特殊权力的年度最高行政官，以及因为公正无私被选举为官员的公民。梭伦（Solon），雅典人选举的这个人并没有辜负他们的期望。梭伦免除了欠债人用抵押土地偿还的债务，也废除了奴役雅典人的制度，并把基于抵押品的借贷和放贷定为非法行为。通过这些举措，梭伦避免了暴力革命。梭伦还引入了一种新的立足于财产资格等级的政治制度，这种制度比后一代伊斯塞安国家接受的制度更为自由。在另一方面，梭伦拒绝了分割大庄园的请求，没有肆意利用自己威信，让自己成为独裁者。但他也没能把下一代人的雅典从僭主的手中挽救出来。革命尚未完成，庇西斯特拉图斯[①]却没有体会到梭伦的顾虑，反而把自己 70

① 庇西斯特拉图斯（约公元前600—前527年），古希腊雅典的一位僭主，他延续了梭伦的民主立法政策，对雅典的城市建设、经济和文化有相当重要的贡献。他在位期间削弱了传统氏族的权力，立足于平民，提高了工业和农业生产者的地位，其执政时期又被称为“民主的僭政”。——译注

塑造为僭主,并在第二次努力后获得了成功。但作为一个僭主,庇西斯特拉图斯也是克制的。正如在后来的希腊史中统治整个希腊世界的奥古斯都一样,庇西斯特拉图斯统治阿提卡地区时采取的手段是操控已经建立起来的制度,而不是公然予以颠覆。庇西斯特拉图斯的经济政策同梭伦的一样重要。我们或许会意料到,庇西斯特拉图斯从梭伦退缩的地方迈出了革命性的步伐——分割大庄园,并且还进一步推动了由梭伦发起的经济革命。由于这个缘由,当公元前510年庇西斯特拉图斯之子希帕库斯(Hipparchus)被雅典放逐后,雅典没有走向同西锡安、科林斯以及迈加拉一样的道路。

这场经济革命作为一种变革,使旨在维持生存的农耕经济制度转变为一种专门化生产的工业和农业,这些产品的出口换来了进口食物和原料。倘若用一英亩的阿提卡土地种植葡萄树和橄榄树,并以产出的酒和橄榄油交换西西里、埃及和乌克兰生产的谷物,而不是用于种植家庭消费的谷物,那这一英亩阿提卡土地就可以养活更多的雅典人。如果阿提卡土地产出的液体产品能用装饰诱人的陶罐盛放运给买家,雅典的经济收益还会更丰厚。那些被希腊殖民者殖民并且亲手耕耘的区域的扩张,因为迦太基人和伊特拉斯坎人的对抗而走向了终结;但与此同时,在这样的情形下,乌克兰、埃及和西西里的麦田,安纳托利亚高原的牧羊场,伊特拉斯坎的矿藏,甚至还有迦太基人在西北非和西班牙西南部精心守护的内陆地区,都因为商业目的被纳入了希腊世界。梭
71 伦深知这点,因为他是一个商人。梭伦为雅典带来的永久贡献是他刺激了阿提卡地区出产的酒和油的出口,以及外籍陶工和其他专业手工艺者的移民。

梭伦所做的开创性工作单纯是为了自己的国家,还是为了整个希腊世界? 过高估计公元前6至前4世纪雅典在希腊的地位,会让我们处于危险的境地。因为眼下我们采用的这么多故事,都直接或间接来自于雅典人的资料。回到梭伦的时代,阿提卡一直是一个落后的郊区,它在希腊世界的海外殖民扩张中毫无地位。公元前6世纪初,商人在

雅典还很少见,而乡下人选梭伦为其代言人的原因在于,在一个农业依然占主导的共同体内,稀少的商人是中立派。同时代的米利都和科林斯一直拥有更大的商业区(与雅典不同的是,米利都和科林斯的领土一直都异常辽阔),但这两个国家只有极少面积的耕地,因此它们首先奋力展开殖民,然后投入工商业。米利都人学会了靠编织弗里吉亚羊毛制作的奢侈品来交换乌克兰人的谷物以维生;科林斯人生产和涂绘的陶罐以"原始科林斯式"(Proto-Corinthian)风格出现在国际市场上,比阿提卡的黑色图案制品大约早了100年,而后者直到梭伦刺激雅典的制陶业20年之后才出现在国际市场上。然而,在公元前6世纪结束前,阿提卡的产品已经占据了市场,而且它的装饰已经发展到了更为复杂的红色图案工艺。专制颠覆之后,雅典人当中的无地居民获得了选举权。另一个迹象表明,当时雅典的工业化程度已经超过了伊斯塞安国家,而伊斯塞安国家的商人和自耕农依然一起把工人排斥在权力之 72
外。事实上,同革命前的贵族政治制度相比,革命后雅典的"民主制"和伊斯塞安的"寡头制"只不过是相同事物的变体,都同样是崭新的制度模式。公元前507年,克里斯蒂尼(Cleisthenes)在雅典建立了民主制,这种政治制度对选民的财产不做任何要求。同样,在伊斯塞安的寡头制度中,相当庞大的成年男性人群都拥有了选举权。跟阿提卡的民主制一样,这里的公共事务在交给以全民会议形式出现的大规模群体处理之前,首先必须经过最高委员会审议,它是选民的直接代表。尽管这两种革命后的制度有本质的相似性,但它们在选举权范围上有至关重要的差别。直到公元前6世纪末,在这个工业化的希腊世界里,划桨手和手工业者才获得了自耕农步兵两百多年前已经获得的社会重要地位。新的军事和经济状况,首先转述为公元前507年雅典政治制度的政治内涵。雅典的民主制成了"未来的浪潮"。

因此,在公元前6世纪的进程中,经济革命的政治影响让大多数希腊国家古老的贵族等级制丧失了地位,但贵族制的威信还是让它的特权延续了大约100年。甚至是身处民主制雅典的激进政治家伯里克利

（自公元前462年至前430年掌权）也作为其母亲一系阿尔克迈翁家族（Alcmaeonid）的成员享受了政治资源。而一个公元前5世纪的西塞利奥特（Siceliot）僭主或者一位埃吉纳（Aeginetan）商人会尽力让自己享
73 有贵族的身份；他们会在四个泛希腊运动会之一的比赛上获胜并且委托忒拜诗人品达以一首颂诗庆祝其胜利。

毫无疑问，在雅典已经开花结果的经济革命种子，早在希腊世界领土的海外扩张之初就已经种下。殖民化以航海业为基础，而那些为农业殖民者们开辟了道路的航海家们将成为交易商和海盗。此外，还有一些希腊殖民地的治理主要是基于商业的考量。库迈（Cumae）在马西莉亚（Massilia）建立前一直是西面最古老并且几乎最遥远的希腊殖民地，它看上去就像是一场努力失败之后的遗迹——它曾试图占领由西濒第勒尼人（Tyrrhenians）拥有的厄尔巴岛（Elba）和毗邻意大利大陆区域内的矿产资源。在反方向的角落上，地处叙利亚奥龙特斯河口的波塞登穆（Poseideïum），的确在一定程度上成功打破了腓尼基人对地中海和底格里斯河—幼发拉底河流域商贸的垄断。即便如此，直到临近公元前6世纪末，希腊殖民的主导意图还是获取更多的农业用地。

例如，当迈加拉人开始殖民博斯普鲁斯海峡南端的海岸时，他们首先驻扎在控制了沿伊斯米德海湾北岸比提尼亚海岸的卡尔西顿，而不是拜占庭，因为拜占庭的内陆地区十分贫瘠。卡尔西顿建立于公元前685年，拜占庭则建于公元前667年。希罗多德的著作在两百多年后记述到，波斯政治家麦加巴左斯（Megabazus）于公元前513年左右经过此地时，当他了解到卡尔西顿比拜占庭还早建立18年，就为卡尔西顿取了一个绰号"盲城"（the city of blind）。为什么卡尔西顿的建立者们会错失占领那依然无主的拜占庭的机会呢？毕竟拜占庭拥有无与伦
74 比的港口，可以掌控海峡内的航海业。答案显然是，公元前7世纪的迈加拉人寻求的不是商业而是农田；假若他们优先占领贫瘠的拜占庭，而不是富饶的比提尼亚海岸，他们就真的是有眼无珠了。无论这种"说

法”是否真的来自麦加巴左斯,还是由公元前 5 世纪的某位希腊智者捏造的,从它出现的时间开始就有证据表明,人们已经遗忘了希腊海外定居的原始意图。这个“说法”想当然地认为,商业而非农业才是一个希腊城邦的生存之源。的确,这种说法在公元前 6 世纪结束前作为这个世纪所见证的希腊世界经济革命的结果,逐渐成为了事实。但是,如果当时的希腊人理所当然地接受了经济革命的这个后果,他们就不会把它产生的政治影响放在心上。

到公元前 6 世纪末,在农业区域不再扩张的情况下,希腊人为持续增长的人口解决了供给问题。其方法是把希腊世界的经济结构从极小的封闭式单位的集合——每个由一个独立的城邦构成——转变为一个经济的联合体。这个联合体不仅包括希腊世界本身,还包括其他大多数区域;它们环绕地中海和黑海的沿岸,500 年后都将属于罗马帝国政治版图。这种国际经济革命让希腊城邦缓解了国内的压力:每一个城邦都出现了内战、政治革命和专制。这些城邦在新制度下都成功恢复了内部的稳定,无论我们把它们叫做寡头制还是民主制,它们都同之前的贵族制截然相反,并且赋予了更大比例的成年男性群体以选举权。然而,解决希腊世界经济问题和每一个联合的城邦内部政治问题的方案,其本身并不足以重新稳定希腊社会。 75

经济革命使城邦在经济上相互依赖,却让每个城邦的政治主权维持在自己狭小的空间内,这是一种无法维持的矛盾。要么城邦就必须回到经济和政治上的自力更生,代价是生活水平的下降把他们拉回到饥荒和内战;要么他们就得放弃自己的完全主权,允许出现一些泛希腊的政治框架,同已经持续兴盛的泛希腊经济制度相匹配。

一种宗教性质的障碍阻挡了通往政治必然归宿的道路。因为,我们看到,希腊城邦正逐渐被其公民偶像化。这些城邦的膜拜者们能把自己的政治忠诚从神圣化的城邦转向一个泛希腊的政治体么?这或许需要一场精神的革命。而这些膜拜者们能够做到这点么?能够足够快地把自己从灾难中解救出来么?在这个关键时刻,波斯人给了希腊人一个黄金机会去解决政治问题——本意在于解决经济问题。波斯人开始把整个希腊世界纳入自己的帝国,这迫使希腊人为了自保而不得不相互合作。

第六章

应对挑战:波斯人来自东方的侵略

波斯人在公元前 547 年突袭了希腊世界,他们的第一个皇帝安申之王居鲁士二世(Cyrus Ⅱ)已经攻占了希腊在亚洲最靠近内陆的区域吕底亚(Lydia)。公元前 6 世纪上半叶,吕底亚已经对米利都以外所有位处亚洲大陆的希腊城邦执行了宗主权。此时,其波斯后继者们逼迫吕底亚人在亚洲的希腊臣民们转过来效忠波斯人,并且波斯人还成功地对米利都执行了宗主权。公元前 525 年,第二任波斯皇帝冈比西(Cambyses)攻占了埃及,而大约公元前 513 年第三任皇帝大流士一世(Darius Ⅰ)穿越了博斯普鲁斯海峡,并且成功地将东南欧并入了多瑙河下游的南岸。由于埃及和乌克兰(只有经过海峡才能进入希腊)在公元前 6 世纪的经济革命之后已经成为希腊的粮仓,因此,最后这两次占领把整个希腊世界的经济生活置于波斯人的恩惠之下。 76

波斯帝国的兼并为亚洲的希腊人提供的优势,也是它的兼并为腓尼基人提供的优势。兼并为亚洲的希腊人开辟了大片内陆的商业区。但不同于欧洲的希腊人却又和腓尼基人相同的是,亚洲的希腊人遭受的厄运教会他们珍惜波斯人带来的和平的价值。虽然远离了亚述人的黩武精神,但在公元前 7 世纪他们还是遭受了进入西南亚的欧亚游牧民族的进攻,并且在公元前 6 世纪丧失了对吕底亚人的独立。只不过 77
吕底亚人作为亚洲希腊人的邻族,一直处于希腊化的进程中;而波斯人则来自遥远的伊朗南部高原,他们是古怪、半开化的蛮族,并且通过当地专制君主的力量执行着令人厌恶的宗主权。与此同时,希腊在欧洲大陆的区域已经颠覆了专制制度。公元前 499 年,亚洲的希腊人罢免了自己的专制君主，继而反抗自己的波斯领主。这场反抗向东蔓延到海峡沿岸的城邦，向东南蔓延到塞浦路斯，最终影响到卡里安。直到公元前494年反抗才被扑灭，当时，起义的舰队被腓尼基的舰队打败，而米利都作为反抗运动的领头羊被波斯的陆军再次占领，它的人民也被放逐到了内陆，已无力回天。在首次战役中，起义者得到了两个欧洲的希腊城邦雅典和厄里特利亚（Eretria）的支持。大流士得出的结论是，对那些不忠于自己的亚洲希腊城邦而言，他努力重建的纽带并不稳固，除非他能把希腊世界的余下部分也置于波斯的统治下。在亚洲的希腊人爆发起义之前，大流士已经派出一支由他的宫廷医师德莫塞德斯带领的探险队，最远向西抵达了意大利的"脚尖"，而德莫塞德斯碰巧曾是意大利的希腊城邦克洛同的当地人。大流士镇压了亚洲的起义之后，很快重建了自己对欧洲大陆领地的权威统治，并且向西扩展，最远到达了包括马其顿在内的区域。到公元前490年，大流士已经准备好反击厄里特利亚和雅典。

在大流士看来，当时欧洲的希腊人呈现出的政治气象，为他提供了逐个清除目标的良机，因为在欧洲的政治生活中，希腊人依然处于内讧
78 的分裂状态。两个最强大的国家雅典和斯巴达关系并不好。斯巴达依然对雅典不久前的反抗感到愤怒，而雅典一直怀疑斯巴达想要重申自己的统治范围。两个国家中的每一方都在自己的邻国中树敌。斯巴达与阿尔戈斯，雅典与埃吉纳、忒拜和卡尔西斯，都是水火不容。大约还是方阵战争时代早期的公元前669年，阿尔戈斯曾重创斯巴达，这也为麦西尼人提供了第一次大起义的机会。当斯巴达再度征服麦西尼并把自己变成一个军事集团时，斯巴达与阿尔戈斯之间的军事实力平衡就开始向斯巴达倾斜。公元前6世纪，斯巴达沿着伯罗奔尼撒东岸，从辛那里亚边境地区攻克了阿尔戈斯；另外，公元前494年，斯巴达国王克列欧美涅斯一世（Cleomenes Ⅰ）给了阿尔戈斯致命一击，让阿尔戈斯一时陷入了无法解除的瘫痪。阿尔戈斯人宁愿丧失（而不是保留）对波斯的独立，也不愿意跟自己的宿敌斯巴达肩并肩战斗。至于卡尔西

斯和忒拜,在雅典接受民主制的时候已经让它们为联合进攻自己的行为付出了沉重代价。在击败了这两国的联合军力之后,雅典开始从利兰丁平原吞并卡尔西斯,那里曾经是卡尔基斯与厄里特利亚之间争端的焦点;此外,从前被迫成为忒拜附庸国,控制了从彼奥提亚到阿提卡最西边的直通道的彼奥提亚小城邦普拉提亚,也被雅典建立的保护领地覆盖。埃吉纳与雅典之间的争端则属于商业性质。跟雅典一样,埃吉纳发展较晚,但发展迅速,它的财富来自与埃及的贸易。这两个暴富的国家相互仇恨,因为任何一方都觉得希腊世界无法为它们共同提供足够的空间。

希腊人在欧洲大陆的争端没有牵涉到位于西方的海外希腊共同体;另外,在较新的殖民社会里,因为时间短暂的缘故,当地的忠诚度都 79
不高,两个宗主国(每个都是由一些城邦组成)分别围绕叙拉古与阿卡拉格斯建立。这两个僭主的王朝在建立过程中相互保持了良好关系。它们若联合在一起就会成为不可小觑的力量,而大流士指望依靠迦太基人对这两国本土发起的进攻来稳住它们。

然而,在对依然保持独立的希腊地区的进攻计划中,大流士及其继承人薛西斯做出了两个相同的误判,它们同样也给 1839 年进攻阿富汗的英国人带来了灾难。波斯人既低估了他们新对手的勇猛,也低估了对方为共同目标搁置内部争议一同抵抗外来入侵者的诚意。

同进入印度的大英帝国一样,时至当时,西南亚的波斯帝国与埃及都非常迅速和顺利地建立起来。因为,直到那个时候,帝国的缔造者们一直都在关照那些被痛苦经历击碎了内心的人们。波斯人始终追随着亚述人和欧亚游牧民族的足迹,而那些灾难的受害者们已经准备接受宽容的波斯政体为他们带来的救助。即便如此,在冈比西神秘死亡后的政权更迭时期,新生的帝国也几近瓦解;并且由始至终,埃及人和巴比伦人太过执着于自己过去的荣誉,以至于他们在任何时候只要一有机会都会反抗波斯人带给自己的压迫。在攻击欧洲希腊人的时候,波斯人挑战了那些尚未被亚述人或塞西亚人蹂躏的民族。这项事业比其

80 过去所有相对温和的探索都要危险，但波斯人并没有预先意识到这点，因而盲目地步入了灾难。

有必要在这里简要概述一番这个众所周知的故事。大流士在公元前 490 年从海上派出了一支远征军占领了厄里特利亚，并且驱逐了其人民；可是这支远征军非常不光彩地被来自马拉松海岸阿提卡沿岸的雅典重装兵击败。指挥这支重装兵队伍的是加里波利半岛（色雷斯半岛）的前主政者米提亚德（Miltiades），他曾参加过亚洲人的起义，因此不得不逃回了自己的雅典本土。雅典人的方阵军队在仅有普拉提亚帮助的情况下赢得了胜利，但意味深长的是，斯巴达也曾帮助过他们，只是斯巴达人来得太晚没赶上参与行动。最初是埃及人，随后是巴比伦人，他们发动的一场叛乱把波斯人对欧洲希腊区域的再度进攻拖延了十年。薛西斯从公元前 480 年开始横穿大陆全力进军，并且在舰队协同下穿过了达达尼尔海峡，环绕了埃吉纳的北岸。波斯人这次准备得很充分，但是此前拖延的时间却是致命的。雅典人在阿提卡的拉瑞姆矿区新发现了丰富的银矿；此外，在公元前 482 年，雅典政治家地米斯托克利（Themistocles）劝导自己的同胞们花钱建立一支由新式三桨动力战船组成的大型舰队，而不是把钱浪费在每个公民的福利上。当薛西斯见到奥林匹亚山时，雅典人的新式海军已经组建完成，而这支海军事后被证明是战争中的决定性因素。

在斯巴达的带领下，希腊的陆军既没在潭蓓谷的通道上努力抵挡住侵略者，也没能在温泉关抵挡住侵略者。第二个路口在斯巴达王列奥尼达（Leonidas）及其三百勇士牺牲之前就已经沦陷。当时，最远包括彼奥提亚在内的欧洲大陆希腊国家，开始向波斯人投降。忒拜人欢
81 迎薛西斯，其目的是为了向雅典复仇。此前，阿尔戈斯人不仅在与斯巴达人的最后一次战役中死伤殆尽，而且还被斯巴达及其盟国包围。因此阿尔戈斯人一直维持着和平状态，期待着薛西斯的到来以扭转自己的命运，进而向斯巴达复仇。欧洲大陆的希腊国家仅有一半的军事力量和海军愿意共同面对敌人，而其余希腊国家去击退薛西斯的决心、耐

力和凝聚力都十分有限。

希腊陆军联盟在斯巴达的指挥下并没有努力保卫住阿提卡，反而是撤退到了科林斯的伊斯塞安。但阿提卡暴露在侵略之下并没让雅典人俯首称臣。他们把自己本土的所有人都疏散到了萨拉米斯岛，面对阿提卡的乡村被蹂躏、雅典城被洗劫（波斯人烧毁了堡垒上的神庙），他们也没有退缩。联军的舰队占据着大陆与岛屿之间狭窄水域的一个位置，从而控制了萨拉米斯，但是当舰队的科林斯指挥官提出舰队也应该撤回伊斯塞安的时候，战争的危机爆发了。因为，雅典的海军是联军舰队的支柱，一旦迫使雅典人同薛西斯联合，波斯人就能确保他们在海上对伯罗奔尼撒人的决定性优势，并且正如他们从陆上包抄温泉关一样能够从水路包抄伊斯塞安。波斯人也能让部队从阿尔戈斯的海岸登陆，从背后占领伊斯塞安。地米斯托克利预料到了这些灾难，所以开始先发制人。他偷偷给薛西斯传递信息称希腊舰队正陷于困境，然后骗薛西斯进入了这片两端已被封锁的狭窄水域，在水域里与其展开了无数次战斗。联军的海军赢得了关键性胜利，制海权回到了他们手中。波斯军队横跨达达尼尔海峡的交通线即刻处于被切断的危险。薛西斯撤回了亚洲，只留下一部分军队在 82
希腊北部过冬，准备来年伺机进攻。与此同时，对西塞利奥特地区希腊人展开进攻的迦太基人，也在西梅拉河的一场陆战中落败，其惨烈程度堪比萨拉米斯海战中的波斯人。

西梅拉河之战具有决定性意义。它在西面的战事以希腊人胜利告终，希腊人还俘获了大量迦太基俘虏，最终使阿卡拉格斯人改变了其广阔的乡村耕种方式，利用那些变成乡下奴隶的俘虏将聊以为生的耕作变为专业化的农业；并且在西面发动了一场崭新却不怀好意的经济革命，这场革命在 300 或 400 年之后达到了高潮。公元前 479 年埃吉纳发动了第二次战役。那是公元前 479 年的春天，留在希腊北部的波斯军指挥官马多尼乌斯（Mardonius）为雅典人开出了诱人的条件，前提是雅典人能改变立场。但雅典人拒绝了这个条件，并要求伯罗奔尼撒人能用其陆军帮助他们，让阿提卡本土免遭第二次占领。伯罗奔尼撒人按兵不动，波斯军队便再次占领了阿提卡。之后据说雅典人被迫投降是为了把自己的盟军引入战场。随着联盟的联合陆军的逼近，马多尼乌斯撤退到了彼奥提亚，决定性的陆战就发生在雅典的彼奥提亚盟国普拉提亚的领土上。马多尼乌斯的军队被摧毁的同一天，联军的舰队也在位于希腊人居住的亚洲大陆海岸的米卡列海角（Cape Mycalê）外摧毁了波斯的舰队。亚洲的希腊人立刻再一次发动了起义，希腊的海军、陆军此后的战役都是为了把波斯人赶出海峡两边的海岸。大约在公元前 479 年，波斯人丢掉了除拜占庭和色雷斯西部海岸的多里斯库
83 斯（Doriscus）要塞之外的几乎所有欧洲领地，也丢掉了达达尼尔海峡的控制权，并且还失去了亚洲的希腊区域。波斯人往西北方向的先头部队，如今再一次站在居鲁士打败亚洲的希腊人之前（公元前 547 年及其以后）所处的位置。

波斯人不仅没能征服希腊世界，如今他们还有目睹波斯帝国被希腊人征服的危险。对于波斯人而言，最严重的并不是他们在萨拉米斯和米卡列战役中丧失了东地中海的制海权，而是在马拉松和温泉关的战役中希腊重装兵树立了战胜波斯弓箭手的优势。弓箭手从轻巧的方形藤条盾牌后射出雨一般的弓箭，而把盾牌放在地上就能遮挡住身体和腿。这本应该强过重装兵，因为重装兵带着沉重的圆盾和单手短矛。但重装兵接受的体格训练让他们取得了胜利。因为即便重装兵左手负有重负，他们也能在无人区奔跑，赶在自己尚未遭到致命攻击之前，同弓箭手近距离交战。在普拉提亚战役后的 150 年间，波斯帝国实际上已经被希腊的远征军推翻。公元前 480 年和公元前 479 年两场战役的结果，表面上是波斯人输了，而其实是希腊人也输了。尽管波斯人遭受了严重打击，并痛失海外领土，但希腊人也没能抓住机会获得好处，因为希腊世界已经完成的经济统一需要希腊人建立相应的政治统一体。希腊人之间短暂的合作，总体而言值得后世效仿：雅典人默许了科林斯
84 人在海上的最高指挥权，以及斯巴达在陆上的最高指挥权；雅典人与斯

巴达人的重装兵，雅典人与埃吉纳人的桨手，都肩并肩地投入了战斗。然而，军队中的这种战友关系也出现了新的相互猜忌和怨恨，在随后的不到50年的时间里这些纷争引发了雅典与伯罗奔尼撒之战，毁灭了希腊文明。在希腊人掌握波斯人的命运之前，波斯人满心欢喜地见证了希腊人自己100年的沦落。

与此同时，这半个世纪（公元前478—前432年）既是见证希腊世界经历内部争端走向自我造成的灾难的时代，也是见证希腊人的艺术走向繁荣的时代。自大移民之后埃吉纳遭遇的黑暗被扩张时代的曙光驱散以来，艺术就已经开始萌芽。当时，由于看似奇迹般的胜利带来了令人振奋的结果，它把希腊人从最致命危机中解救了出来，也为希腊艺术带来了突如其来的全盛时代。尽管那些创造性天才的涌现如同地中海灌木丛在春季开放的花朵那样短暂，但他们的作品却成为希腊人自己及其子孙永恒的财富。

所有希腊人在与波斯人的殊死斗争中感受到了某种激励。在亚洲还暂时处于自由状态的希腊人，当他们面对广阔的波斯帝国和行动范围更为宽广的中欧游牧民族时，不仅开阔了地理视野，也激发了思想。历史学家卡里安人希罗多德，生来是波斯的属民，平生写了一部关于希波战争（公元前480—前479年）前因后果的史书，将旧世界中更为广阔的区域引入了自己的视野。这片区域从直布罗陀海峡和尼罗河的源头一直延伸到中国——某些希腊的探险者把在那里耕种的居民称为
“越北族”（Trans-Northerlies）；这些探险者抵达了东方的远端，但是却 85
迷失了自己的方向。同样是在战后时期，科斯岛见证了一个医学经验学派的兴起，它与希波克拉底（Hippocrates）的名字联系在一起。同时期的希腊欧洲区域，共同激发出的最大成就不是科学而是艺术。伯罗奔尼撒人对于泛希腊化的愉快体验体现在位于奥林匹亚宙斯神庙的雕像中。但雅典人使伯罗奔尼撒人变得更优秀，因为前者不仅为了共同的目标做出了最大的牺牲，也为了共同的胜利做出了最大的贡献。在47年的跨度内，阿提卡的戏剧、建筑和雕塑都达到了自己的巅峰。

公元前5世纪的阿提卡戏剧（“宗教崇拜行为”）作为传统宗教歌舞的变体，与外来的色雷斯神狄俄尼索斯崇拜有关。编排这种戏剧的目的不是为了观众的教化或娱乐，而是为了通过共鸣的力量激发自然的繁殖力。喜剧（“狂欢歌”）最初的主题是神的婚姻；而悲剧（“山羊歌”）的主题是神的死亡。这是一群跳舞的歌队演员的集体表演，演员们戴着如日本能剧（No-plays）[1]演员一样的面具，并且伪装成淫荡的动物，从而激发自然的生育力。这种将猥亵的东西神圣化的方式既是喜剧也是四联剧（也称“萨提尔”剧的四联悲剧）的共同特征。

阿提卡戏剧从未断绝与其宗教来源的关系。在雅典，戏剧受神的祭司掌管，一直在狄俄尼索斯的剧场演出，然而在三代人的时间里戏剧因为诗人的创造性天赋发生了演变，其中两位主要的改革者是埃斯库罗斯（公元前525—前456年）和索福克勒斯（公元前495—前406年）。这些富有才气的改革者们把最初的一位演员到最后的两位或三
86 位单独的演员从歌队中独立出来，为歌队的舞蹈嵌入戏剧的对白。另外，改革者们让自己突破了两种传统的狄俄尼索斯主题，他们利用整个希腊范围内的传说，不仅把史诗里的英雄搬上了戏台，还把史诗里的女英雄也搬上了戏台。由于这个时期的雅典政治家伯里克利不允许阿提卡的妇女抛头露面，因此大移民时代的传奇女性都是由那些男演员来扮演，他们占据着阿提卡的戏台。剧作家们把一种古代的宗教崇拜转变为新的世俗艺术。当这种转变发生的时候，他们的作品就达到了顶峰。

公元前5世纪的阿提卡雕塑家和建筑师在重建公元前480年已经被波斯人毁坏的雅典卫城神像和庙宇时，找到了大显身手的机会。卫城前门（前大门）、无翼胜利女神的庙宇（剪断她的翅膀是为了确保她永远没法飞走）、厄瑞克修姆庙（地震神的神殿）以及帕特农神庙（处子

---

① 日本自8世纪以来的一种以歌舞为主并表现超现实内容的歌舞剧。很多时候，演员在表演时需要戴上面具。面具是能剧的最重要道具。——译注

神殿)都依然保存着,这证明了建筑师伊克蒂诺[1]及其同事从木工转为石匠后的天分。虽然我们只能见到帕特农神庙内殿中雅典娜雕像(黄金象牙制)的粗糙的大理石仿制品,也很少有材料能帮我们想象菲狄亚斯(Pheidias)巨大的雅典娜守护神("我们在前线战斗的女士")雕像,但雕塑家菲狄亚斯的天赋却得到了人们的认可。大概帕特农神庙优美的墙面和顶雕(现藏于伦敦大英博物馆)就是在他的指挥下雕刻的。

在这"半个世纪"中,雅典的杰出作品不是一座雕塑、建筑或者一出戏剧,而是一个灵魂,那个灵魂就是苏格拉底(公元前 470—前 399 年)。他来自步兵阶层,曾做过雕刻纪念碑的匠人,相貌就像夏天萨提尔剧里的一副面具。但当你遇见苏格拉底的时候,你尚未注意到他的 87
外貌特征或关注他的职业前,就已经被其人格所吸引。你发现自己不得不去思考那些他从你内心引出的观念,尤其是当他以有名的"牛一样"的凝视盯着你并把你拉入对话时。苏格拉底的朋友遍布雅典的各个阶层,还有一些朋友在其他国家,比如忒拜,忒拜在苏格拉底的有生之年与雅典的公共关系一直很糟糕。虽然苏格拉底作为一个雅典公民遵守着阿提卡的法律,谨慎地履行着军事和其他义务对他的要求,但他在建立个人友谊时却忽略了民族的仇恨。那些通过私人关系结交苏格拉底的人,被他激发出喜爱和倾慕的感情,其中还夹杂着敬畏。而鼓舞这个怪人(苏格拉底)行动的不是一个普通的凡人。德尔菲的神谕曾经告诉苏格拉底,他是最有智慧的人;苏格拉底也被内心的一种声音所引导,他称其为自己的"精灵"(daimonion)。这些引导一直以否定的形式告诉他别做什么,他也从未违背。公元前 423 年,剧作家阿里斯托芬让苏格拉底成了其剧中的一个滑稽英雄,这让苏格拉底变得相当有名。在《云》(*The Clouds*)中,苏格拉底被表现为一位气象学和诡辩术(这种玩弄言辞的技巧在"这半个世纪"末的西西里发明)的教师,但真

---

① 伊克蒂诺(Ictinus),公元前 5 世纪著名的雅典建筑师,代表作为帕特农神庙。——译注

实的形象恰恰与这种夸张的表现相反。在苏格拉底思想发展的早期他就离开了物理学的研究,而这门学问是由公元前6世纪身处亚洲的希腊哲人开创的;在苏格拉底生前,物理学的最权威代表就是希波克拉底在亚洲科斯岛的医学观测院。当时,苏格拉底被一位亚洲哲人克拉佐
88 美尼的阿那克萨戈拉的发现所吸引,后者是一位杰出的物理学家,他的观点是,最终的实在(reality)不是物质而是精神。从此苏格拉底的注意力转向了人类心灵和行为的研究,并且运用了辩证法的技巧。他这么做不是为了让其他人变得更优秀,而是为了让他们成为自己追求真理的伴侣。

苏格拉底的一个观点是,错误的行为不是源自邪恶,而是无知。如果错误行动者认识到自己做了错事,那么他就不会那样做。人始终根据自己的想法,努力做对的事情。苏格拉底的这种观念具有典型的希腊特征,因为把道德问题转换为与道德无关的术语是希腊人的癖好。在苏格拉底时代的希腊习语中,"Kalos"这一用语的意思是"美丽",既延伸到了道德的含义(表示"善"),也有感性的含义。这些试图把道德疑问化约为审美和知识问题的做法是不顾事实的。这种做法不仅要接受日常私人生活体验的质疑,还要因为引发了一些声名狼藉的公共事件而受到质疑。例如,菲狄亚斯和伊克蒂诺在雅典卫城的作品无疑是美丽的,但同样毫无疑问的是促成这些作品的行为并不那么道德。另外,更深层次的是,这种错误的行为并不是在忽略自己实质的情况下发生的。公元前443年,苏格拉底27岁那年,应伯里克利的建议,雅典人投票决定花钱更换公元前480年被波斯人损毁的雅典神殿和雕像,他们所花的费用筹集自雅典联盟。这种行为之所以不诚实是因为与联盟最初同意捐钱的目的有所不同,这笔捐款原是为了用于共同防御波斯帝国。雅典人的行为不正义,因为他们用武力逼迫联盟筹钱,而如今却用于他途并且没有征得捐款方的同
89 意。与此同时,雅典人陷入了道德困境,因为他们在伯里克利的建议下进行的行动,遭到了伯里克利的政治对手梅勒西阿斯(Melesias)之子修

昔底德(Thucydides)[①]的反对。修昔底德曾以同胞们的名誉向他们发出呼吁,但他们还是投票支持伯里克利的行为,因为他的政策能够确保防御资金依然用于支付雅典公民的工钱。同时他们还能被雇为采石工、马夫和石匠,而当时因为雅典与波斯缔结和平,海军已经不再雇他们为桨手。这种背信弃义的行径充分证明,苏格拉底对人性的分析过于乐观。

① 修昔底德,希腊政治家,伯里克利时代雅典保守派的一个重要领袖,与史学家修昔底德同名。——译注

第七章

雅典与斯巴达:建立政治和睦的失败

从公元前480至前479年,全面战胜了波斯人之后,希腊精神历经 90
半个世纪的全盛期在公元前431年戛然而止。因为,一场灾难性的战争在雅典人与伯罗奔尼撒人之间爆发了。其余的希腊世界也被纷纷卷入这场冲突,希腊文明再也未能从这场自我创伤中完全恢复过来。这场灾难发端于前50年的政治和军事进程,因为那段时期仅仅是视觉艺术和诗歌领域的黄金时代。在公元前459至前445年,雅典与伯罗奔尼撒之战已经出现了征兆;而在此之前,就在雅典与斯巴达并肩反击希腊欧洲地区的波斯侵略者的那些年,不和的种子已经埋下。

公元前480年,所有敢于参加希腊抵抗运动的希腊国家(包括雅典)都接受了拉科戴蒙的领导。希腊世界赋予斯巴达领导权是因为它的重装兵方阵最为勇猛,而且斯巴达同自己的拉哥尼亚人(Laconian)附庸国(珀里俄基阶层)以及伊斯塞安联盟建立了"友邻"关系。然而,这支由斯巴达"同胞"组成的斯巴达职业常备军的维持依赖于武力征服下的麦西尼人奴隶的劳动力以及对这些奴隶的镇压,所以这个军事化的斯巴达共同体几乎已经没有余力再去边境之外行动。斯巴达人已默认了自己在公元前508年第二次军事干涉雅典事务时令人耻辱的失
败,这表明在波斯侵略希腊挑战斯巴达之前,斯巴达已经意识到自己到 91
了能力的极限;再者,当泛希腊联盟把领导者的位置暂时强加给斯巴达时,斯巴达只能勉强接受了。毫无疑问,国王李奥尼达(Leonidas)及其三百勇士在温泉关的献身,是整个希波战争中最具传奇性的插曲;然而,它却无助于联盟随后的胜利。此外,与斯巴达战士的战功截然相反

的是，斯巴达作为国家的功劳却极为有限。在公元前 490 年，斯巴达未能及时给予雅典援助，而它在公元前 479 年的援助几乎又一次失败。一直以来，斯巴达都是在推卸责任。在公元前 480 年战役的关键时刻，斯巴达促使舰队从萨拉米斯撤回伊斯塞安，这是其使联军战败的最大错误。公元前 479 年的全面胜利不仅解放了亚洲的希腊人，也解放了欧洲大陆的希腊人；但斯巴达提议，亚洲希腊人应该从他们已经被解放的故乡迁移到希腊国家在欧洲的港口，因为这些港口曾经支持过波斯。另外斯巴达还提议，雅典的防御工事应当被拆除，这样才能确保波斯人再度侵略希腊的欧洲地区时无法将雅典作为基地。

并且，国王李奥尼达的英勇牺牲为斯巴达所赢得的荣誉（公元前 480 年），被他的临时继承人、摄政官保萨尼阿斯（Pausanias）在公元前 478 年的不光彩行为抵消。保萨尼阿斯是公元前 479 年普拉提亚联军的最高指挥官。对于斯巴达而言，不幸的是，保萨尼阿斯并没能像马多尼乌斯一样战死在光荣的战场上，而是活着指挥联军围攻了波斯在拜占庭的守备部队。在那里，斯巴达的这位摄政官效仿了波斯显贵们的行为，因此，他不得不被联军不光彩地召回斯巴达。保萨尼阿斯的垮台表明，成长在这种特殊的民族政体下，一个斯巴达“同胞”，其人性的正
92 常表现被压抑，倘若有机会在海外服役并尝到自由和权力的滋味，那他就有变邪恶的危险。这对政治制度本身和斯巴达在希腊人心目中的威信都是一种威胁。为了避免反复发生保萨尼阿斯这种胡作非为的行径，斯巴达（接下来是伊斯塞安联盟）不再进一步投入反对波斯人的战争，并且默认雅典取代自己去领导那些被解放的亚洲希腊人。

如果希腊联军在公元前 480 至前 479 年击败波斯人之后能够保持团结，国家之间的联盟（因为亚洲希腊人获得解放而进一步巩固）应该可以强大到足以产生一个泛希腊的同盟。但随着公元前 478 年亚洲希腊人把自己的忠诚由斯巴达转向雅典，希腊世界分化为三个同盟。一个是斯巴达领导的伯罗奔尼撒战争前的联盟；一个是叙拉古与阿卡拉格斯这两个附庸国在西西里战争前达成的盟约；另外一个就是由雅典

领导的新联盟。雅典这个新的同盟包括了亚洲的希腊国家(无论在大陆还是在岛屿上),臣服于波斯人的埃吉纳群岛(即除了米洛斯岛、锡拉岛以及克里特岛之外所有的埃吉纳岛国),以及优卑亚岛上的国家——它们只在公元前480至前479两年中受波斯人统治,但自从公元前506年起就已经有一部分被雅典占领。

因为雅典人对共同目标作出了巨大贡献(公元前480—前479年),其赢得了三个联盟中最新、最大那个的领导权。对于战争的胜利,雅典海军所做的远比拉科戴蒙的步兵方阵要多,雅典的妇女和儿童以其坚毅忍受了从大陆上的故乡撤退的痛苦经历,这种英勇行为并不逊于李奥尼达三百勇士的献身;并且,就打败波斯侵略者的目的而言,他们的行为起到了更大的作用。雅典人为了保卫希腊牺牲了自己的国 93
家。因此,领导的角色一直属于雅典人,而不是斯巴达人。在民主制的激励下,雅典扮演了这样的角色,而且雅典的胜利也造就了这种政治制度的命运,雅典把自己等同于这种制度。“这半个世纪”见证了民主制席卷希腊世界,公元前470年阿尔戈斯也通过实行民主制恢复了自己的实力。甚至斯巴达的农业盟国艾里斯也在公元前471至前470年进入了民主制。而公元前466年的叙拉古也是如此——它是叙拉古的附庸国再次分裂并入希腊和西西里本土城邦的偶然结果。

所有这些都是造成雅典与斯巴达之间冲突的要素。另外,阿提卡地区的马基雅维利式政治家地米斯托克利为寻找颠覆斯巴达权力的机会(以避免将来的麻烦)而遭受了指责,但他没有很快说服雅典人去背离和分裂自己新近的同盟。当伯罗奔尼撒人向地米斯托克利的同胞控诉他时,地米斯托克利不得不为了求生而叛逃,并依靠波斯帝王的养老金度过余生。这是米提亚德之子克蒙(Cimon)的政治胜利,他带给雅典的政策便是同斯巴达保持良好的关系,并继续集中力量同波斯开战。大约公元前466年,克蒙在一场决定性的战斗中,在横跨小亚细亚南岸一半区域的旁非利亚的欧里梅敦河(Eurymedon River)岸击败了波斯的反击,并为自己在雅典赢得了声誉。然而,雅典的这位斯巴达老朋友的政治生涯，却因为斯巴达人与雅典人之间逐渐高涨的仇恨而终结。

公元前464年，一场毁灭性的地震给斯巴达的农奴提供了机会，他们又一次发起了此起彼伏的暴动。斯巴达人号召其同盟给予军事援助，而克蒙说服雅典人派出了一支军队。但这支军队很不情愿，因为他们并不理解为什么应该出征帮助自己在希腊的最大敌对力量恢复实
94 力；并且他们厌恶这样的任务，这样做无异于帮助斯巴达重新把压迫的枷锁套在农奴的脖子上。拉科戴蒙政府逐渐了解了雅典军队的想法，便叫他们撤回。拉科戴蒙政府的拒绝促使雅典发生了一场革命。两位激进的政治家伊菲亚特斯(Ephialtes)和伯里克利，如今控制了雅典人民的思想。公元前461年的战后方，一场“陶片投票”把克蒙驱逐了十年，那些仅存的、对民主的肆意妄为进行限制的法制被废止了。同时，雅典还跟(斯巴达在伯罗奔尼撒区域的邻国和主要敌人)阿尔戈斯以及色萨利人缔结了协议。在欧洲的三个主要希腊民族当中，有两个在公元前480至前479年屈服于波斯侵略者，但雅典并没有试图同余下的那个民族交好，它就是雅典的邻国及主要敌人忒拜。按理来说，既然雅典人把斯巴达视为自己的“头号敌人”，那他们就该与波斯帝国保持和平。如果地米斯托克利没有被放逐的话，他本可以说服希腊人走到这一步。然而，在伯里克利的领导下(当时比这位青年政治家更年长而且更狂热的合作者伊菲亚特斯已被刺杀)，雅典人既颠覆了同斯巴达的“友好邻国”政策，又延续克蒙的政策向波斯帝国发起了更有野心的大规模战争。这使雅典陷入了双线作战的危险。大约于公元前460年，伊斯塞安的城邦迈加拉从伯罗奔尼撒联盟转投雅典联盟。只要迈加拉站在雅典一方，雅典联盟就无需再恐惧伯罗奔尼撒人来自阿提卡大陆的侵略。

公元前462年，埃及人爆发了一场屡见不鲜的反抗波斯统治的起义。此外，在公元前460至前459年，雅典应埃及人的请求派出一支庞大的海军远征舰队抵达尼罗河，延长了雅典人在远方的大规模行动。在做

出这个可怕的决定后不久，雅典人就进攻了伯罗奔尼撒，并且封锁了商 95 业对手埃吉纳。斯巴达人及其伯罗奔尼撒联盟在公元前 457 年开始反击，穿过科林斯海湾进入彼奥提亚并且在忒拜重修防御工事，当时由于忒拜城邦在波斯侵略期间的行径，它的城墙已经被惩罚性地拆除了（或许我们能猜到）。雅典人给予了回击，并占领了整个希腊中部（除了忒拜及其属地），向西最远包括温泉关，并且以武力迫使埃吉纳投降。可是，一方战事的胜利并不能为雅典免除来自埃及的灾难。一伙波斯人首先包围了雅典的远征军进行反击，并且在公元前 455 至前 454 年歼灭了他们。公元前 454 年当克蒙从放逐中归来，雅典让他指挥反抗波斯的战争，并且与伯罗奔尼撒人签署了五年的停战协议以让雅典从希腊脱身，代价是放弃同阿尔戈斯的结盟。可是克蒙至死也没能把波斯与雅典战争的优势转向雅典这边。此后，雅典人在公元前 450 或公元前 449 年同波斯帝国缔结了和平，雅典摆脱了战争。但到此刻为止，雅典已经断断续续动荡了 50 年。然而，缔结的和平却再次没能避免雅典在公元前 447 年失去其征服的所有地方——十年前雅典在希腊中部占领的区域。公元前 446 年，随着雅典与伯罗奔尼撒人的休战协议终止，雅典几乎失去了优卑亚岛，更是确定无疑地失去了迈加拉，后者在公元前 460 年曾从伯罗奔尼撒联盟转投雅典。迈加拉的暴动为伯罗奔尼撒人侵略阿提卡开辟了道路；此后在公元前 445 年，雅典不得不同伯罗奔尼撒联盟缔结和平，双方一致赞成和平 30 年。

事实上，在伯里克利领导的 16 年间（公元前 460—前 445 年），雅典轻率地透支了自己的兵力。一段残存的碑铭曾记载，在公元前 459 至前 458 年的一场战役中，雅典人根据公元前 507 年的法律划分的十个“部族”的其中之一在同波斯人（在塞浦路斯、埃及和腓尼基）和伯罗奔尼撒人（在阿利埃斯、埃吉纳和迈加拉）的战斗中，就有将近 170 人 96 丧命。在该战争的同一年，另外九个雅典人“部族”和外来居民损失的人数，也大约与此相当。这是一个颇为惊人的伤亡率，即便当时雅典所有达到参军年龄的男性数量（包括外来居民和公民）估计多达 4 万或 5

万人。伯里克利此刻也从外交政策中吸取了经验，在随后的15年里，直到他于公元前430年下台，他都没有再把自己的国家引向他认为可以避免的战争中去；但他却把雅典从反对波斯的联盟进一步转变为一个雅典帝国。雅典的这种转变破坏了其与前盟国之间的关系，引发了雅典与伯罗奔尼撒联盟的第二次战争，也最终导致了雅典帝国的覆灭和希腊文明的衰落。

为了相互保护，雅典与脱离波斯统治的希腊国家在公元前478年建立了联盟，开了一个好头。对于这个新联盟而言，首要的事务就是设定每个国家应该为共同目标贡赋的限度以及采取的方式。这项事务的谈判交给了雅典政治家阿里斯泰德斯（Aristeides），他公正无私地完成了任务；而形成鲜明反差的是斯巴达摄政官保萨尼阿斯前不久的错误行径。波斯此前的两次国家行动为阿里斯泰德斯的成功奠定了基础。公元前494年，大流士一世的兄弟阿尔塔普列涅斯（Artaphrenes）镇压了亚洲希腊国家的起义之后，重新评估了这些国家对波斯政府的贡赋，
97 并且迫使它们制定有序的商业协定，通过法律途径解决不同国家公民之间的商业纠纷，同时取代之前的蛮族侵占习俗，即以武力侵占其他国家公民的财产的行径。这为雅典与其他脱离波斯统治的国家之间的自愿结盟预先建立了基础。新联盟最主要的经费支出就是维持一支共同的海军。很明显，其中绝大多数船只和船员都一直是由雅典提供的，因为雅典已经有了一支庞大的海军。其他更辽阔、更富有的国家也能提供海军，但是，打造、配置和维护一支可投入任务的、新式的、更昂贵战舰的成本（自从公元前482年起一直由雅典人提供），超过了许多、或许绝大多数盟国的经济负担能力。因此，为了兼顾公平与效率，盟国一致认为，任何国家若不能提供一艘或多艘船只，那也可以每年上缴一定费用（根据阿里斯泰德斯的分派）到圣岛提洛的联盟金库。由于雅典提供了很大一部分船只，这笔收入就用于补贴雅典的海军。

所有的盟国都以最善意的目的自愿接受了这些约定。阿里斯泰德斯的分派也为他赢得了“正义者”的名号。但新的联盟很快遭遇了

困境。当一些组成联盟的国家，尤其是优卑亚岛人的国家和纳克索斯岛（Naxos）以及萨索斯岛不再跟波斯帝国直接毗邻，它们就力图退出联盟。而雅典则把其退出视为严重的背叛，用武力对付那些退出联盟的国家；并且为了确保它们不会故技重施，雅典还剥夺了它们的战舰，对其加重了年赋。公元前 454 年，联盟的金库已经从提洛迁至 98
雅典（名义上的理由是雅典海军在埃及遇难，提洛已暴露在波斯人进攻的危险之下）。到雅典同波斯在公元前 450 或前 449 年达成和平之时，除雅典之外，联盟内仅有七个国家还在提供船只，即萨摩斯岛、开俄斯岛（Chios）以及莱斯博斯岛上的 5 个国家；余下的国家当时都在缴纳贡赋。

亚洲大陆西岸和毗邻岛屿上的国家（就像 1918 年左右的德里雅斯特[①]一样），也为自己的政治自由付出了高昂的经济代价，军事行动的干涉也破坏了它们在波斯帝国内的商业腹地。雅典与波斯于公元前 450 或前 449 年达成的和平协议，如今把这些国家置于协议双方的武力维护之下，条件是拆除它们的防御工事，但是似乎没有任何条款可以恢复它们在波斯内陆失去的商机。然而，随着战争的结束，所有提洛联盟的纳贡国无论如何都希望摆脱经济负担。

这些国家的合理要求在雅典内部造成了政治危机。提洛联盟的情形正如过去 30 年一样，阿提卡地区大多数城邦无地人口的一种主要生活来源就是给雅典海军当桨手获得酬劳；而这些酬劳一直由雅典联盟国的贡赋支付。倘若雅典的经济收入无法继续为（与过去）同样数量的雅典公民在其他一些（海军服役之外）职业上提供相同数量的收入，那雅典就会面临大面积失业。那些退役的雅典海军船员能找到有收入的新工作么？　既然雅典本国的预算不能永远负担如此高昂的新支出，

① 德里雅斯特（Trieste），意大利的港口城市。从 1382 至 1918 年曾是哈布斯堡王朝的领地，也是奥匈帝国主要的港口。奥匈帝国崩溃后，它与意大利合并，但经济开始衰落。——译注

99 那在和平年代用那些盟国的贡赋支付这笔开支就是合理的么？伯里克利是一位优雅而富有教养的政治家（他从母亲一系继承了贵族身份），雅典人民因为欣赏他的卓越品性而让他留任。但是在雅典这样一种民主制当中，面对大面积失业的灾难，伯里克利的领导也无法解决。因此他采取了这样的措施：让联盟国交给共同金库的贡赋理所当然地成为付给雅典的年费，以防备波斯人的再度侵略；再者，只要雅典一直要让波斯帝国远离自己以前的希腊邦国，无论是通过海战还是协商，雅典就有权把钱用在它认为最恰当的地方。伯里克利提议这些钱应该用来重建公元前 480 至前 479 年被波斯入侵者损毁的希腊神庙，但实际上这些神庙都在雅典卫城。阿里斯泰德斯在雅典国家议事会中的地位已经被梅勒西阿斯之子修昔底德取代；然而，当议事会在定夺是要公平对待联盟国还是要为自己的公民持续提供集体雇用收入时，私利占了上风。这个决定（公元前 443 年）的后果是：雅典人创作了完美的艺术作品；而在这些巧夺天工的作品和纪念碑下，希腊文明正在瓦解、衰退和没落。

雅典的另一种公共雇用收入就是当陪审员的酬劳（为了审判某些案件，陪审团十分庞大，并且延伸至所有公民都有投票权的议事会；在伯里克利的倡导下，自公元前 451 至前 450 年起，陪审员都有酬劳）。从公元前 478 年以来，雅典从其在亚洲的希腊盟国和斯巴达的伊斯塞
100 安盟国那里侵占了越来越多希腊世界的商业。这意味着，在双边商贸协议下，不同国家的公民之间持续递增的法律纠纷会逐渐接受雅典法庭的审理。当时的雅典对盟国滥用了其权力，强迫它们把案件放到雅典来审理，甚至有的案件与商业无关，其被告也不是雅典人。从雅典人的角度来看，这项政策有两点好处：经济上的好处在于能为雅典陪审员的腰包带来更多收入。政治上的好处在于，既有机会惩罚那些同盟国的富裕公民，因为贡赋出自他们的腰包，他们很容易反对雅典人；又有利于大众，因为其国家同民主制雅典建立联盟给他们带来了很多收益，没啥损失，因此大众很容易忠于雅典。

大约在公元前 451 至前 450 年,应伯里克利的要求,当年雅典的选举权变得相当可贵,因为国家议事会立法把选举权局限于能证明自己的双亲是雅典公民的人群。五年后,雅典就开始严格清理公民身份。

因而,在 30 年时间里,雅典人的民主制慢慢步了斯巴达先驱的后尘,变成了一个寄生在其农奴(提供贡赋的"盟国")和珀里俄基人阶层(始终是主要提供海军队伍的盟国)之上的军事"统治集团"。克莱翁(Cleon)作为伯里克利的继承者,是第二次雅典—伯罗奔尼撒战争首回合中雅典人民的政治领袖。他虽然不那么优雅却也不失坦诚,他以一种粗鄙的坦率告诉自己的同胞:雅典成了一个"专制国家",它只希望基于某种令人"望而生畏"的策略去维护自己的霸权统治。

提洛联盟蜕变为雅典帝国是一场悲剧。因为在那个时代,希腊世界需要紧密的政治同盟本身不单是为了抵抗波斯帝国,同样也是为了 101
(正如我们所见)给既成事实的经济独立提供政治框架。倘若雅典人能够抗拒为了自己陕隘的国家利益滥用盟国信任(作为领导力量)的诱惑,经济的发展趋势会带来更紧密的政治同盟,也可能维持提洛联盟在自愿前提下延续下去,并且迟早会产生某种以希腊世界为整体的自愿组成的政治同盟。在这个关键时刻,整个进程被伯里克利制定的雅典政策扭转,导致自相残杀的战争再度爆发和希腊文明的衰落,以及由势不可挡的罗马力量给希腊世界缓缓带来的政治统一。

当雅典与伯罗奔尼撒联盟之间的战争再度爆发后,自公元前 445 年以来不稳固的力量均衡就此被打破,而这是科林斯的殖民地科西拉与其子邦埃匹达姆斯(Epidamnus)之间冲突的结果,后者控制了两者中间从希腊欧洲大陆到西部的沿海航线。埃匹达姆斯向科林斯求助,科西拉向雅典求助。没有任何一支力量会认为,它应该在其他力量的要求下放弃其受保护国。斯巴达勉强决定支持其盟国科林斯,部分原因在于,斯巴达担忧科林斯会退出伯罗奔尼撒的联盟;更主要的原因则是提洛联盟进一步演变为雅典帝国,这是雅典力量增长的一种方式,它似乎会威胁到整个希腊世界的自由。雅典为这种担忧带来了新的理由：它对伯罗奔尼撒人重新确认的盟国成员雅典的伊斯塞安人邻国迈加拉施加了经济压力，以此惩罚迈加拉再次拒绝背叛伯罗奔尼撒联盟。迈加拉的领土横跨在（支持雅典人的）科林斯的伊斯塞安上，伯里克利的目的是要封锁这条伯罗奔尼撒军队能够再次侵略阿提卡乡村的陆上
102 通道——正如公元前446年曾发生过的那样。因为雅典在陆地上没有能与伯罗奔尼撒联盟相匹敌的联盟，它成了雅典的“阿喀琉斯之踵”。因此，当迈加拉妨碍了阿提卡陆上的利益时，雅典也跟斯巴达一样不得不迈向战争。然而，城邦中大多数无地的雅典投票人在议事会中拥有最终表决权，伯里克利便说服他们始终支持科西拉，并且不惜与伯罗奔尼撒人开战。伯里克利的想法是：雅典要把自己限制在大陆上以保护其庞大防御工事的周边地区，但却不得不亲眼目睹阿提卡的农村被侵略者蹂躏。随后雅典人再通过海军的突袭实施反击，希望能够像米利都拖垮吕底亚一样拖垮大陆上的敌军。

在随后首个回合的十年战争（公元前431—前421年）中，虽然忒拜的参与增强了反雅典同盟的陆上力量，但是与科林斯人相比，伯里克利的希望得到了更多的满足。可伯里克利没能预料到，来自阿提卡农村的难民中爆发的一场瘟疫导致了如此大面积的死亡，而当时这些难民出于安全考虑，全挤在连接雅典及其港口的围墙之间的地方（伯里克利本人就死于公元前429年的瘟疫，此前一年他已经被罢免了职位）。伯里克利同样没有预料到，伯罗奔尼撒人不仅成功穿越大陆侵略了阿提卡的农村，也侵略了爱琴海北岸远端沿线的雅典附庸国。可是，斯巴达的指挥官布拉西达斯（Brasidas）在到达并切断雅典在达达尼尔海峡的生命线之前——雅典经过这里从乌克兰进口粮食——跟伯里克利的继承者克莱翁一样于公元前422年在安菲波里斯逝世。公元前421年，雅典与斯巴达双方基于“占有保护原则”（*uti possidetis*）建立了和平。除了在卡尔西斯被布拉西达斯解放的前雅典附庸国，雅典帝国完好无损；而斯巴达的伊斯塞安盟国也暂时摆脱了令其厌恶的雅典。
103 尽管，战争的无意义已经进一步凸显，希腊人还是无法安分。

第二个回合的九年战争(公元前 413—前 404 年),是公元前 415 年雅典肆无忌惮地进攻叙拉古这个西西里最强大的希腊国家之后的延续,这场征战以雅典远征军在公元前 413 年的覆灭而告终。此时,斯巴达又一次发动了对雅典的战争。斯巴达在阿提卡领土上的戴凯列阿(Decelea)建立了固定的军事基地,还在叙拉古的军队协助及波斯的资金赞助下创建了一支海军。从此,斯巴达就有足够的力量挑战雅典在爱琴海上的控制权。雅典凭借超凡的运作延缓了自己无法避免的失败,但在公元前 405 年,当最后一支海军在达达尼尔海峡覆灭后,雅典不得不投降。雅典剩下的附属国被解放,连接雅典城与其港口之间的围墙被推倒,港口周围的围墙也被推倒。

斯巴达继承了雅典失去的海上帝国,同时在希腊的欧洲大陆上建立了源自联盟的陆上帝国,其实当时斯巴达已经在制度上领导这个联盟很长时间。这是唯一的结果。事实证明,斯巴达的军事统治者(正式称呼是"调解者")比其之前的雅典税官更加粗暴。当斯巴达与波斯(公元前 400 年)之间就波斯帝国以前征服的希腊附庸国的未来归属问题爆发战争,雅典获得波斯的资金支持建造了一支新的海军,于公元前 393 年介入了战争。公元前 387 或前 386 年波斯帝国政府宣告,双方暂时达成和平协议。斯巴达放弃了亚洲大陆上的希腊国家(包括克拉左美尼的沿海岛国),由波斯接管。另一边,波斯帝国政府统治的其他每个希腊国家都获得了主权和独立(这意味着斯巴达可以随意颠覆任何反斯巴达的联盟或盟约)。斯巴达为了打击羽翼渐丰的忒拜,瓦 104
解了彼奥提亚的联盟;公元前 382 年,斯巴达突袭占领了忒拜的卫城。但后来,肆无忌惮的斯巴达人的行动被终止了,因为他们的守备部队在公元前 378 年颜面扫地地败退,并且在公元前 371 年彼奥提亚的莱克特拉(Leuctra)令人震惊地败给了忒拜人。忒拜人乘胜追击,侵略了拉哥尼亚(那些尖酸刻薄的斯巴达妇女第一次正眼看待这支侵略的敌军,并且因为恐惧而让自己的国家蒙羞)。斯巴达的城邦尚未落入忒拜军队之手,但斯巴达的权力已经被忒拜的政治家击碎。公元前 370

年，忒拜领袖伊帕密浓达向麦西尼农奴归还了其从未失去过期待的自由，并且保证他们会世代拥有自由。伊帕密浓达还帮助他们组建了一个独立的城邦，并围绕他们传统的抵抗据点伊索姆(Ithomê)山修建了带有强大防御工事的市中心。公元前369年，伊帕密浓达把阿卡狄亚西南部的一个小行政区并入了另一个新的城邦——它在迈加波利斯有一个建有强大防御工事的市中心，以此阻挡了斯巴达北方先头部队的步伐。伊帕密浓达去世前(公元前362年)已经创造了历史。他死在曼蒂尼拿(Mantinea)一场没有结果的战争中，而斯巴达在这场战争中获得了忒拜人的宿敌雅典人的支持。

斯巴达和雅典都未能给希腊世界带来政治统一，忒拜也不可能奢望成功。忒拜最仇恨的敌人是其在彼奥提亚的姊妹国，忒拜曾徒劳无功地想把后者并入自己的政治版图。另外，最糟糕的是，忒拜力图将其意志强加在(与彼奥提亚西部后方相邻的)福基斯人身上；而福基斯人在公元前355年已经成为一支有威胁的力量，获取了在德尔菲泛希腊圣地不断积累的财富，并且用来雇用雇佣军(当时有一大批这样的“无
105 家之人”，因为长期的战争和国内革命而被赶出了家园)。福基斯人的命运比忒拜人还短暂。公元前346年，马其顿的国王腓力二世(King Philip Ⅱ of Macedon)在德尔菲近邻联盟的授权下采取行动，消灭了福基斯。福基斯的颠覆为马其顿进入希腊中部地区开辟了道路。公元前338年，在彼奥提亚的卡容纳(Chaeronea)，腓力取得了决定性的胜利，战胜了忒拜与雅典的联军。同年，腓力在科林斯组建了一个由马其顿领导的联盟，囊括了除斯巴达之外的所有欧洲大陆的希腊国家。马其顿领导下的希腊国家政治同盟超过了其前辈，希腊世界的范围也变得更大；但与其前辈一样，马其顿领导的希腊政治同盟也并不长久。

希腊世界的核心区域被战争蹂躏了93年，产生的损失无法以物质方式衡量，而精神上的损失更为惨重。这一点已经由奥罗鲁斯之子修昔底德指出。修昔底德作为一个不成功的雅典海军指挥官，在放逐中开始写作战争史。这部历史从公元前431年开始，把故事讲到了公元

前404年作者去世。这场战争不仅是两大军事集团之间的国际战争，也是每个国家内不同团体政治意识形态冲突引起的内部战争。国际战争因为其暴行而令人耻辱：忒拜人及其伯罗奔尼撒盟国在公元前427年摧毁了雅典的彼奥提亚盟国普拉提亚；雅典人在公元前416年冷酷地侵略了一个独立、中立、没有进攻意图的小国米洛斯岛（Melos）；当雅典远征军在公元前413年的西西里惨败后，它残酷地处决了那些关押在叙拉古采石场的战犯；斯巴达在公元前405年的阿戈斯波塔密（Aegospotami）战役之后，屠杀了雅典战犯。在内战和国内革命过程中，甚至还有更为严重的罪行，比如，公元前425年，科西拉的激进派对 106
保守派展开了大屠杀；另外，三十人委员会（“三十僭主”）在雅典海军失败后民主政治暂时失势的八个月期间掌握了权力，并在雅典犯下了屠杀罪。

在国内冲突中失势的那些集团，当他们离开自己的故乡逃生时，已经成为“无家之人”。家破国亡的流民数量稳步上升，直到他们成了希腊生活中固定的新成员——一个城邦框架之外的阶层；他们以雇佣兵的身份由别人雇用组成了一支军队。

尤其自公元前431年以来，雅典逐渐开始弥漫紧张的氛围，转而爆发出无法控制的情绪。外来神祇的崇拜越来越多，不仅有源自艾普道鲁斯（Epidaurus）和科斯的希腊医疗之神阿斯克莱皮奥斯（Asklepios），还有色雷斯女神朋迪斯（Bendis）以及安纳托利亚的伟大母神西布莉。就在雅典远征西西里的大军出征前夕的一个晚上，街角耸立的赫尔墨斯神塑像不知被谁弄污，雅典因此在公元前415年爆发了政治迫害，同时也迫害了“不虔敬”的“思想者们”。同亚洲的希腊人在意大利以及西西里殖民的希腊人相比，这个时代的雅典在思想上依旧保守。雅典人的公共意见很容易被危机中的宗教和道德的哀嚎所煽动；而且，雅典挑动的这种政治动机，针对的是那些“思想家”，后者碰巧还是“当政”政治家的门徒或者朋友。克拉左美尼的阿那克萨戈拉作为丧失信誉的雅典政治家伯里克利的异国追随者，提前逃离了雅典。谨慎而守法的雅

107 典公民苏格拉底，曾经是“三十僭主”的头目卡列阿斯(Callias)的朋友，就因坚持己见而赴死。雅典以司法的方式谋杀了自己历史上最伟大的公民，这成了雅典民主在公元前399年从“三十僭主”手中重新夺回城邦行动的信号之一。

第八章

马其顿接受希腊精神与开拓东方

马其顿人在公元前 338 年为欧陆的希腊人带来了统一与和平。他 108
们作为非希腊化(unhellenized)的希腊语民族,占据着大陆的西部以及德尔菲北部和温泉关。当城邦文明已经蔓延到(达到并超越其巅峰的)文化地区边缘的东南部时,马其顿依然还是爱琴海区域中已经随着米诺斯-迈锡尼文明衰落的“英雄”时代或蛮族时代的一处遗迹。就它还有一套统治制度而言,统治马其顿的依然是世袭君主制,这种制度在希腊世界早已被共和制和僭主制取代。马其顿国王的权力在法理上受制于某些习俗制度化的约束,但在事实上它更多取决于当时国王的个人能力对某些心猿意马的效忠者的掌控:要么在国内能掌控他直接统治下的贵族和平民,要么就能掌控那些在名义上承认其宗主权的南、西、北部高原附庸国的首领。尽管当时的马其顿在社会和文化上落后,但如果其王座上有一位富有政治才能、远见,尤其是意志坚定的国王,马其顿就会感觉良好。但是,当马其顿的国王弱小或无能时,就会陷入混乱和政治的崩溃。因而,马其顿的命运在很大程度上取决于运气。而运气偏袒了马其顿,在其历史的关键时刻把一些具备上述品质的男人领上了王位。亚历山大 世在波斯人进攻欧陆希腊地区的时候(公
元前 480—前 479 年)在位;珀狄卡斯 (Perdiccas,公元前 440—前 413 109
年在位)及其儿子阿尔科劳斯(Archelaus,公元前 413—前 399 年在位),作为之后的两位继承者,都是拥有杰出能力的国王,他们的统治时间覆盖了希波大战的时期。腓力二世(Philip Ⅱ,公元前 359—前 336 年在位)与其子亚历山大大帝(Alexander the Great,公元前 336—

前323年在位）都是天才——两种完全不同风格的天才，并且在任何时间或地点迈出的每一步人生都非同凡响。腓力的幸运在于，他获得马其顿王位是在忒拜暂时取得了希腊世界的优势地位之后；而亚历山大大帝的幸运在于，他继承了父亲缔造的权力。

马其顿的命运已经同希腊世界的国际政治联系在一起。在波斯帝国发起对希腊欧洲地区进攻与腓力二世即位（公元前359年）之间的一个半世纪中，马其顿两次因为希腊国家追逐自身利益的行动逃脱了政治的崩溃。国王亚历山大一世孤立无援，若不是希腊联军在斯巴达人和雅典人的领导下击败了薛西斯（公元前480—前479年），强迫波斯人放弃他们在达达尼尔海峡欧洲一侧的所有占领地（除了色雷斯沿岸的多里斯卡斯的单个堡垒），马其顿就会被永久并入波斯的行政区。此外，公元前382至前379年在阿尔科劳斯统治末期与腓力二世统治开始之间，马其顿经历了一段时间的混乱和衰落，是斯巴达的军事干涉让马其顿没有被永久并入一个城邦联盟。这个联盟中有的城邦沿着爱琴海北岸，其中有的城邦地处腹地，是由卡尔西斯人殖民的城邦奥林瑟斯（Olynthus）建立的。

110 马其顿王国的最大优点在于，任何一位拥有相应的权力和远见的王位继承者都有领土扩张的空间。国王直接统治下的领土中央耸立在平原西端的山岭，阿克修斯河下流穿越了这片平原通向萨洛尼卡海峡。这一领土的三面都被一些独立的马其顿人的领地包围着，他们都有自己的世袭首领。然而，往东方向，国王的领土能够并且事实上也扩张到了开阔的低洼地带，那里居住着希腊语部落——广泛分布的帕昂尼亚人（Paeonian）；因为帕昂尼亚人的文明程度低于马其顿人，因此无力抵抗后者。国王宫殿的位置最初位于爱琴海区域，在可以眺望马其顿平原的陡峭山脊上，后来迁移到佩拉，回到了离塞德拉不远的平原——波斯帝国的缔造者们曾经在这里为这个短命的欧洲行政区设计了行政中心。波斯人的浪潮退却后，亚历山大一世将马其顿东界沿斯特拉姆河下游推进到了河岸以西。沿马其顿海岸和在卡尔西斯的希腊殖民城邦

依然很容易维护自己的独立，而在紧邻斯特拉姆河下游东边的区域，为
了潘格乌斯山的金矿，雅典人正在同当地的帕昂尼亚人发生争执。腓
力二世是首位把这块有特殊价值的领地攥入手中的马其顿国王。他为
了确保自己对它的控制，就在那里建立了一座城市，并以自己的名字命
名为腓力(Philippi)。正如地米斯托克利利用了拉瑞姆的银矿，腓力也
利用了潘格乌斯山的金矿，为抓住政治机遇而建立了必要的军事力量。
在腓力二世即位(公元前359年)后的21年间，他把海岸沿线的所有
希腊城邦(他消灭了当中最强大的奥林瑟斯，以震慑余下的城邦)都并
入了马其顿，并且把之前独立的马其顿人的高原领地都置于自己的直
接统治下。腓力二世征服了从斯特拉姆河东侧至海峡和黑海以及多瑙 111
河下游的大多数希腊语和色雷斯语部落，此外，他还控制了除斯巴达之
外的所有欧洲大陆地区的希腊城邦。

如何解释腓力所取得的巨大的成就呢？这主要归功于腓力的品格，他的雅典大敌德摩斯梯尼(Demosthenes)也对此给予了极高的赞誉。在精力、计谋、坚毅和耐力上，腓力与奥古斯都不分伯仲，后者最终以类似的方式对希腊世界产生了更大规模和更深远的影响。据说当时凯尔特史学家泰奥彭波斯(Theopompus)已经把腓力称为欧洲有史以来最伟大的人，或许这是就政治家层面而言。德摩斯梯尼也效仿了腓力利用潘格乌斯金矿的精明举措。他便用矿产买通了一些主要希腊城邦的主要政治领袖，并铸造了大量的货币，三四百年之后，遥远而野蛮的不列颠还在铸造印有他头像和题名的钱币。然而腓力成功的另一个原因是德摩斯梯尼无法理解和承认的，即这位马其顿国王审慎地接受了希腊世界的文明，并且这完全符合他的意志。

公元前430年，伯里克利为纪念在希波大战首次战役中死去的雅典公民，发表了葬礼演说。他在其中夸口称，雅典是"希腊的老师"。马其顿能干的蛮族国王们正是遵循了伯里克利的意思，他们的行为方式既有伯里克利意料之中的，也有他没能预见或意料之外的。

假若伯里克利能活着看到阿尔科劳斯王邀请雅典剧作家欧里庇得

斯到他的宫殿——欧里庇得斯是他那一代雅典"思想家"中最为"超
112 前"的一个,他一定会感到兴奋和惊讶。伯里克利肯定会高兴,国王腓力二世接受了阿提卡的希腊方言(而不是马其顿本土语言)作为法庭的官方语言(相较于欧里庇得斯的文学天赋和其他雅典大文人,马其顿的国家行为更有力地促使了阿提卡希腊语在后来的历史中成为希腊世界的混合语言;同时它从东南方向传播进入了印度,从西北方向进入了不列颠)。伯里克利应该也会赞成腓力接受一个雅典人——斯塔基拉的著名哲人亚里士多德——成为马其顿国王的儿子、继承人亚历山大的导师。但伯里克利若是知道,腓力本人接受希腊教育(在严格意义上)是因为其孩童时代曾作为人质在令雅典厌恶的邻国忒拜生活过,那他可能就没那么高兴了。伯里克利或许会惊讶,马其顿国王给他的格言赋予了军事的内涵。然而,这真的不足为奇,因为自公元前431年希腊国家陷入长达93年的漫长战争后,军事技术的明显进步正是这场战争的必然结果。

阿尔科劳斯用当时希腊的装备提高了马其顿的贵族骑兵的效率,又通过建设军事道路的网络提高了其机动性。腓力二世给马其顿步兵带来了雅典人的新式装备和忒拜人的队列。公元前390年,在雅典人为了公元前404年的失败向斯巴达复仇开战期间,雅典的职业军人伊菲克拉底(Iphicrates)把拉科戴蒙人的一支军队撕成了碎片。伊菲克拉底抛弃了老式"盾手"装备和队列,将一种配备了刺矛的新式轻型步兵引入战场,这种刺矛比"盾手"的刺叉更为有效。这种新型士兵双手
113 都可以自由持矛,因为他的左手已经从传统的圆形重盾中解放出来:一种悬挂在他左臂环上的轻型盾牌替代了圆形重盾。腓力用雅典人的这种装备武装了贫穷的农民步兵,此装备因为其有效而价廉获得推荐,但他没有以开放的队列集结新的马其顿盾手。忒拜的领袖伊帕密浓达和陪罗比达斯(Pelopidas)在公元前371年从对手伊菲克拉底的革新中提升了自己的战术,击败了拉科戴蒙人。伊帕密浓达和陪罗比达斯并没有把传统的方阵拆散为掩护的轻装散兵,而是提高了队列的数量;就战

线的某一点而言,他们提高了队列的纵深度,因此其军队用这种人群“战槌”击垮了拉科戴蒙人的战线。腓力沿着整个战线以忒拜式的纵深方阵集结了自己的盾手,它有效地结合了“灵活”与“集中”两者的优点,而潘格乌斯山的黄金也为腓力提供了以昂贵的传统希腊方式装备一支精锐部队(“护卫军”)的财富。

为腓力和亚历山大赢得胜利的军队,既不是老式部队,也不是他们的矛盾手方阵,而是骑兵。另外,在这一个半世纪的时间内,也就是在马其顿人于公元前 338 年在卡容纳战胜忒拜和雅典的“盾手”和于公元前 197 年在库诺斯克法莱(Cynoscephalae)败给罗马剑手的时间之间,马其顿的方阵正如其前辈们一样变得笨拙不堪。亚历山大大帝的后继者之间用方阵相互征讨,爆发了一系列同族残杀。而在随后的争斗中矛变得越来越长,终于使军队几近于失控。但腓力重建的马其顿步兵的确产生了持续的社会和政治影响力。由于交战中的农民成了有效的军事力量,他们就在公共事务中赢得了自尊和发言权。作为国王 114
的“近身随从”,他们如今享有同“随从”一样的声誉——这本来是传统贵族骑兵的称号。

除了确定无疑的敌人及其城邦中的资助者之外,腓力对支持者和真诚的崇拜者们一视同仁。腓力的雅典支持者艾斯基恩(Aeschines)同他的雅典对手德摩斯梯尼一样,品行良好。腓力的雅典崇拜者伊索克拉底是更有学问的公共人物和文人,他从所有希腊国家的联合中看到:只有在一位伟人亲自掌控的集权领导下,最终才有机会完成泛希腊世界对波斯帝国的反击。而这一直是米提亚德之子克蒙未完成的夙愿。由于公元前 480 至前 479 年波斯人未能把希腊的欧洲区域并入波斯帝国,希腊人或许会希望,较之于公元前 7 世纪希腊文明(赶在亚述人撤退的步伐之后)进入埃及和东南亚以来的力量——在公元前 6 世纪被波斯帝国迅速的崛起中断,希腊本可以立刻变得更为强大。波斯帝国因为雅典与斯巴达之间的冲突而放缓了衰亡的脚步。公元前 457 年,当雅典将埃及从波斯的控制中解脱出来时,斯巴达从背后袭击了雅典。而在公元前393年,斯巴达把波斯人从安纳托利亚西面赶走后,雅典又从背后袭击了斯巴达。对于一个联合的希腊世界而言,在军事上战胜波斯帝国并不是难事。公元前401年的事件就已经说明了情况:一位僭越者雇用了1万名希腊雇佣兵向波斯帝国的王位发起冲击。这支不甚庞大的队伍所向披靡,从安纳托利亚西海岸进入了巴比伦。但当这支队伍的波斯雇主在战役中丧命后,它便丧失了目标。在一场激
115 战中,它战胜了所有帝国政权能够召集的军队,并再一次离开巴比伦穿过未知区域进入安纳托利亚东部的黑海沿海——尽管帝国的军队努力切断它的退路。倘若这支泛希腊远征军能够得到希腊的联合支持,并且军力提升三四倍,那这场光辉的事业就不会失败。

从希腊人的观点来看,这种长远的计划是有道理的。当希腊人能够联合起来向东面和南面征服并开发广阔的潜在"生存空间"时,他们之间为什么会持续发生极其惨烈的战争?因为,正如公元前8世纪一样,在公元前4世纪,希腊人从人口过剩中吃到了苦头。无论是对西地中海和黑海海岸的殖民,还是随后的经济革命,都无法为持续增长的希腊人口提供永久的供给。而一个被征服的波斯帝国可以为希腊殖民者们提供空间,并且,殖民者会继续压制这个被征服的国家。这种行为是可行的。但除了出于一种可疑的报复权之外,它能证明是合理的么?在亚里士多德时代,有希腊理论家认为,希腊人有天生的征服权,因为希腊人生来自由,而非希腊人生来就是奴隶。此前100年,有作家撰写了物理环境对性格影响的论文(保存在科斯岛希波克拉底医学派的著作中),他明智地指出:非希腊人住在粗鄙的国家,而希腊人住在富有勇气、热爱自由的国家。此后,希腊人对波斯帝国的征服证实了这种看法的准确性。事实上,希腊人生来拥有权利统治"弱小种族"的学说只是一种借口,它帮助了斯巴达和雅典以更大的规模压迫农奴和附庸国。

公元前336年,腓力曾派出一支小规模的远征军穿越达达尼尔海
116 峡。它是一支更大规模的军队的先头部队么?腓力究竟想征服多远?腓力的年轻继承人亚历山大不得不花了一年时间来震慑马其顿北部边

界沿线的蛮族，并且镇压了趁机暴动的忒拜。公元前334年，亚历山大带着超过35 000人的军队穿过了达达尼尔海峡，有计划地占领了波斯帝国的整个地中海海岸，最远到了埃及西部的沙漠。这是为了确保波斯海军不会如其先行者斯巴达王阿格西拉（Agesilaus）一样（在公元前394—前393年）同雅典海军合力从背后袭击它。公元前331年，亚历山大向内地进发，在高加米拉遭遇了波斯帝国最后的野战军队，后者在底格里斯河东岸与埃尔比勒的亚述城之间的平原等着亚历山大。到公元前323年，亚历山大征服了波斯帝国余下的所有地区（锡尔河的沿线）以及以前波斯人曾占有的印度河流域，直到比亚斯河（Beas）沿线；并且回到了巴比伦去管理他的臣服者，对他们提出了更多的规划。

在马其顿领袖的指挥下，希腊军队在军事上的胜利超出了伊索克拉底的想象。当时希腊人的感受就跟近代西方人发现美洲和绕过好望角通往印度的航线一样。而对于波斯人及其臣民而言，他们的感受如同被西班牙人出其不意地以势如破竹的武器袭击的印加人及其臣民一般。从希腊的角度来看，亚历山大的一系列胜仗中只有一次不安的经历。虽然亚历山大在埃尔比勒附近的战役中取得了决定性胜利，但对于他信任的骑兵而言是一场失败。事实证明，希腊骑兵的装备敌不过 117
大流士的巴克特里亚人（Bactrian，即大夏）和印度骑兵的新式链甲部队（链甲包裹了马匹和骑士）。在下一个阶段的战争中，当亚历山大进攻（波斯帝国）这个可怕的骑兵大本营时，发现波斯帝国的队伍完全不像是中亚游牧民族，他的军队遭遇了令他震惊的抵抗。这些队伍的长官表示，他们不是天生的奴隶。亚历山大还曾恭贺这些长官迎娶了伊朗地方郡侯的女儿，这个郡侯曾给他带来极大的麻烦。

亚历山大活着的时候，就把希腊人统治非希腊人的粗鄙理想提升到了所有人类皆同胞的高尚理想。当亚历山大遭遇波斯人后，他对波斯人的美德表示认同和敬佩，这种美德曾使波斯人统治这个世界相当大一片区域超过了200年；从亚历山大的角度来看，他梦想能有一个波斯人和希腊人联合统治的世界国家。然而，正如荷马史诗中的英雄一样，这位非凡的梦想家也会在酒后的暴怒下杀死自己的朋友和同胞，而这正是亚历山大本性中血气方刚的一面。毫无疑问，亚历山大毫无节制的起居方式是他公元前 323 年在巴比伦突然因病英年早逝的原因。亚历山大有时间摧毁一个大帝国，但他重建帝国的计划仅仅是刚刚开始——虽然这个计划在他头脑中已经成熟。

公元前 323 年的灾难以及随后更为惨重的灾难表明，希腊化并没有弥补马其顿根深蒂固的缺陷。无论城邦在其他方面有怎样的缺点，它们却可以避免马其顿君主制暴露出的某种危机。这种危机使得马其顿的命运取决于个人的寿命和念头，而个人却总是容易犯错，并终有一死。亚历山大的死跟阿尔科劳斯一样，使整个王朝连续两代积累的辉煌成就功亏一篑。此时，这场崩塌不仅影响了马其顿，还影响了整个希腊以及其余半个世界。

第九章

从城邦中解放的个人

在这样一个时代，当公民权变成了一种负担而不是激励时，马其顿 118
人对城邦主权的抑制便是对个人的解放。

事实上，亚历山大后继者之间为了他的遗产而展开的战争，给一些城邦比如斯巴达、罗得岛、基齐库斯（Cyzicus）和小亚细亚黑海沿岸的赫拉克利亚提供了复苏的时机。罗得岛能够走在前列是因为其自身的行动。公元前407年，罗得岛以前分裂出的三个小国家结成了政治联盟。罗得岛人通过这种“村镇联合”获得了力量，使自己能够有效利用地理位置的优势，罗得岛人发现，这种地理优势应归因于亚历山大颠覆波斯帝国之后，希腊世界绕着地中海东部向埃及的扩张。罗得岛控制了从达达尼尔海峡、马其顿和科林斯的伊斯塞慕斯到亚历山大里亚。罗得岛和其他城邦在这个产生于波斯帝国分裂的伟大王国的新世界中成功扮演了独立的角色；它们不惜用传统方式奴役公民，从而施展自己的政治野心，但是很少有城邦能坚持到底。比如雅典在公元前267至前262年发起战争对抗马其顿，但雅典一旦失败，就完全退出了同对手的竞争。在公元前229至前228年，雅典买通了马其顿人的守卫部队，庆幸地过上了平静的生活。此外，那些城邦的公民们无法忍受国家对
自己的种种要求，一直在为自己的权利抗争，如今他们有机会迁往亚历 119
山大里亚或者其他没有主权的希腊城邦——这些希腊城邦大量出现在继承波斯帝国的马其顿国家领土之内。在那里，他们有可能享受到城邦舒适的生活方式，而不是坏处。另外，除了那些为了寻找新家被迫“背井离乡的人”涌入之外，还涌入了一批自愿迁离严苛的城邦的人。

在公元前431至前338年那段不光彩的岁月中，城邦道德上的堕落已经为动荡埋下了伏笔，不仅是心理上，也在人口上。这场动荡使城邦中一些最优秀的公民远离了它们。

关键性事件就是苏格拉底与雅典之间的道德冲突。苏格拉底是希腊的第一个殉道者。他从一种怀疑的原则出发，以更高神祇的名义质疑城邦自称是“希腊的老师”；并声称，城邦事实上是最不值得偶像化的事物。这种质疑引人瞩目，因为苏格拉底不是阿基洛库斯。苏格拉底尽职而英勇地履行了自己的军事义务，当他的良知阻止他遵守城邦的命令时，良知也阻止他逃避死刑或者通过越狱和远走他乡逃脱处决。与脱逃的阿基洛库斯不同，苏格拉底没有选择保存自己的性命，而是坚持献身。再者，当苏格拉底迫使雅典在尊重他的良知与杀害他之间做出选择时，他挫败了雅典。这场失败对雅典的破坏比五年前斯巴达带来的还要严重。雅典被斯巴达征服者吕桑德(Lysander)和马其顿征服者腓力二世以及安提戈努·贡纳图斯(Antigonus Gonatas)打败时，仅仅只是军事上的失败。而苏格拉底却在道德上打败了雅典。公元前
120 399年，雅典娜投票判决苏格拉底后，让这位女神在现实生活中蒙受的恶名同她在戏台上赢得的荣誉——她在公元前458年投票支持奥瑞斯忒斯——不相上下。没有什么事情比依法谋杀苏格拉底更能让所有城邦远离希腊精神。因为雅典想把自己树立为所有希腊城邦效仿的典范，而苏格拉底在自己的国家之外，在其他许多国家都有一批朋友、追慕者和门徒。

个人能从城邦中解脱出来，同时也得益于苏格拉底的同胞和同时代的雅典剧作家欧里庇得斯。欧里庇得斯高度质疑奥林匹亚诸神的传统表现方式，他抽空了城邦崇拜的根基——(正如我们所见)自从神祇被搬出奥林匹亚万神殿，欧里庇得斯的计划就开始了。欧里庇得斯并不是第一个攻击奥林匹亚诸神的思想家。希腊的亚洲区域在思想上比雅典还要早熟，公元前6世纪晚期的哲人色诺芬尼至少在欧里庇得斯时代的两代人之前就已经对诸神展开了攻击。但是，欧里庇得斯的讽

刺更讲究策略，因为在他的时代，希腊的公共氛围还压制着人们的内心。从欧里庇得斯的理性主义、女性主义以及他对战争机制的恶毒批判来看，他可谓一个新时代的先驱。

在随后的两代人中，雅典是两个天才人物柏拉图（约公元前430—前347年）和亚里士多德（公元前384—前322年）的思想工厂，他们不仅在当时，在整个希腊史进程中也是最伟大的希腊灵魂。

柏拉图，一位刚好出生在公元前431年战争爆发后的雅典公民，因为平生见证了雅典民主制的过错而疏远了自己的祖国——主要是因为苏格拉底的殉道。柏拉图是苏格拉底的忠实门徒，他可能永不会原谅雅典，也永远无法克服他对雅典希望的幻灭。在转向民主制的对立面后，柏拉图也没能看到超越城邦政治生活形式的世界。柏拉图仅仅是 121
用雅典政治理想的学院派方式去替代斯巴达的方式，以毕达哥拉斯学派哲人的理想"优势"去替代斯巴达"同辈"在历史上的"优势"。柏拉图渴望自己的梦想能够变为现实生活，也天真地希望找到一条捷径能够通达这个遥远的目标。柏拉图想说服同时代的叙拉古僭主狄俄尼修斯二世（Dionysius Ⅱ）能自我克制，把他的制度蓝图赋予其臣民。就柏拉图的政治理念和行动而言，他还只是那个时代的幼儿；而超越那个时代和地域的，是他作为诗人和预言家的身份。

亚里士多德没有遭受柏拉图那种精神磨难，部分原因在于他的内心没有那么富有想象力，另一部分原因则是与他同时代出生的那一代人已经能比柏拉图更好地适应一种非城邦的生活。就像一只寄居蟹，亚里士多德能够从一种社会躯壳下溜出来进入另一种社会躯壳，没有任何不适。亚里士多德的母邦是斯塔格瑞斯（Stageirus）的一个不重要的希腊殖民小城邦，位于卡尔西斯半岛的东岸，在他出生前就被国王腓力二世并入了马其顿。亚里士多德年少时就离开了斯塔格瑞斯，他的工作历程分散在雅典、阿塔纽斯弱小希腊领地的僭主赫莫亚斯（Hermeias）的宫殿、特洛德的阿索斯（Assos），以及位于佩拉的国王腓力的宫殿。尽管亚里士多德在马其顿和波斯帝国（坐落在波斯人地盘内的赫莫亚斯的领地）都居住过，但他和柏拉图一样，都不在意城邦之外任何类型的国家，亚里士多德创造了一套城邦制度的蓝图，本质上与柏拉图的没有区别。与此同时，亚里士多德还创作了描述历史上现实城邦制度的论文集，他以科学的超然研究它们，把它们视为研究样本而非神祇。虽然亚里士多德如此反常地忽视了当时出现的政治征兆，但事实
122 上他是希腊史“后城邦”篇章的思想预言家。尽管亚里士多德的政治学同柏拉图的一样转瞬即逝，然而他的伟大成就在于：将科学构建为（从逻辑学到生物学）前后一致的体系。这个体系作为整个希腊文化资源的一部分，能够在希腊化的进程中传播到非希腊人群中去。

亚里士多德的哲学作为一种强大而深入人心的思想工具，延缓了希腊社会的瓦解，并且有力地影响了伊斯兰世界和西方的基督教世界。西方直到 17 世纪才从亚里士多德的魅力中解脱出来，这几乎已经是亚里士多德时代的两千年之后。正如他对人类事务的研究一样，亚里士多德在自然科学上的天赋也并非出于直觉。但留基伯对物质原子结构的直觉不是追随亚里士多德，而是追随了比他更为年长的同时代的爱琴海北岸希腊殖民城邦阿伯德拉的德谟克利特。另外，亚里士多德的直觉也没有比他同时代的晚辈赫拉克利德斯更超前，后者追随的是阿里斯塔库斯（Aristarchus of Samos，约前 310—前 230 年）。赫拉克利德斯的直觉发现，太阳而非地球才是行星环绕的中心。

腓力与亚历山大开创的革新，为希腊生活提供了新的可能，也为私人的职业提高了声誉；而此前这些职业在传统而苛刻的城邦组织下，已经默默无闻。在继承波斯帝国的希腊化国家中，无论是在亚历山大的将军“救世主”托勒密建立在埃及的马其顿人王国，还是在“胜利者”塞琉古建立在亚洲的马其顿人王国，一个希腊移民不仅能在商业中谋生，也能通过自由职业和艺术谋生。埃及新的临海首府亚历山大里亚，此刻已经取代雅典成为希腊世界商业和思想的中心。在这个城市中，一个人可以成为工程师、医生、文人、学者或者归属于博物馆（一个公共
123 资助的研究机构）的科学家。在底格里斯河的塞琉古——塞琉古王朝

的内陆首府，一个希腊天文学家可以与巴比伦的同行进行合作。一个移民迁入新的王国，如果他是以职业文官或职业军人的身份服务于王朝，那他也可以继续享有自由。城邦之间的百年战争（公元前 431—前 338 年）产生了职业军人。比如雅典的将军伊菲克拉底和斯巴达的国王阿格西拉的职业生涯都开始于本国的服役，最终（事实上）变成了一支独立的力量，就像中世纪晚期有自己私人职业军队的意大利雇佣兵队长。当这些雇佣兵进入新的王国并为其服务时，他们对社会的危害和公共的威胁就会减弱，并且始终以自由民的身份为王国服务。尽管亚历山大及其继承者是官方的神祇，但为他们服务（基于商业关系）却不需要像城邦的诸神要求的那样向他们奉献自己的一切。

对私人生活的新关注在“新派”阿提卡喜剧中得到了反映，而喜剧在新旧时代的交替期一直长盛不衰。“老派”喜剧最著名的宗师就是苏格拉底和欧里庇得斯的同代人阿里斯托芬，他讥讽那些公众熟知的当代人。虽然政治家不是阿里斯托芬唯一讥讽的对象，但他们是阿里斯托芬的最爱。因为，阿里斯托芬创作喜剧的时期是在公元前 431 至前 404 年的战争期间，当时雅典的政治受到了前所未有的质疑（阿里斯托芬本人就是和平派的坚定代言人）。“新派”喜剧在阿里斯托芬战后的剧作中已经初现身影，但最佳的代表是更晚的剧作家米南德（Menander，公元前 342/1—前 292 年）的戏剧。“新派”喜剧家把注意力转向了各色人物，其中的人物形象都是想象出来的角色，而社会背景 124
则是当时中间阶层的生活。典型的男性角色就是一个放贷人或者他预定的继承者，从他投资的不动产中获得收益。这种生活状态正是大多数观众希望达到的，但是只有少数幸运者成功了，他们在希腊史随后的篇章中通过不懈的努力，维持着自己拥有的生活。公元前 229 至前 228 年，当马其顿的驻守部队离开之后，雅典引入的政治制度依赖着放贷人的资助，因此其设计也是为了保护放贷人的财产权。当奥古斯都于公元前 31 年在亚克兴（Actium）获胜之后，整个希腊世界也建立了同样的政治制度。

新喜剧明显不存在旧喜剧那种对城邦政治的关注，而女性角色被阿里斯托芬用妙语（*jeu d'esprit*）领到了前台，并在各色人物组成的喜剧中扮演鲜活的角色，这反映出女性社会地位的显著提高。在新喜剧中，国内奴隶的角色甚至更引人瞩目。一部剧的情节经常以一位忠实的奴隶的热情和机智（为了增进主人的利益）为转移。同样，剧本的惯常主题就是反映当时的现实。在城邦的鼎盛期，曾有自由民的俱乐部，而女人和奴隶则无权加入。但这样的地位在"英雄"或"蛮族"时代曾属于他们，当城邦兴起之后，他们被冷落了。在后城邦时代的分配中，这两个长期被剥夺了权利的群体又重获其社会地位。

早在公元前5世纪，雅典国内奴隶的地位已经得到了改善，这归因
125 于国内的政策让富人资助雅典海军。臣服的其他国家的贡赋无法完全负担造船的成本，就由雅典较富裕的公民提供经济支持。但这些强制税收（被委婉地称为"公共服务"）的后果极其严重，其受害者们不得不降低生活的标准。一种明显的经济形式就是，奴隶主不得不放弃了蓄奴的奢侈——他们原本只为主人的家庭服务，让奴隶参与一些有报酬的买卖，使其为自己的主人挣钱，而不是占用主人的开支。若奴隶主同意一个活着的奴隶从事买卖，并且认可其在商业上获得的报酬，事实上他们已经承认该奴隶是人。除非允许一个人获得其应有的好处，否则他不会有心思为别人挣钱。这些奴隶被从家庭服务中解放出来是为了让他们进入商业，虽然奴隶主与奴隶的讨价还价令人惊讶，但经济压力沉重的雅典奴隶主发现最有利可图的方式是，赋予奴隶最大限度的积极性，与自己共同投入商业并获得成功；并且可以通过这种最大限度的积极性，让奴隶逐步赎回自己的自由。在公元前431至前404年的战争期间，一位匿名的雅典观察家曾对雅典民主做出激烈的批判。他在著作中曾记载，在他当时的雅典，人们无法从衣着或举止上区分奴隶与自由人；而伤害别人的奴隶是自找麻烦，因为一位受佣金雇用的奴隶的身体受到伤害，对奴隶主而言是一笔巨大的经济损失。

在另一个方面，社会中至少存在三个重要因素没有从（已经演变

为一场噩梦的)奴隶主制度的崩溃中获益。首先,当家奴成了获益者
时,农业和工业的奴隶却成了牺牲品。奴隶制把人合法地看待为奴隶,
是一种无人性制度的极致,唯一缓和了其内在残暴的是,它维持了主奴 126
之间的人格关系。因为,当你与另一个人直面相对时,你很难把这个人
看成牲畜。由于这个原因,家奴的境况常常比工农业的奴隶要好。随
着经济合作规模的扩大和技术的进步——这是后亚历山大时代的特
征,希腊世界的工农业奴隶的境况甚至比之前更糟,这使得他们同自己
主人的关系变得更加疏远和不近人情。社会中第二个受负面影响的因
素是,作为亚历山大征服的结果,埃及和西南亚被一起并入了希腊社
会,由此带来了大量的农业劳动力。这些劳动力法律上是自由人但事
实上却是农奴,在宽容的波斯制度下他们的境遇尚可,他们不得不供养
的一些领主始终是一小撮寡头和祭司。但希腊征服波斯领土的一个目
的和成就是建立一批新的希腊殖民城邦。亚历山大本人及其后继者,
尤其是亚细亚的塞琉古人,都有精准的眼光挑选据点;另外,那些殖民
者也有让他们的移民区繁荣的才能。底格里斯河的塞琉古和幼发拉底
河的杜拉欧罗普斯都延续了 500 年。奥龙特斯河的安条克和尼罗河的
亚历山大里亚至今仍然存在;并且亚历山大里亚今天再度成为大都市,
其中希腊人占有较大的比例。或许,除了在西班牙人征服墨西哥和秘
鲁之后的美洲,从未有任何时代和地方成功地建立过数量如此众多的
城市。对于希腊人而言,希腊对西南亚和埃及的殖民是令人瞩目的成
就;但对于当地居民而言,这就是一场灾难。因为相较于之前的领主,
希腊的放租人对他们施加了更为沉重的负担。而埃及的农业工人境况 127
更糟,因为他们只有一个全能的、无所不在的主人——托勒密君主。伊
索克拉底曾体谅托勒密帝国宏大蓝图下的侵略行为,他认为,那些被征
服的国家会从"希腊指挥者"那里获益。但托勒密君主对其征服的国
家实施管制,并把所有的好处都留给了自己。在其统治下,当地的埃及
农业工人受尽了剥削。受到负面影响的第三个社会要素是,在新的分
配下,过去希腊世界的自由农民被完全忽视。在公元前 2 世纪末的西

西里，这些自由农民因为受到了恶劣对待，自我感觉比农场奴隶还要糟糕，便拿起武器发动了叛乱。

总之，在一个大规模扩张的希腊世界里，只有少数人从古老城邦分配方式的瓦解中获益。这少数人是有发言权的群体。而那些受压迫的大多数，就像羊毛修剪工面前的羊群一样一声不吭。对于有发言权的少数人而言，体验到的解放是确定无疑的。但他们的收获，就像所有的收获一样，都不得不付出代价。倘若城邦对个人的要求最终使希腊式生活压力过大，人们摆脱这种压力的同时，也会丧失希腊生活原有的趣味和意义。每个个体会发现，自己迅速摆脱了城邦，却没法建立任何令人满意的、可替代的归属。摆脱城邦僭政的代价便是痛苦地远离了奉献与热情。既然希腊人旧的偶像已经瓦解，那新神为何？

后亚历山大时代的希腊人会把君主视为值得敬仰的神么？毕竟他们通过改变世界的面目展示了自己的力量，并且以多种方式为希腊中
128 间阶层提供新的发展空间，展示了自己的仁慈。亚历山大被利比亚沙漠绿洲中埃及神阿蒙(Amun)神谕的传达者奉为神之子，因此他本人也是一个神。至少在亚历山大时代之前的两千五百多年前，每个法老在职能上都是神；而且，至少有两千年他们一直是拉神(Re)之子，由拉神与神君的人母所生。希腊人把阿蒙-拉(Amun-Re)等同于自己的宙斯神，后者是奥林匹亚诸神族群的领袖。宙斯因为和那些富有魅力的女人生有无数的儿子而享有盛誉——赫拉克勒斯(Heracles)就是其中之一。但宙斯老一代的人子都是传说中的英雄，而此时此地宙斯的人子完全是另一番光景。唯一始终被希腊人神圣化的凡人是殖民地的缔造者，并且只有当该缔造者献身于城邦并去世之后，希腊人才将之神圣化。对于亚历山大的随从而言，无论是马其顿人还是城邦的公民，亚历山大自称的神性(由埃及祭司赋予)都是个低劣的笑话。如果前希腊大移民时代胡作非为的蛮族冒充奥林匹亚诸神的形象早已是丑闻，那从奥林匹亚山下来的蛮族神是一个活生生的马其顿国王就更令人震惊。即便是亚历山大渴望追随其步伐的波斯皇帝，也从未声称自己是

神，波斯皇帝暗中拒斥任何声称自己是上帝的保护者和代理人的狂妄。一个奥林匹斯神的化身竟需要波斯皇帝的专制力量来武装？上帝肯定会把我们从这样一个救世主手中解救出来！把君主神圣化是一种危险的人格确立方式。允许君主拥有城邦沉重的神圣性，或许将被证明是一件自取灭亡的事情。马其顿君主离开他的希腊导师亚里士多德之后，依然是一个用希腊精神掩饰自己的、无可救药的蛮族人。在希腊精神的掩饰下，他放纵的热情可能会在任何时候把自己引向毁灭之路。 129
亚历山大最优秀的继承者们都是亚历山大的缩影，他们最初的伟大构想和理念并没有弥补其潜在的蛮族精神。事实上，这些人都是蛮族个人主义兴盛的后裔，奥林匹亚诸神的形象就是根据他们创造的。这类人的女性典型都极端邪恶。亚历山大本人的母亲莫罗西亚人奥林匹克亚丝（Olympias）正是此类泼妇的第一人。后亚历山大时期的希腊世界，从劳蒂丝（Laodice）以及至少三位（无以计数的）克丽奥帕特拉（Cleopatras）身上人们体会到了“恶妇”的无穷力量。

亚历山大成功确立了自己的神性，但这个先例一开，其继承者们必然会篡夺诸神的名号——这是他们宣布即位后的必然后果。为了现实的外交目的，亚历山大与继承者们享有官方承认的神圣性。因为，一个受官方承认的神可以指令那些隐秘的神祇（的城邦），而无需公开侵犯它们的主权。制度上的幻想可以保全公民的脸面，但决不能牢牢抓住他们的内心。即便神圣化的统治者们不再是那些为了争夺波斯帝国的财富一直扰乱世界秩序的马其顿军事领袖，把人神化的崇拜仪式也不能填补希腊灵魂的精神真空。甚至是给亚历山大的继承者们曾践踏过的世界带来统一与和平的恺撒，也从未激起人们太过狂热的仰慕。

神化的国王们愿意接受膜拜是因为他们以救世主的力量服务于共同体。但对于丧失声誉的城邦的前公民而言，他们无法确定能否找到一位能呼之即出的救世君主，更无法确定这位神君（god-king）是否能够兑现承诺，为他人的困境提供帮助。假若人们把城邦看待为偶像的体验已遭幻灭，因而下定决心靠个人（而不是群体合作）的力量获得拯 130

救，那么，更好的方法或许是依靠自己。如果他有那个能力，就能成为自己的救世主。这也许是一个艰难的任务，因为神君的政治力量——对野蛮军事力量的一种委婉说法——不会产生效果，只有精神的力量才能够帮助灵魂解救自己。若一个人通过这种方式成功达到目标，那他一定是本民族最接近神的代表。

柏拉图虚构的哲人王们，虽然是生活在逐渐衰落的城邦中的一代人的想象——这代人坚持城邦还没有完全衰落，但这些人始终相信哲人王是自己成功的救世主，哲人王们则勉强地遵循着使命的召唤，返回世界拯救共同体。后来的两位智者，斯多亚哲学学派的创始人芝诺（Zeno of Citium，约公元前 335—前 261 年）和伊壁鸠鲁（Epicurus of Samos，公元前 342—前 270 年）——后者创立了同时期以他名字命名的学派，都活着见证了希腊世界变迁的完成，并且以智者的身份公开驳斥共同体的主张。他们唯一愿意效忠的国家就是一个世界之城，同宇宙一样广阔，或者说至少跟整个“可居住的世界”一样广阔。亚历山大大帝曾经短暂地呈现过希腊世界之邦的远景，但因为他的过早夭折而破灭，而他的斯多亚派或伊壁鸠鲁派公民也不再有兑现其承诺的经济义务的风险。直到幼发拉底河西岸的所有希腊和希腊化领土被统一并入罗马帝国，直到这个大概称得上世界之邦的国家存在了约两百年之后，统治世界的重任才（第一次也是最后一次）落在一位斯多亚派哲人王奥勒留皇帝（Marcus Aurelius，公元 160—180
131 年在位）的肩上。斯多亚派与伊壁鸠鲁派的信徒们努力使个人摆脱社会的纽带，为他们装备精神武器免受命运的所有捉弄和伤害，从而冷静地面对这个世界之邦发生的所有生活的意外和变幻。尽管智者们声称他们已经让这个世界之邦成为自己的精神家园，但它还是如星际空间一样辽阔而冷漠。

较之于那些拥有政治实力的国王，精神上自足的哲人是更值得效仿的神祇（以人类的形式）。但哲人同样是不令人满意的膜拜对象。为了让自己成为有“绝技”（tour de force）的超人，斯多亚主义者和伊壁鸠鲁主义者都让自己变得不近人情。除非他们放弃了对同胞的爱和怜悯，以及爱国主义和公共精神，否则，他们无法使自己无动于衷。对他们而言，这种博学的冷漠不可能解救他们自己和邻人。那接下来该怎么办？

第十章

君主制与联盟国：建立政治和睦的失败

公元前 323 年，当亚历山大征服了波斯帝国及其以前在印度的领地返回了巴比伦之后，希腊世界期待着看到公元前 479 年当波斯人被泛希腊联盟赶出希腊人在亚洲和欧洲的领地时的情景，似乎它已经完成了政治的统一。而亚历山大这次明显取得了更伟大的成就。但正如公元前 479 年一样，在公元前 323 年人们对和平与和睦的期望很快转为失望。亚历山大的壮年夭折（公元前 323 年）同斯巴达与雅典在公元前 479 年之后的争端具有相同的影响。希腊世界再度分裂为两个对抗的阵营。 132

亚历山大的继承者们无视他对人类之间友谊的梦想，明确反对亚历山大的这种愿望：亚历山大希望立足于平等，将获胜的马其顿人与被征服的波斯人之间的友谊转变为真正的合作。亚历山大坚持让 80 位最高级别的官员娶波斯人为妻，但在亚历山大死后，据说"胜利者"塞琉古是当中唯一一个没有休妻的人——亚历山大强行许配了波斯人妻子给他。无论这些继承者们对希腊人与东方人之间的关系是否有任何共同的想法，他们都赞同这样的说法：希腊人生来就有统治的权利。他们的行动表明这似乎就是他们的观点。但他们不太关心理论。每一位继承者都在行动上积极进取，以武力与同僚发生冲突，尽可能多地占有 133
和获取主公的遗产。亚历山大继承者们的争斗引发的所有动乱，正体现了马其顿贵族文化从蛮族的前城邦混乱时代沿袭的精神，这也是他们掠夺波斯帝国的源头。事实上，希腊世界相互残杀的殊死战争曾在城邦间延续了 93 年（公元前 431—前 338 年），又被压制了 15 年（公元前 338—前 323 年)，如今在亚历山大死后又一次爆发，并且规模更大。这正如西方基督教世界的历史上发生在意大利的 14 和 15 世纪城邦之间的战争，在 16 世纪升级为周边王国更有破坏力的战争。无论如何，从一个被征服的帝国那里掠夺的财富都让摩洛克[1]的火炉烧得更旺。如同印加帝国一样，波斯帝国逐渐积攒的黄金突然被抛入了流通领域（以士兵酬金的形式），产生了两个意想不到的后果。除了急剧扩张了相互竞争的雇佣军规模外，它用通货膨胀摧毁了侵略者社会的经济。

总之，城邦国家主权的衰微并没有让希腊世界产生其亟须的政治统一。亚历山大的生死破坏了其父亲腓力的事业：他首次把希腊世界扩张到了一个更大的规模，然后又如同之前的城邦一样在政治上把它们分解为长期相互征战的国家，成了力量更强的战争机器。希腊精神在后亚历山大时代的政治成就只是建立了超越城邦模式的
134 新型地方国家，但这也无法弥补政治统一的沦丧——腓力死前曾统一了希腊人。

若马其顿的力量没有被亚历山大直接转变为自负的野心，并且一心要把整个波斯帝国置于他的统治下，那么马其顿本可以一手巩固科林斯联盟，另一手把腓力已经将之并入自己领土的北方蛮族希腊化。但从公元前 334 年亚历山大穿过达达尼尔海峡开始，马其顿就被掏空了。首先是亚历山大本人反复征召士兵补充其早先远征军的伤亡，同时也补充自己占领的辽阔领土的守备部队。亚历山大去世后的 150 年，佩拉的亚历山大继承者们在不断镇压欧洲的希腊地区的同时，他们也靠人力把北方的蛮族压制在进退维谷的境地。这场永无止境的双线战争让马其顿无可挽回地耗尽了国力，再也无以为继。亚历山大死后才 44 年，即公元前 279 年，亚历山大远征就产生了颇具讽刺的后果：马其顿竟然差点被高卢(Gallic)的蛮族侵略者占领。一群侵略者本可以按照亚历山大的征途穿过达达尼尔海峡，把自己永远驻扎在弗里几亚，

---

① 摩洛克(Moloch)，古代闪族文化中与火焰有关的一个神祇。——译注

而没有任何亚历山大的继承者能够集合力量或者下定决心赶走他们（一支军队向德尔菲的宝库进军，它已经被阿波罗抛弃或者说被埃托利亚人抛弃）。当罗马人在公元前 167 年消灭马其顿王国时发现，由于马其顿国王的行为，导致大量北方蛮族把聚居点安置在靠近北部边界的人口稀少区域。这些外来的人口像癌症一样，吞噬了已被战争侵蚀的当地马其顿农民。在一个受战争困扰的希腊国家里，这种表现出局 135
部症状的社会疾病，将会在 400 年后侵袭整个罗马帝国的四周。

马其顿、埃及的托勒密和亚洲的塞琉古，是仅有的三个亚历山大短暂世界国家的马其顿继承者——亚历山大的世界国家曾为了对抗自己的解体而抗争。在这三个国家之中，塞琉古的君主制展示了最伟大的政治独创性。塞琉古王朝（以极其庞大的规模）成功建立了一套卓有成效的政治框架，其中容纳了许多没有主权的崭新希腊殖民城邦。当这个开放的国家被旨在反对希腊“支配权”的东方敌对力量颠覆时，遥远腹地的城邦对于君主王朝的忠诚类似于在意大利自愿同罗马结盟的大多数人的忠诚——他们在汉尼拔（Hannibal）入侵的煎熬中对罗马效忠。这表明，塞琉古王朝与希腊城邦在其边界建立了某种关系，令双方都满意。倘若塞琉古王朝没有因为罗马共和国的冲击（在公元前 192—前 189 年）而过早受挫，或许可以发展成一个团结的城邦联合体，共同效忠于一个君主。

因为能够更加稳定，城邦之间以联盟的方式建立一个有机联合体会有更好的前景，并且无需以君主制作为政治黏合剂。希腊对联盟的发展做了一些富有前景的尝试。

联盟最早产生于彼奥提亚，那里的联盟制度明显是为了解决当地政治力量分化的权宜之计：首先是持续而普遍的彼奥提亚民族认同与对彼奥提亚（已经并入的）城邦的狭隘忠诚之间的张力；另外，还有渴望吞并彼奥提亚余下地区的大城邦忒拜与誓死反对忒拜人统治自己的彼奥提亚小城邦之间的张力。当彼奥提亚不属于忒拜的地区从雅典的 136
统治中解放出来后，于公元前 447 年接受了一种非常公正的联盟制度。

在忒拜支配希腊的短暂时期，彼奥提亚的联盟观念随之暂时消失。很快，忒拜完全吞并了彼奥提亚余下的区域，满足了自己的野心。然而，当忒拜被福基斯人（Phocis）羞辱并被马其顿击溃后，彼奥提亚又一次成了联盟国家，直到其联盟共同体被罗马的法令解散（第一次是公元前171年，最终是在公元前146年）。

巨大的进步出现在大约公元前432年的卡尔西斯，那时这个国家正摆脱了雅典的统治，并且发明了双重公民身份的制度。卡尔西斯人的城邦进入联盟，而每个进入联盟的成员国公民会自动成为奥林瑟斯的公民——奥林瑟斯是当时最强大的成员国，也是联盟政府的所在地。在这种新的联盟制度下，所有公民既是联盟的公民，也是其组成国的公民，它使联合体较之于那些仅仅联合国家而不是联合个人的联盟而言更统一、更有活力。卡尔西斯联盟展示了扩张的巨大力量。公元前399年，马其顿处于国王阿尔科劳斯死后的混乱时期，卡尔西斯人把马其顿很大一部分领土成功地纳入其政治联盟体。倘若斯巴达没有在公元前379年以武力破坏卡尔西斯人的联盟，卡尔西斯人基于联盟而非君主制或许能完成国王腓力的事业。他们本可以先于罗马为整个希腊世界带来政治统一。

137 埃托利亚人（Aetolian）与亚加亚人的联盟接受了双重公民制度，这种制度在公元前3世纪的希腊欧洲大陆地区成功地促使一部分希腊世界脱离马其顿的支配。富有深意的是，每一个新联盟体的中心以前都是落后地区，过去没有什么光辉记忆会阻碍行政区域或城邦合并其分散的主权，并且还会允许公民把其忠诚分给母邦（或行政区）与他进入的更大政治共同体。雅典从未加入任何联盟。斯巴达最终也只是被迫加入了亚加亚人的联盟，并且再次抓住机会后立刻脱离了联盟。有的区域更容易加入联盟，比如斯佩耳刻俄斯河流域的安尼亚尼区域加入埃托利亚人的联盟，以及阿卡狄亚西南部的迈加波利斯的城邦加入亚加亚人的联盟。无论如何，加入这些联盟的还有一些更古老、更著名的城邦。

伊斯塞安人的城邦西锡安在公元前251年自愿加入了亚加亚人的联盟，并改变了后者的命运。一支英勇的西锡安公民组成的军队，在阿拉图斯（Aratus）的领导下从马其顿的守卫部队手中重新夺回了西锡安的堡垒。西锡安人的领袖证明自己不仅是一个政治家还是一位军人，他说服了自己的西锡安同胞，为了维护他们重获的自由，必须加入邻国亚加亚人的军事力量。阿拉图斯作为亚加亚人联盟的政治领袖，于公元前243年在家乡成就了其战功，把马其顿的守卫部队驱逐出了马其顿为希腊的欧洲地区套上的三个"脚镣"之一的科林斯的堡垒，并把科林斯和迈加拉引入了亚加亚人的联盟。埃托利亚人的联盟同样也吸引了一些缔造已久的城邦：比如，由伯罗奔尼撒人在公元前426年建立的赫拉克利亚（Heraclea Trachinia）。它控制了希腊中部与北部之间的一条向西延伸越过了温泉关的通道。这些联合在战略上极为重要。赫拉 138
克利亚进入埃托利亚人的联盟，切断了马其顿同希腊中部在大陆上的联系；而科林斯进入亚加亚人的联盟，则切断了马其顿同伯罗奔尼撒的联系。那些落后共同体的进一步合并，主要意义在于心理和政治层面。纳入这些重要的新成员国，为埃托利亚人和亚加亚人的联盟带来了威信；同时，这些新成员国也获得了荣誉，因为这表明，无论如何，它们不再桎梏于自己光荣的（关于独立自主的）记忆。

亚加亚人联盟的一个强大堡垒迈加波利斯盘踞在斯巴达的门口，随着亚加亚人联盟的兴起，斯巴达面临着一个痛苦的抉择。倘若斯巴达放弃自己的独立，它最终必定会割裂自己的传统，而这种割裂也一定是激烈的。公元前3世纪中叶，斯巴达同马其顿一样面临严重的人力短缺，而作为整体的希腊世界在100年后才有相同的感受。据说当时斯巴达家庭的数量已经降至700个，其中大约只有100个家庭拥有或占有土地。斯巴达军事有生力量的逐渐减少，使它在其余国家面前变得无足重轻，这些国家早已经不把斯巴达视为一股军事力量。对于斯巴达的某些成员而言，痛苦和悲哀的是，他们无法像雅典人那样接受自己的国家已经是国际事务中无关紧要的一员这一事实。要做出补救也不太难，因为即使是在麦西尼亚获得解放之后，斯巴达自己的领土（同它周围附属的城邦的领土不同）依然覆盖了希腊欧洲地区那些最富饶的农田，那里的土壤无可挑剔。斯巴达从不希望自己参与抵抗后亚历
139 山大时代的军事大国，但它若能够在相当程度上提高自己的军事实力，或许足够让它坚持抵抗毗邻的新亚加亚人联盟，而前提是，斯巴达能够让自己肥沃的土壤再次保障士兵们的充足补给，也就是保持供给的能力。那些无地的斯巴达人有资格分配土地，珀里俄基人中的上层精英可以获得斯巴达的公民权，并且能够在斯巴达的土地上耕种——当无地的斯巴达人获得了土地之后还有很多土地可以再分配。然而，这种计划意味着分割现有“同胞们”的地产，任何这样的努力都会引起激烈的反抗，因为，每一位斯巴达地主平均财富的增长都是地主群体数量下降的经济结果，这使得幸运的少数人接受了自己国家军事实力相应的衰退。

首次在拉科戴蒙发动革命的是国王阿吉斯四世（Agis Ⅳ，公元前244—前241年在位）。他是一位仁慈的理想主义者，但一场无硝烟的反革命运动将他逮捕并处死。阿吉斯四世的遗孀改嫁给了一个更年轻的男人，后者是斯巴达另一个王室的王位继承者（在斯巴达，两个不同家族的两个国王一起即位——或许这是五个斯巴达部落“融合”之前的遗风）。王后阿吉阿蒂丝（Agiatis）用她第一任丈夫的理想教导国王克列欧美涅斯三世（Cleomenes Ⅲ，公元前237—前222年在位）。她的第二任丈夫果然没有在武力和鲜血的征途前退缩，坚定地发动了卓有成效的革命。这一次，是反对革命的国王，而不是革命的国王丢掉了性命。公元前227年，克列欧美涅斯按计划重新分配了斯巴达的土地，那些经过挑选的珀里俄基人和无地的斯巴达人合理地分得了土地。

140 斯巴达革命的目标不是社会公正。对于已经拥有选举权的农奴而言不存在这样的问题（麦西尼亚解放之后，在欧罗塔斯河流域依然有农奴），对于那些解脱了新旧负担的斯巴达人而言——惩罚性的军事服役制度“吕库古”体制——也不存在问题。拉科戴蒙军队的斯巴达军团人数开始增长，与此相应的是拉科戴蒙士兵装备的改良。当斯巴

达的军队被伊菲克拉底组建的“矛盾兵”击碎之后163年,斯巴达王克列欧美涅斯用盾和矛替代重盾和叉,重新装备了拉科戴蒙的步兵。从克列欧美涅斯的角度来看,他的改革产生的社会效应仅仅是其军事目的的附带产物。但在斯巴达邻国的眼中,斯巴达革命触及的社会意义超越了军事的意义。

既然财富的再分配已经在斯巴达开始,那何处是终点?亚加亚人联盟既是相互保护私人财产、也是相互保护政治独立的联合体。接下来,亚加亚人不得不在爱国主义与中间阶层利益之间做出抉择。革命后的斯巴达可以安分地加入亚加亚人的联盟么?这是场危险的赌博,因为克列欧美涅斯有种变幻莫测而蛊惑人心的人格。如果克列欧美涅斯加入了亚加亚人联盟,联盟的领导权就会从阿拉图斯手中落到他手上,亚加亚人联盟会发现自己变成了一个微型的斯巴达帝国。阿拉图斯出于他的个人动机,利用了其中间阶层群体在社会和经济上的焦虑,把克列欧美涅斯排除在外并压制他。当克列欧美涅斯的示好被拒绝后,阿拉图斯就同当时在位的马其顿国王安提戈努·多宋(Antigonus Doson)开启了谈判。安提戈努帮助亚加亚人解决克列欧美涅斯的筹码是:重新把马其顿的守备部队引入科林斯的堡垒。尽管科林斯的解 141
放一直是阿拉图斯的两大功绩之一,但他还是劝说亚加亚人答应了安提戈努的条件。公元前224年,马其顿的军队向南挺进,然而力量的悬殊也没有让埃及给予克列欧美涅斯军事援助。在拉科戴蒙的新式军队于公元前222年在东北方通往斯巴达城途中的塞拉西亚遭到致命失败之前,克列欧美涅斯的事业就已经陨落。

克列欧美涅斯及其家族,带着一小帮武装的死党,逃到了亚历山大里亚。但作为后者的客人克列欧美涅斯的个性让国王托勒密四世觉得很棘手,正如他作为对手曾让首领阿拉图斯感到棘手一样。在公元前3世纪,与公元前7和公元前6世纪一样,埃及依靠亚历山大里亚去抵抗希腊雇佣兵。克列欧美涅斯逃到亚历山大里亚,成了那些在海外服役的希腊士兵的英雄,其中很多人都是他的伯罗奔尼撒同胞。或许克列欧美涅斯想过要让这些希腊士兵帮助他发动政变占领埃及,作为收复斯巴达的根据地。托勒密政权认为,关押这位流亡的国王及其斯巴达同僚是明智的。但这些愤怒的囚徒逃出监狱,冲到了亚历山大里亚的街道上,还砍翻了一位不幸的文官,以自由的名义号召公民起来造反。公民们却无动于衷,因为如果他们有更多的想法,当初也不会离开自己祖辈生活的城邦来到亚历山大里亚定居。克列欧美涅斯及其同僚戏剧性地自杀了,他们的女人和孩子也被托勒密的政权残忍地处死。斯巴达第二位殉道的国王以及其殉道的先行者阿吉斯的生与死都成了传奇,继续延续在骚动的冥界——它上面站着占据希腊主导地位的不安份的中间阶层。伯罗奔尼撒人在公元前 222 年塞拉西亚结束的战事
142 似乎只是一场小型战争,一场更大的战争在公元前 221 年爆发了。塞琉古王朝国王安条克三世进攻了托勒密君主在"空荡的叙利亚"(Hollow Syria)的领地——正如同迦南在希腊语中的称呼一般,它指的是从巴卡到阿咯巴海湾之间的裂谷。一场新的局部战争在公元前 219 年的希腊欧陆地区爆发,战斗双方是埃托利亚人联盟与受亚加亚人以及其他盟国支持的马其顿。同年,在遥远的西班牙的地中海海岸,哈密加尔(Hamilcar)之子、迦太基人年轻的将军汉尼拔包围并占领了当地小镇萨贡托;它属于罗马人的受保护国,位于埃布罗河沿线迦太基一方的一个模糊地带,其西面的两股军事力量将它作为它们在伊比利亚半岛各自势力范围的界限。局部的火苗很快聚集在一起,蔓延成为泛希腊的烈火。这场烈火是对希腊社会没能维持统一的惩罚,而 120 年前,希腊曾经曾拥有过统一,那是阿敏塔斯(Amyntas)之子、伟大的马其顿政治家腓力的成就。

第十一章

罗马:接受希腊精神与打破均势

埃托利亚人与亚加亚人的联盟以及塞琉古君主制的政治结构,看 143
上去是一种解决普遍问题很有可行性的方式,能为后亚历山大时期希腊世界的超城邦规模的国家设计政治制度,但未来是由奥特郎托海峡西岸的一个新共同体奠定的。

倘若意大利和西西里有哪个国家能在后亚历山大时期的希腊史上扮演关键角色,那似乎应该是叙拉古(的命运)。因为,叙拉古是所有希腊城邦中人口最多、最强大和文明程度最高的国家之一。此外,我们看到,西西里这个地区的希腊政治家最早成功地将城邦结合成一个更大的政治联合体。出现的两个邦国分别以阿卡拉格斯和叙拉古为中心,它们一直是希腊当地人反对腓尼基城邦联合体早期形式的据点,而迦太基城邦的联合体位于它支配下的地中海西岸。这两个邦国在公元前480年联合击败了意欲征服希腊人西部殖民区的迦太基人。公元前409年,雅典人攻击了叙拉古,蹂躏了西西里的希腊区域;凯旋归来的叙拉古舰队又远航至遥远的爱琴海海域参与了对雅典的反攻;此后,迦太基发动了对叙拉古的第二次进攻。这次迦太基人几乎成功了。当迦太基人在公元前406年掌控战局时,他们已经占领了叙拉古城墙之外的所有地方并包围了叙拉古。此时此刻,狄俄尼修斯挽救了西西里的
希腊人的命运,他是赫墨克拉底的朋友,而赫墨克拉底是叙拉古人反抗 144
雅典的领袖。狄俄尼修斯如此戏剧性地扭转了战局,在公元前398年这样一个时间点,他成功地把迦太基人驱除出了其在西西里占有的大部分领地,其中包括迦太基人的海岛堡垒莫特亚(Motya)。随着战局

再一次逆转,公元前 392 年双方再一次达成休战协议,沿着一条界线把西西里分割,只是把岛屿的西北角留给迦太基人,其余的归狄俄尼修斯。

这位新的西塞利奥特僭主的疆土包括了之前叙拉古的希耶罗和阿卡拉格斯的塞罗的领土;在狄俄尼修斯的统治下,他继续把一些希腊殖民的城邦并入意大利,并且打造了一支控制亚得里亚海的海军。如果狄俄尼修斯在奥特郎托海峡西面建立的希腊邦国能够在亚历山大继承者的时代幸存,那它就能在新的君主制下得以延续。的确,叙拉古的阿加托克勒斯(Agathocles,公元前 317—前 289 年在位)在当时重建的邦国真的顺利延续了下去,虽然它比狄俄尼修斯的邦国更弱小。但不幸的是,对于希腊精神的未来而言,就像时间稍早的希耶罗和塞罗的邦国以及时间稍晚的阿加托克勒斯的邦国,狄俄尼修斯的邦国太短命。同样,每个分散力量所屈服的联盟也很短命。西塞利奥特人默认了这些僭主建立的邦国,以此作为保护他们不被迦太基征服的唯一方法;但获得保护的代价是,这些小型西塞利奥特城邦要依附于叙拉古,而叙拉古人自己也同其他西塞利奥特人一样屈服于僭主的统治。在希腊人眼里,他们付出的代价太高。因而,一旦迦太基的威胁不再那么紧迫,他
145 们就更期待重建共和政府和地方政权,而不是为了维持抵御外敌入侵的安全政策去承担如此高昂的负担。公元前 356 年,当名字相同能力却有差距的狄俄尼修斯一世的儿子继承他的位置后,狄俄尼修斯王朝便被推翻了,它的主权被一场以自由名义发起的革命颠覆。

对于西面的希腊人而言,狄俄尼修斯邦国的解体(公元前 356 年)比希耶罗邦国解体(公元前 466 年)的后果更为严重,因为这一次迦太基不是西面希腊人唯一担忧的周边入侵国。其实当其有意解散自己联合的军事力量之前,就已经开始面临国内人民的反攻。110 年以前,叙拉古城就不再有其他西塞利奥特的希腊城邦的支持,也不再支配它们的资源。当联合军解散之后,叙拉古事实上有足够的能力防止西塞(Sicel)人从西西里内部动摇其统治。此外,西塞人以希腊人自由理想

的名义反对叙拉古的统治，他们没能从主导的希腊力量手中夺回自己
的政治独立，也没能使自己远离希腊精神或者放慢自己希腊化的进度。
相比之下，当地的第二波反抗来自于沿意大利东岸的遥远内陆，“脚跟”
上“山尖”的北部。在那里，除了狄俄尼修斯一世在安科纳（Ancona）建
立了一个叙拉古人的海军基地，希腊精神一直没有立足之处。安科纳
是沿着这条海岸至布林迪西（Brindisi）北部唯一优越的天然海港，也是
未来罗马人穿越奥特郎托海峡的据点。希腊精神对意大利东部影响甚
微，“山尖”的北部依然属于罗马共和国。此外，自公元前 5 世纪末的
数十年以来，出自远方的欧斯干蛮族开始袭击希腊在坎帕尼亚和“足
尖”上的殖民地。正如西塞人表现出他们对希腊文化的接受，这表明 146
欧斯干人对希腊文化的抵制。意大利海岸上一些主要的希腊殖民城邦
比如塔林顿、罗克里斯和列吉昂，努力坚守。即便是坎帕尼亚海岸的小
城那不勒斯也力保不失。然而有的城邦，尤其是较小的希腊城邦，就暂
时失去了同希腊世界的联系。狄俄尼修斯邦国的瓦解为一股洪流打开
了大门。危机的严重性在公元前 289 年得到了体现，当时控制着海峡
（在西西里与意大利“足尖”）的西西里一边的西塞利奥特人（希腊）城
邦麦萨纳，被一支欧斯干的雇佣兵占领、剿灭和殖民。这支部队之前为
阿加托克勒斯服务，以意大利当地战神的名字马尔蒂尼（Mamertini）称
呼自己。

当狄俄尼修斯的邦国瓦解后，西面的希腊人试图将迦太基和欧斯干人困在原地的努力并没奏效。精力充沛的僭主阿加托克勒斯，在公元前 317 年重建了叙拉古人的邦国，他作为希腊精神的首位捍卫者对迦太基位于北非的本土发起攻击，然而他的功绩转瞬即逝。其后的希耶罗（公元前 265—前 215 年在位）再次建立了邦国（最后一次），其领土仅限于西西里的西岸，不包括马尔蒂尼人占领的麦西尼，并且仅仅是作为罗马的庇护国继续存在。西面的希腊人也向奥特郎托海峡东岸的同胞求助。比如，公元前 344 年，叙拉古母邦科林斯的一位高尚的公民泰摩利昂（Timoleon），应叙拉古人要脱离狄俄尼修斯二世的统治（他

从公元前347年开始统治叙拉古)的请求来到西西里。泰摩利昂成功
147 消灭了狄俄尼修斯和其他地方僭主,消除了差异,组建了一支遏止迦太基人进攻的军队。但泰摩利昂太过于顾忌自己有可能变成僭主,所以再度退出了公共生活。此后,西塞利奥特人的城邦又一次沦入混乱状态直到阿加托克勒斯即位。

后面又有四位来自希腊欧洲大陆区域的捍卫者为意大利的城邦提供援助,以回应塔林顿的请求。斯巴达国王阿希达穆斯三世(Archidamus Ⅱ)在公元前342年来到这里,却没料到自己在公元前338年的一场与意大利人的战争中丧命。亚历山大作为位于科西拉岛对面“大陆”腹地的北方希腊民族莫罗西亚人的君王,在与他同名的马其顿君主穿过达达尼尔海峡之后一年,也穿越了奥特郎托海峡。两位亚历山大的联合力量本可以维护意大利的希腊精神。较之于马其顿的亚历山大,莫罗西亚的这位开拓者凭借更有限的资源承担了更令人惊叹的军事使命;然而,莫罗西亚的亚历山大却遭遇了阿希达穆斯相同的命运。他的干预同样以失败告终。斯巴达王族克利奥尼穆斯(Cleonymus)最后在公元前303年的干预也以惨败收场。当莫罗西亚人后来的国王兼著名的军事领袖皮拉斯(Pyrrhus)以(比他的先驱莫罗西亚的亚历山大)更为充足的军力于公元前280年在塔林顿登陆时,已经为时过晚。因为,当时塔林顿面对的不是尚未脱离蛮族的欧斯干军队,而是罗马。即便是有塔林顿、鲁坎人(Lucanians)和布鲁迪人(Bruttians)联合部队的支持,皮拉斯发现自己也无法打败罗马的军事力量。然而,由于罗马人的参战,皮拉斯只能投入到那些容易得多的任务中去:尝试把迦太基人赶出西西里。由始至终,皮拉斯都惦记着自己的身后,确保自己没有错失良机,重新去参与瓜分马其顿的亚历山大留下的巨大而相对容易驾驭的遗产。公元前275年,皮拉斯撤回到奥特郎托海峡的东岸。显
148 而易见,若希腊精神能在西面获得拯救,它的一个拯救者可能就是罗马。

对于希腊精神的未来而言,幸运的是,在意大利西岸大陆本土的意

大利人，正如他们的毗邻岛屿的西塞人一样以包容的态度对待希腊精神。在意大利的这一边，如同在“山尖”下的“足跟”一样，希腊精神扎根并散播开来。虽然有些希腊当地的殖民地古老而重要，但希腊精神的传播更多依赖于非希腊民族对希腊文明的接受。希腊精神不仅被殖民了厄尔巴岛及其附近延伸的大陆海岸（毫无疑问是被丰富的矿藏资源吸引到那里）的伊特拉斯坎移民接受，也被台伯河下游伊特拉斯坎人的拉丁邻族接受。意大利西岸与东岸不同，拥有优良的天然港口，还有富饶而便捷的内陆。公元前 6 世纪，伊特拉斯坎人经过阿佩尼斯进入波河，他们当中的某些人定居在曼图瓦（Mantua）和斯宾纳（Spina）那里，并在（来自阿尔卑斯山后的）高卢蛮族冲击的洪流中幸存下来。

若希腊精神能从地中海的欧洲海岸及其北面海湾渗透入欧亚大陆的欧洲内部，预计能够成为希腊精神扩张进入内陆大本营的海岸就是爱琴海的北岸。在那里，阿克修斯流域是进入内地的通道，正如遥远的罗讷河谷是进入马西莉亚的内陆的通道。当斯巴达击败了卡尔西斯人的联盟后，如同它的名为色雷斯海岸的命运首先被斯巴达的行动扭转，随后又被亚历山大的行动扭转——当亚历山大将马其顿的力量从统治东南欧转向征服西南亚。最终是离希腊世界的中央相对遥远的意大利 149
西岸逐渐在欧洲的希腊化过程中发挥了作用，而亚洲的希腊化是从安纳托利亚的西岸开始的。随着拉丁人的城邦开始接纳希腊文化，罗马作为其中之一，继伊特拉斯坎人停止的步伐之后，进一步迈出了自己的步伐。罗马最终把希腊精神带到了多瑙河南岸和黑海西岸，向西最远至大西洋东岸从摩洛哥到大不列颠和巴达维亚的临海地区。

希腊人抛弃了城邦制，转而希望通过复兴古风时代的君主制拯救自己；与此同时，拉丁人、伊特拉斯坎人和殖民的腓尼基人却一直严肃对待城邦制。城邦是迦南当地（也是希腊人）的产物，殖民的腓尼基人也从他们家乡带来了这种制度。我们无从知晓伊特拉斯坎人和拉丁人是否像其他许多民族一样，从希腊人那里接受了城邦制或者独立地发展。但亚里士多德的同代人赫拉克利德斯在公元前 390 年被一支游荡的高卢军队短暂俘虏后,他评价罗马是"一个希腊的城邦"。

在公元前340至前266年的75年间,正当马其顿人忙于颠覆波斯帝国和为了利益征讨别国时,罗马把整个意大利(阿佩尼斯南部)联合为一个共同体,成为希腊世界的一股新力量。马其顿王国可上溯至前希腊的混乱时代,迦太基帝国可上溯至公元前6世纪,而西南亚的塞琉古王朝和埃及的托勒密君主实质上分别是波斯帝国及其敌对的(从公
150 元前404到前342年对抗波斯维持自身独立的)埃及王国的后继者。但在罗马之前,没有任何力量曾经联合过所有意大利的阿佩尼斯区域。伊特拉斯坎人在公元前6世纪曾有过机会,但也错过了。伊特拉斯坎人城邦之间的联合是如此松散,以至于罗马着手将其邻国纳入自己的统治时,可以逐个攻克伊特拉斯坎人的国家。

新罗马共和国的结构是混合多样的,其大多数特征都有希腊的影子。跟斯巴达和迦太基一样,罗马通过永久的政治和军事联盟让其他城邦归顺自己并接受其领导。与塞琉古王朝相同,罗马缔造的新城邦,即所谓的拉丁殖民地,能够自治,但却没有主权。这些拉丁殖民地,如同罗马的其他盟国一样,不得不做罗马吩咐的事情。它们建立在那些从战败的敌对国那里夺取的领土上,然而,罗马与斯巴达和雅典一致的是也通过吞并一些战败国的土地扩大了自己城邦的领土(它原来的核心区域只有阿提卡面积的一半)。的确,罗马有时候会吞并一个战败国的所有领土。就像雅典计划让自己的公民定居在所吞并领土的飞地上,那里离城邦有一天以上的路程,并且脱离了城邦主体控制的区域。雅典人的土地分配制度(把土地分配给公民)与雅典城密切相关,与那些隔海相望的领土无关;然而罗马却把飞地的领土分配给新加入罗马的"部落"(意为"来客"[thridings],与那些组成希腊城邦公民主体的"民族"相对),这些部落是一些自治的联盟国,领土不与罗马接壤。然而只有一小部分罗马吞并的领土上,才居住着那些来自罗马原始领土
151 的居民。更大一部分领土留给了那些原住民和通过大规模同化政策成为罗马公民的人。当时,罗马已经将整个意大利阿佩尼斯南部区域并

入自己的共同体,并且正如其名“罗马公有地”(Ager Romanus)也以如此大范围的兼并扩大了自己城邦的领土,当时,罗马的领土已跨越意大利向海洋无限延伸,从地中海西岸台伯河口的每个地方延伸到亚得里亚海岸罗马盟友安科纳领土的每个地方。公元前266年,“罗马公有地”的范围大约等于(19世纪意大利统一为一个国家之前的)中世纪和近代教皇国(Papal States)的范围。罗马共和国的进化过程中,最有意义的趋势是,越发稳定地采用了双重公民身份制度。

无论是共享罗马原始领土的“来客”,还是居住在某些后来兼并领土上的“来客”,属于这些“来客”的罗马公民,当然都仅仅是罗马的公民。因而,从此开始,那些居住在阿佩尼斯落后地区和亚得里亚海范围——兼并入“罗马公有地”而没有被罗马侨民殖民的区域——的自愿同化的原住民,同样只是罗马公民。那些新公民接受了罗马派来的地方官教导,逐渐学习了罗马的生活、法律和拉丁语,但并没有立即被赋予当地的自治权或在罗马公民集会上投票以及选举的权利。罗马人拥有和利用了自己的地理格局——正如奥林瑟斯拥有的一样,但随着斯巴达人扼杀了卡尔西斯人联盟成长的萌芽,奥林瑟斯便放弃了进取。
罗马与奥林瑟斯都是一个拥有内陆地区的城邦。罗马的内陆居民仍生 152
活在前城邦阶段,较之于那些城邦的公民,那些政治落后的人群更容易被吸引进入先进的政治体,因为城邦的公民仅仅是在战争中被征服,并没有在文化上沦为城邦的下等人。在沿西海岸的低洼地带,罗马确实也征服和吞并了一些同其文化发展水平相当的城邦,它允许大多数这些国家在罗马政制体制下保留之前作为独立的主权国享有的政治自治权。

无论是罗马人有意识遵循了某些希腊模式,还是他们在解决自身政治问题的过程中无意间独立发现了这项制度,罗马的确采用了双重公民身份的原则。对于那些从前属于独立(主权)城邦如今主动同化的公民,罗马承诺赋予他们当地自治的特权,但从一开始,罗马就以不同的方式对待不同的地区。那些以前属于独立主权城邦,并且在语言和文化上异于罗马人的族群,比如自愿同化的伊特拉斯坎城邦凯厄瑞

(Caere)的公民,罗马人就剥夺了他们实践政治的权利,就像罗马人排除了那些被吞并的落后高原部族的居民一样;否则,这些人在罗马共和国的自治政府中就会拥有发言权。相反,罗马人对那些族类接近的新公民,比如以前属于独立拉丁城邦阿里吉亚(Aricia)如今主动同化的公民就慷慨得多,除了允许他们继续自主管理自己的城邦,还赋予他们管理罗马的相同权利——跟罗马老公民享有的权利一样。

基于两种不同的苛刻条件,同化的外族人被视为"没有选举权的公民"或者"自治市民"——意思是那些承担有罗马公民义务却没有享有相
153 应权利的人。罗马政治体下那些自治城邦的公民就是"自治市民",人们将其视为"自治民"(Municipia)——近代"自治市"(Municipalities)的词源。从公元前4 世纪至公元3 世纪,罗马共和国的普遍趋势是,随着越来越多的罗马盟友和臣民被赋予罗马公民身份,越来越多低阶层的公民转入更高阶层。罗马执行这些通行的政策有时会出现犹豫、中断甚至倒退,有时又会产生不可小觑的后果。然而,赋予公民权的进程在这些世纪中始终向前迈进,在卡拉卡拉(Caracalla)皇帝于公元212 年颁布通行法令安托尼努斯赦令[①]以后,已经很少有人留在希腊世界,因为那里位于当时罗马帝国东部边境以西的区域,当地人本该拥有最有利的条件,却没能被赋予罗马公民的身份。

在赋予外族人公民权的政策上,罗马比之前任何进入希腊国际政治空间的力量都要慷慨,而罗马贯彻这种政策时,正是意大利阿佩尼斯区域人口稠密、罗马人口持续增长的时期。结果,罗马逐渐拥有了一个军事人力的贮备库,这是它任何一个对手都不具备的。罗马农民军人的数量,远非雇佣兵、投降军队和蛮族可比。这些农民军人是罗马和它的拉丁殖民地以及意大利盟国的公民,他们也渴望学习希腊文明的技艺。就

---

① 安托尼努斯赦令(Constitutio Antoniniana)是公元212 年罗马皇帝卡拉卡拉(其真正名字叫安托尼努斯)颁布的法令,规定所有在罗马帝国内出身自由的男性公民都将被授予完整的罗马公民权利。——译注

人数而言,马其顿和塞琉古王朝的公民士兵仅够充当近身侍卫。托勒密
的埃及和迦太基有大量应征的臣民,其数量足以补充雇佣军,而且这些 154
人组成的军队可能比一支公民军更有效率(汉尼拔的职业军队曾反复击
败在数量上占优的罗马军队),但“当地”的队伍和雇佣军可能不那么值
得信赖。他们也许对某位特定的指挥官比如汉尼拔会产生个人的忠诚
感,却不会对雇佣或强迫他们服务的国家负有任何道义。比如迦太基在
首次与罗马开战的尾声就几乎覆灭(而非第三次),因为罗马恶意污蔑迦
太基将解雇自己的士兵,煽动这些雇佣兵发起兵变。五支强大的军事力
量之间竞争的结果表明,罗马凭借其公民士兵握住了军事的胜券。

这个时代的罗马军队(如同马其顿),有昂贵的老式希腊风格武装的
步兵。而其矛盾兵也只占很少一部分,不是决定性的要素。罗马重装步
兵的大量装备都比马其顿人方阵的伊菲克拉底式盾和矛落后。就像荷
马史诗中描述的英雄决斗一般,普通的罗马步兵首先都会掷出飞矛,然
后用剑近距离搏斗。他们的飞矛短而沉,上战场的时候会带上一对。他
们的盾呈凹陷的长方形,由一些轻便的木头和皮革制成,在肉搏时比传
统希腊镀金圆盾或伊菲克拉底式护盾能更好地保护自己的身躯。罗马
的盾没有护盾那种解放左手的优点,右手也没法灵活施展,即便是马其
顿方阵的黄金时期,罗马人也比马其顿人更为成功地于结合了军队的规
模与机动性。只要敌人没能完成反攻,只要马其顿方阵没有自乱阵脚, 155
一个装备完善的马其顿方阵就能够扫清路上的任何敌手——包括罗马
军团。但倘若一支罗马剑兵以防御的姿态出现,马其顿方阵就不知所措
了。比如在公元前 197 年的库诺斯克法莱和公元前 168 年的皮德那
(Pydna)就曾发生过这样的情形。马其顿人的矛只有在方阵近距离正面
交锋时才会令人生畏,如若持矛的士兵发现自己侧翼遭到攻击而不得不
单打独斗,那他们就只有一把力不从心的短剑可以依靠。而在另一边,
罗马的士兵即便是在队列中也是单兵作战,他们进攻的武器都很有效,
因为这些武器的运用都能相互配合,所以力量倍增,在用剑近距离进攻
敌人之前,抛出的矛首先就如阵雨一般“削弱”了敌人。此外,罗马军队

的队列更加灵活,重装步兵的队伍很“小巧”,每个只有120人多一点,这些“小巧”的队伍集结成三波。这样一种战术顺序是罗马军队在关键时刻出于保留实力继续行动的考量。因此,一支行动中的罗马军队在服输之前可以有很多变化,它已经很大程度把危险分散了;而马其顿军队的命运则维系在单独一支队伍的唯一行动结果上。在特雷比亚河和特拉西梅诺湖的惨败后,罗马的最高指挥暂时丧失了对罗马军队自己特殊作战能力的信任,然后在迦南以马其顿的大部队模式集结了队伍。这种倒退源自一场战败后的焦虑,罗马人是如此恐惧错误再次发生。在迦南的失误之后,罗马的战术继续朝着更为灵活的方向发展。

事实上,罗马的步兵可能是军事竞赛时代的希腊军事竞技场上的
156 霸主,并且,当他们对抗当时其他强大的军事力量时,还可以积累经验,迅速提升自己的优势。另一方面,罗马的骑兵如同马其顿部队的短剑一样,依然有缺陷。他们在战斗力上的优势无法弥补自己数量上的单薄。就骑兵而言,罗马人倾向于依靠外族,而他们忽视骑兵,正是其无法对付汉尼拔的原因之一。

罗马在统治整个意大利阿佩尼斯地区的过程中,不可避免地卷入一个更大世界的国际纷争。因为意大利包括了一些希腊殖民的城邦,其中最为重要的是塔林顿,它向奥特郎托海峡东部的希腊力量求助以对抗罗马。在公元前264年,当时罗马已经陷得更深,它保护那些占领着麦萨纳的西塞利奥特城的马尔蒂尼人,后者挑起了叙拉古的希耶罗和迦太基人的联合对抗。海外的征服让罗马陷入了与迦太基之间一场长达24年的战争(公元前264—前241年)。西方这两股力量之间的开战规模,让同时代的其他战争如托勒密君主与塞琉古王朝之间以及托勒密君主与马其顿之间的战争相形见绌。但与这些战争不同的是,首次布匿战争[①]有

① 布匿战争(Romano-Carthaginian),指公元前264—前146年罗马与迦太基发生的三次战争。因为罗马人称迦太基人为“布匿人”,因此得名。此处依据惯例,都译为“布匿战争”。——译注

一个明确的结果。那就是：迦太基人被驱逐出西西里；另外，自从腓尼基人和希腊殖民者们竞相占领岛屿的500年来，这些岛屿第一次接受单独力量的统治，实现了政治统一。如今，迦太基在西西里的行政区也落入罗马之手。马尔蒂尼人和希耶罗已然成为罗马的同盟。罗马凭借其战时临时打造海军的“绝技”赢得了战争。这支海军不仅能够跟迦太基的海军作战，还从其手中夺过了制海权。当然，罗马可以利用自己 157
（在意大利的）希腊人盟国的海军经验，同时它自己也有充足的人力可以为一支极其庞大的舰队提供人员。然而考虑到迦太基人在海战上的能力和声望，罗马以迦太基的长处挑战迦太基是一场成功的冒险。

地中海西部和东部同时发生了这些没有关联的战争之后，和平再次降临——正如公元前445年和平在爱琴海的回归一样，这为相互共存奠定了希望，或许也能证明，这是灾难之外的另一种合理选择。然而，这一次又跟往常一样，希望很快就被恐怖的事件破灭。

第二次布匿战争（公元前218—前201年），就像20世纪的第二次世界大战一样，发动这场复仇战的是一支失败的强大力量，它虽然曾经蒙受耻辱却没有永远丧失能力。第二次战争的毁灭性后果远远超过了第一次战争带来的毁灭。第二次战争将第一次战争的胜利者带入彻底失败的边缘，但最后的结局是，首次战争的失败者又一次落败，并且这次已经无力回天。第二次布匿战争类似于雅典与伯罗奔尼撒人的第二次战争（公元前431—前404年），后者吞没了整个希腊世界，并且造成了一系列战争和革命的连锁反应。

第一次布匿战争中，双方唯一一位荣誉加身的指挥官是“闪电神”哈米加尔（Hamilcar the ‘Lightning’）。在迦太基人即将失去其在西西里的最后立足之地时，哈米加尔把迦太基人在西西里岛上的抵抗延长了六年。迦太基人在一场不由哈米加尔负责的决定性海战中失利，导致其失去了在西西里最后的落足之地；当迦太基因为其雇佣军的兵变 158
处于毁灭的边缘时，哈米加尔镇压了雇佣军，并对西班牙发动远征：这是为了让自己国家建立新的帝国以替代过去在西西里的、为了达成和平而被迫割让给罗马的。哈米加尔为了消解罗马掌控西地中海制海权的影响,并扭转第一次布匿战争的结果,试图在西班牙建立新的迦太基帝国,并作为通过大陆入侵意大利的大本营。这个计划极有胆识。它意味着要穿越两片巨大的山区比利牛斯山脉、阿尔卑斯山和一条大河罗讷河。整条行军线路会经过那些落后的、未真正开化的国家,但冒险承受这可怕的肉体考验似乎是值得的,因为假若这个大本营能够成功建立,他们将会获得巨大的军事和政治回报,似乎值得。一旦进入波河流域,高卢人和利古里亚人(Ligurian)就会向迦太基人的远征军汇集,这些民族为了抵抗罗马殖民的持续浪潮已经武装起来。那时,一旦迦太基的军队有高卢人和利古里亚人的增援而穿过阿佩尼斯,他们也许就能期待在罗马的意大利同盟中发生一场致命的崩塌。在罗马自己的意大利领土上通过一场决定性的胜利战胜罗马,瓦解罗马共和国,是哈米加尔的最终目标。成就这个目标的确会扭转第一次战争的结果,甚至可能一劳永逸地击垮罗马的力量,永久解除罗马对迦太基的威胁。

哈米加尔在他的准备工作完成前就去世了,他把计划的执行留给了自己的儿子去完成。无论是迦南还是希腊社会都没有产生过比汉尼拔更为伟大的军事家,这场计划的最终失败也不是因为汉尼拔的过错。
159 汉尼拔精确地从埃布罗河进军至波河,又从波河流域进入意大利的阿佩尼斯地区。在随后的三年里,汉尼拔对罗马取得了越来越成功的三次胜利:在公元前 218 年的特雷比亚河、公元前 217 年的特拉西梅诺湖以及公元前 216 年的迦南。从公元前 217 年至公元前 203 年,汉尼拔在意大利的阿佩尼斯地区坚守自己的阵地 15 年。汉尼拔的挫败是因为三种他无法控制的敌对因素:罗马元老院和人民不屈服的精神,罗马本土出生的大多数公民以及罗马盟国对罗马不可动摇的忠诚(他们的坚定远远超越了公然背叛的卡普阿、叙拉古和塔林顿),以及罗马能够大量储备的公民、拉丁人以及盟友的人力。

公元前 202 年,第二次布匿战争以罗马的决定性胜利告终,罗马在非洲土地上与雷吉纳相邻的娜拉加拉战胜了由汉尼拔本人指挥的迦太基最后的军队。然而，不久之前，战争已经从西班牙、意大利和西西里蔓延到了希腊的欧洲地区和爱琴海。公元前215年，汉尼拔同马其顿国王腓力五世缔结了条约，后者想要摧毁罗马在交战期间建立在奥特郎托海峡的堡垒。公元前211年，罗马同马其顿的宿敌埃托利亚人结成进攻联盟实施反攻。当迦太基中止战斗时，世界战争并没有停止。罗马与马其顿之间的敌意本在公元前205年已经悬搁，但到公元前200年又死灰复燃。并且这一次，在公元前197年的库诺斯克法莱，马其顿人被罗马的步兵和埃托利亚人的骑兵彻底打败。马其顿被迫让出了它在希腊南部固有的领土，甚至承认了马其顿境内叛乱的奥瑞斯提斯（Orestis）高原地区的独立。在科林斯被阿拉图斯收还马其顿30年后（在弗拉米尼努斯的大度姿态之后50年，另一位罗马将军摧毁了科林斯，这是任何马其顿征服者都没有做过的事情），获胜的罗马指挥官 160
弗拉米尼努斯让科林斯摆脱了马其顿的统治。接下来轮到埃托利亚人就（马其顿割让）领土的支配问题同罗马发生争执，而塞琉古王朝国王的安条克三世也同罗马发生了争执，因为塞琉古王朝试图重新确立它在安纳托利亚西岸沿线那些古老希腊城邦中的王权。安条克草率地同安纳托利亚人联合起来反对罗马；更草率的是，他向希腊欧洲地区进发，踏上了艰难的征途。此前那些相对容易的军事胜利迷惑了安条克。安条克曾抵达亚洲的腹地，最远到了兴都库什山脉（Hindu Kush），并且在公元前198年的第三次努力中从托勒密王五世手中征服了科伊勒-叙利亚。但安条克没能预料到罗马人的战斗力，他在公元前191年的温泉关战败。公元前190年，他又在西庇洛斯（Sipylus）统治的马格尼西亚（Magenesia）被再次打败。塞琉古王朝被迫放弃了陶洛斯山脉西北面的所有领地，而这正是它终结的开始——虽然在公元前162年罗马的军官依然害怕塞琉古王朝的军事力量复兴（他们在横跨奥龙特斯河的阿帕美亚城的君主军事基地内已有一些已经丧失战斗力的战象）。海湾里的安纳托利亚人像野猫一样在山上的要塞里战斗，但在公元前189年,他们也被迫投降。

30年时间内(公元前218—前189年),罗马已经颠覆了所有试图跟它缔结协议的军事力量,但汉尼拔入侵意大利的经历给其带来了挥之不去的危机感,并折磨着罗马。这使得罗马对那些已被挫败的敌人又发动了两轮激烈的进攻,直到罗马不再认为它们是自己的威胁。罗马始终顾忌马其顿有一定道理,因为正如第一次布匿战争后,马其顿在
161 与罗马的第二次战争后蓄意对罗马复仇;在马其顿与罗马的第三次战争中(公元前171—前168年),马其顿在自己跟以前一样又一次因为人力的短缺和装备以及战术的不足被征服之前,发起了比第二次战争更令人震惊的反抗。对于罗马而言,这场战争是自其在迦南失败以来军队经历的最关键的阶段。另一方面,罗马对迦太基的持续担忧只不过是一场噩梦,因为,虽然汉尼拔由始至终都是罗马无法和解、永不屈服的敌人,但他在公元前183年的流放中被迫自杀,因为迦太基在公元前201年与罗马缔结了和平,迦太基人已放弃了所有的雄心壮志,追求的不过是谋生而已了。罗马在公元前149年对迦太基的进攻,是罗马历史上最为残酷的侵略行径之一,这也立刻为罗马带来了报应。因为迦太基同罗马的最后一次战争(公元前149—前146年)并不是出于迦太基的挑衅,而是罗马强加于它的。在无法逃避的厄运前,迦太基顽强地保卫自己。后来,迦太基人在巴勒斯坦的犹太人同胞也主动发起过两次对不可抵抗的罗马敌人的战争(公元66—70年和公元132—135年),其中表现出同样的顽强。马其顿人的精神并没有被罗马带来的三次战败而瓦解,公元前149年他们的军队又一次起义,而在公元前146年,亚加亚人和彼奥提亚人的联盟也莽撞地跟着起义。随后,马其顿被击溃;同年,迦太基和科林斯也遭覆灭,亚加亚人、彼奥提亚人、优卑亚人、福基斯人和罗克里斯人的联盟遭到摧毁并被解散。

此时,除了罗马自己以外,希腊世界已经不再有大规模的军事力量,因为软弱无力的埃及托勒密君主已经默认自己屈身为罗马的庇护

国。托勒密君主觉得，较之于被塞琉古王朝敌人吞并，屈身为庇护国还不那么糟糕。正当罗马与马其顿第三次战争的结果尚未明了之际，塞琉古王朝国王安条克四世为了补偿自己在陶洛斯山脉地区损失的领地，试图将埃及并入此前已经被其前辈安条克三世吞并的埃及人在科伊勒-叙利亚的领地。当罗马军队在皮德完胜马其顿的消息传至埃及人的战场时，一位犹豫不决的罗马指挥官趁机向塞琉古王朝的入侵者发出了最后通牒："[你们是]撤出埃及还是跟我们打上一仗，我要你们立刻给出答复。"安条克曾有可能兼得荣耀和忠诚。如今，罗马的优势在其步兵的有效打击范围内，已经变得牢不可撼。这个范围从地中海及其海湾沿岸的堡垒一直延伸到美索不达米亚平原和北欧的森林，这些区域为其他军种和战术提供了优势而缠住了罗马的先头部队。与此同时，这个范围内的世界，都沐浴着罗马的恩惠。当时，一切事情都要得到罗马的允许，几乎所有事情都由罗马倡导。在罗马通过第三次战争战胜马其顿之后，罗马的故交罗得岛被严厉惩罚，因为其在战事结果尚不明了时，试图提供自己优越的办公场所，组织缔结和平的谈判。在这件事情上，罗马就是一位小肚鸡肠的妇人。她会怎么做？ 162

第十二章

痛苦时代

罗马制服了希腊世界中所有可能给它带来不安的力量,但此后 163
100 多年,罗马却一无所成——至少在经济规模上无所建树。罗马对这个世界的无动于衷已经被它之前的行动粉碎,这个世界里没有任何群体能够绕开它采取行动,灾难性的后果也就无可避免。这个痛苦的时代,从那不详的年月开始——安提戈努进军斯巴达、安条克三世进军科伊勒-叙利亚和汉尼拔进军意大利,跨度从 73 年(公元前 218—前 146 年)延长到了 188 年(公元前 218—前 231 年)。它是公元前 431 年希腊—伯罗奔尼撒大战爆发后战争和革命持续期的两倍。

为了生存而发起的无情争斗已经让罗马变得野蛮,它以一种报复的心态崭露头角。罗马投入国际竞赛场并非有意为之。它一直都只是想在意大利独占鳌头。在罗马尚未控制迦太基并为了奢靡的生活在意大利土地上发起第二轮战争之前,它的政治眼界尚未打开。罗马并不想让外族的世界以如此可怕的方式逼近自己,既然(罗马认为)它已经让自己摆脱了巨蟒的缠绕,就不再为这个世界负责,倾听这个世界更多的事情。如今,罗马为了确保自己的安全,已经消灭了每一个严重的威胁。罗马为世界带来了焦虑,然后坐下来舔舐自己的伤口。如果罗马真的惦记过这个世界,它就会去掠夺、开发后者。

罗马需要舔舐的伤口很深,因为它所遭受的痛苦超过了公元前
431 至前 404 年战争的胜利者。斯巴达在阿戈斯波塔密取得决定性胜 164
利之后,压制住了心怀仇恨并全力向已经瓦解的雅典复仇的彼奥提亚人。而罗马因为遭受了足够的痛苦,它会努力压抑任何宽恕的冲动。

当然它也不是最惨重的受害者，有以下的名字和时间为证：萨贡托（公元前219年）、叙拉古（公元前211年）、卡普阿（公元前211年）、克罗纳（公元前171年）、哈利阿图斯（公元前171年）、厄皮鲁斯的70个小镇（公元前167年）、科林斯（公元前146年）和迦太基（公元前146年）。这些城邦都被洗劫过，它们不幸的居民如果还足够幸运不被卖身为奴，或者因为暴力致死而逃脱奴隶制，他们最好的命运就是接受掠夺和摧毁。除了萨贡托，这个名单上所有地方的命运都掌握在罗马手中。公元前219年萨贡托的命运沉重地维系在罗马的良知上，正如公元前427年普拉提亚的命运维系在雅典的良知上一样。因此，罗马的受害者比罗马自己有更惨痛的遭遇可以讲述。但是罗马的受害者不再讲述自己的故事，即使它们这样做了，它们的声音也没有任何效果。罗马的遭遇影响了世界的命运，因为它作为世界战争的受害者，其感受此刻才被认可。这个世界被胜利者的权力控制，而胜利者自己曾遭受过伤害，且伤口还在疼痛。

汉尼拔战败于娜拉加拉并被迫流亡，在他撤离意大利并不得已自杀之后，罗马的伤口还在继续溃烂。在这场世界大战的很多战区当中，意大利南部和西西里的战区始终最为惨烈。意大利沃尔图耳努斯河（River Volturnus）的北部和“山脊”受到的打击相对较轻。汉尼拔在一次战役中（公元前217年）也穿越过这一区域，但除了公元前211年突袭罗马外，他再没能成功入侵这里。同汉尼拔疯狂侵占意大利南部土
165 地14年（公元前216—前203年）相比，随后在西北非、希腊欧洲地区、爱琴海和安纳托利亚发生的战役都很短暂。波河和西班牙都是落后的地区，因此它们可能遭受的物质和精神创伤相当有限。而意大利南部在14年间出现的军事堡垒、处罚措施以及遭受的报复，给自己留下了烙印。到公元前146年底，迦太基已经是一堆无法居住的残垣断壁，而罗马则成为希腊世界一个伟大而日渐兴盛的城邦。与此同时，迦太基的农业腹地却多少保存完好，但在意大利，汉尼拔的破坏为社会和经济带来的灾难性后果还在产生影响。

意大利南部的灾难不仅是因为那里的战争,还因为它遭受的政治创伤。这些共同体中的农民——罗马人、拉丁人国家和盟国——依然忠诚于罗马,但被汉尼拔无处不在的骑兵驱赶。倒向迦太基一边的共同体中的农民则被重建权威的罗马人赶出了家园。卡普阿遭到了极其残酷的对待,因为它不是罗马的盟国,而是法律意义上罗马政治体的组成部分。但卡普阿还不是唯一的受害者。那些再度被征服的盟国被以大规模没收土地的方式遭受了惩罚,那些被没收的土地并入了"罗马公有地"。

罗马人的国家作为新的主人将如何利用这些人口锐减的土地?罗马诞生于战争,有一大笔国债需要偿还,因此它不得不从国有资产中尽最大可能获取收益。没收的大多数意大利南部土地都很贫瘠,要让其恢复耕种需要很大的资金投入。让那些有资产的农民重新回归土地是一项长期的投资,短期内不会有收益,因此私人资金不会有兴趣。私人 166
资金大量投资的都是有利可图的东西。战争期间积累资金的都是那些提供军需品的承包人(他们作为唯一挣钱的罗马公民,时常通过诈骗政府牟利,而其他阶层都很贫穷)。那些依然占有土地资本的传统统治阶层,因为战争前夕的一部法令,如今被迫向土地投资,杜绝了经商的可能。这两个阶层的投机商为了使用南部新的公共空地,准备向国家支付租金,但前提是他们能自由地参与两种新的牟利方式之一:大规模放牧牛羊和密集栽种果树尤其是橄榄和葡萄,这些产品有很高的市场价值。

市镇的发展支撑了市场。"背井离乡的人"为了城市生活中的公共设施、安全和救济,结伙离开农村进入市镇。这种情形在整个希腊世界都开始发生,但在意大利最为迅速,因为那里农村破坏得最为严重,而城市设施的日新月异却令人惊叹。新市场的劳动力有大量的新奴隶可以供应,那是些战争中未能赎回自由的囚犯和内乱过程中被劫持的市民。安条克四世(公元前 175—前 163 年在位)去世后,塞琉古王朝也加速了自己的灭亡,因为它为了掌控迅速萎缩的统治权,投入了一场漫长的内战。叙利亚沦入无政府状态,叙利亚的奴隶通过圣岛提洛上的一个交易所出口,成为意大利南部和西西里——当地的投机商带来了新的经济革命——新的农场和种植园的主要人力来源。我们看到,
167 阿卡拉格斯的西塞利奥特城的乡下,是首次尝试使用奴隶劳动力密集耕种的地方(早至公元前480年)。从短期看,奴隶劳动力比自由劳动力多两个优势:奴隶可以劳动到死,而且不用服兵役。

公元前2世纪的经济革命在某个方面是公元前6世纪前浪的延续,它以经济作物(动物和蔬菜)替代了维持生存的农业,提高了土地的产出。与此同时,另外两个方面出现了新的迹象,而这两个方面存在着危机。公元前6世纪的经济革命,自由的农民是受益者,越来越多的土地收益进入了他们的腰包。而公元前2世纪的革命却使农民失去产业沦为雇佣劳动力。在公元前2世纪,同公元前6世纪一样,土地收益的增加满足了人口的增长。公元前6世纪,农村和城镇的总体人口都在增长;但是到公元前2世纪,当城镇人口还在持续增长并真正加快时,人口总量却在下降,这在希腊史上还是首次发生。城镇的加速发展以农村人口的减少为代价,它为公元前2世纪的经济革命首次开辟了道路,并反过来受到经济革命的刺激。这种恶性循环就像城镇的过度膨胀一样难以应付,弊病丛生。

不仅是意大利南部战区的农民放弃了自己祖先从远古时代就已经开始耕种的土地,横跨意大利的整个罗马共和国的农村人口大量从农业劳动者转变为大部队的主力(很多年),(直到最后)罗马政府从公元前216年开始组建和维持这支军队,直到公元前202年迦太基在非洲战场上遭受决定性失败。

168 大量的农村人口甚至是意大利阿佩尼斯地区的优势,直到汉尼拔到来才被削弱,因为那时对人力有过度的需求。如果这种需求在迦太基放弃争斗后就中止,那么农民至少还有机会守住沃尔图耳努斯河和"山区"沿线,正如它抵抗汉尼拔和那些倒向汉尼拔的意大利共同体一样,能够抵抗那些农奴主和种植园奴隶的新敌人。但意大利的农业士

兵没有和平的机会。要求他们发动抵抗奥特郎托海峡东部力量的后续战争并不算过分，因为这些战争短暂而重要，甚至当中最关键的与马其顿的第三次战争，也不需要像对抗汉尼拔那样征收同样规模的税负。意大利军事人口持续锐减根源在于：有三块开放的边缘地带同希腊世界广阔的蛮族内陆区域接壤。这些开放的边缘地带，第一块在阿佩尼斯和波河流域，第二块在西班牙，第三块沿着马其顿内陆边界。在罗马颠覆了所有其他军事力量之后，这些地方都落入其手。

阿佩尼斯和波河流域的和平，作为一项军事计划带来的社会回报，补偿了它为罗马共和国的社会组织提供的贡赋。在17年的时间内（结束于公元前173年），阿佩尼斯与波河南岸之间开展的一场大规模且规划周全的农民殖民计划产生了一个新的农业意大利，替代了农民在沃尔图耳努斯河南部和“山区”失去的领土。罗马人不仅驱逐了阿佩尼斯荒芜的利古里亚高地上的居民，也驱逐了平原上永存敌意的高卢波伊人（Gallic Boii）。对此，罗马人不觉得有任何内疚，因为这些民族在战争中都投靠了迦太基一方。然而，传统习俗禁止罗马人掠夺自己忠诚的盟友威尼斯人或暂时不忠的（波河与阿尔卑斯山之间的）高卢臣民——他们差不多都很快重新归顺。比如公元前173至前172年，罗 169
马的指挥官毫无缘故地侵略了南部山麓地带的一个无害的小民族斯塔铁里人（Statielli）。罗马的元老院以信誉担保，并积极地让其他依然独立的蛮族相信，若他们接受罗马的统治，罗马不会把他们驱除出自己的领地并变卖为奴。但元老院的法案提醒了那些已经失去阿佩尼斯意大利的祖先领地的意大利农民：他们在山区北部获得新领地的指望很快就会落空。罗马在意大利和波河流域自从公元前218年通过充公获得的公有土地，还有一些尚未分配；但在公元前173年，罗马就真正以不动产分配的方式全部分给了个人。为了给罗马无地的农业劳动者提供更多土地，如今仅有的资源就是重新分配之前已经被租给那些拥有大规模资本的种植园主和畜牧业主的那些公有土地。

边界的战事如今已在意大利门口的阿佩尼斯结束，但在遥远的西班牙半岛却还在继续。罗马在西班牙边界两边的部落不断挑起战争，唯一能给这个战事频发区带来和平的方式就是把边界扩展到另一个地方。因为自从第一支罗马军队在公元前 218 年踏入西班牙东北角以来，大约有两百年时间，从未消失过的边界就从地中海海岸逐渐远去。公元前 31 年之后，当奥古斯都要建立世界秩序时，他发现半岛的西北角依然难以征服。至少在前面 75 年的时间内，西班牙边界的压力和扩
170 张的重担就落在了意大利征召入伍的农民肩上。登陆西班牙之后，这些农民就保持了武装若干年，直到战争结束，但他们故乡的农场却被摧毁。对于意大利的农民而言，在西班牙遥遥无期的殖民战争就如同抵抗汉尼拔的 14 年生死战一样祸患无穷。罗马从迦太基手中夺取的西班牙统治权，确实被证明是一件“内萨斯之衣”①。与此同时，在与汉尼拔的战争中获得财富的商人，如今就像找到了第二种更盈利的财源的军队合作商。而这种更盈利的财源就是领土内需要捐税的农田。首先是在西西里，然后是在西班牙，罗马政府勉强将其置于自己的管理下。因此，在力争保全祖先领土的农民与试图夺取原有者土地的商人之间，出现了一场针对意大利土地的“冷战”，其浩大的规模有利于商人一方，越来越多的前农业有产者沦为失去土地的闲散劳动力，他们开始靠农场内不定期的雇佣糊口，而农场的稳定劳动力却由奴隶组成。罗马统治阶级试图在不依靠职业军队或职业行政官的情况下管理一个帝国，这种顽固的保守主义为那些强取豪夺的商人提供了红利，代价却是伤害了曾作为罗马共和国军事支柱的农民。

公元前 2 世纪，罗马军事人才的衰退是一个严重的后果，其规模堪比公元前 3 世纪斯巴达的情况。罗马跟斯巴达一样，那些受到刺激的统治阶级成员着手进行极端的农业改革，但已于事无补。改革的先驱

---

① 内萨斯之衣（Shirt of Nessus）是来自希腊神话的典故，指大力神赫拉克勒斯的妻子为了使丈夫回心转意，给他穿上了半人半马的内萨斯留下的血衣，血衣沾有九头蛇的毒血，赫拉克勒斯穿上衣服，中毒身亡。——译注

提比略(Tiberius Gracchus)试图于公元前 133 年在罗马公民大会上通过一项法规,把那些已经租给农场主和畜牧业主的公有土地重新分给农民,但随后一年他却被元老院的暴徒打死(对于罗马而言这是一个 171
不详的事件,罗马自两百多年的领土扩张以来就已远离了内乱)。提比略跟阿吉斯一样,因为太过于文雅而拒斥暴力,也丢掉了事业和生命。他的弟弟盖约(Gaius Gracchus)十年后进入政界,尽管盖约具备克列欧美涅斯式的冷酷,但也在一场小规模内战的争斗中命丧黄泉。为了重新分配公有土地,格拉古兄弟[1]已经付出了生命 ,但即使这项事业有所进展,也没能产生他们预想的结果。一直以来,由于始终有意大利农产所有者被驱赶往遥远的边疆服役,无地的农业劳动者建立的新定居点都见效甚微。提比略的拯救行动非但没有治愈罗马共和国的疾病,反而使之陷入了内乱。刚开始是首府街头的争斗残杀,后来发展到全副武装的内战,引爆了整个希腊世界。直到提比略死后又经历了百年动乱,内战才宣告结束。

罗马的百年革命是为了扭转自己恶化的趋势,而这正是由罗马军队社会成分的巨大变化带来的:它出自于公元前 2 世纪末一场突如其来的军事危机的压力。欧洲北部蛮族的崩溃在新的领土内放缓,那里是罗马军队在波河和西班牙重新传播文明的区域。面对这样的威胁,罗马的指挥官盖乌斯(Gaius Marius),一位来自乡镇的新贵,从失地的公民中——因此这些人也就被免除了强制兵役——招募了志愿兵。从此,罗马的军队从有产者的团体转变成那些失去财产者(为了新的收益形成)的商业团队。它产生的相应后果是,军事指挥官们变为了政治领袖。政治领袖向士兵们许诺要把意大利领土分配给他们,作为其 172
战胜同胞的回报。政治领袖用这样的方式买通了军队,武装支持自己,同对手展开内战。好战的罗马军事领袖从征服的希腊世界掠夺资源,正如好战的亚历山大后人从征服的波斯帝国掠夺资源一样。最糟糕的

---

① 格拉古兄弟(Gracchi),指提比略和盖约两兄弟。——译注

是,当获胜的士兵从合法的占有者手中分得土地时,他们发现,自己已经完全失去了返回土地参与劳动的兴趣和能力。

罗马的内战打了两个回合(公元前 90—前 80 年和公元前 49—前 31 年)。两个回合中,无论是要求拥有土地的无产农民,还是追求权力的"政治首领",都牵涉到拉丁人和意大利盟友对罗马公民权的要求。罗马公民权如今是对抗罗马暴政的有效保护措施。对公民权的要求,正如对土地的要求一样,元老院出于无法抗拒的原因勉强接受了。公元前 90 年,意大利盟国从罗马共和国脱离出来,其规模超过了迦南战争之后的程度。这次领头的是这样一些因为在第二次布匿战争中对罗马保持忠诚,所以没有被剥夺土地而丧失力量的国家。它们或许从来没有被迫采取如此极端的手段去索取已经拖延太久的公民权。罗马的贵族制统治曾经证明过自己——它建立了罗马共和国,并且击败了汉尼拔的侵扰,但如今,却显得不再适合继续掌权。

罗马人对异族的凶残是他们漠视其余世界的结果,但促使他们使用暴力的痛苦却来自全世界。这种痛苦不仅体现在罗马共和国自由民
173 的内战中,也体现在奴隶的反抗、东方臣民的叛乱和蛮族的入侵中。第一次有记载的意大利农奴的密谋起义发生在公元前 198 年,是由拘禁在赛提亚拉丁要塞中的迦太基人质的奴隶随从发动的。在公元前 196 年的伊特鲁里亚也发生了一场起义。随后,在阿普利亚的奴隶群体也爆发了一些有前兆的起义(有一场大规模的起义发生在公元前 185 年),当时正值提比略给罗马带来革命性立法的时期。此后西西里(公元前 134—前 131 年)也发生了农奴的起义,同时发生起义的还有提洛岛和帕迦马王国(Pergamum)的奴隶交易所。帕迦马王国是罗马在安纳托利亚西部的附庸国,出于其末代国王的意愿刚成为罗马人的领地。起义的奴隶在西西里屠杀了自己的主人,推出了自己的君王(此人模仿当时塞琉古王朝王位的一个篡位者,称自己为特瑞丰[Tryphon])。安纳托利亚起义的奴隶在阿里斯托里库斯(Aristonicus)找到了一个国王——帕迦马王国末代国王的私生子。他称自己的追随者为"太阳神

的公民”(Citizens of the Sun),因为这位正义而仁慈的神公平地向穷人和富人馈赠他的光明和温暖。激发这场动乱的既有某种反罗马的民族观念,又有奴隶脱离主人获得自由的欲望。三场起义全部都被罗马军队镇压,但在公元前 103 年西西里奴隶又一次起义;在公元前 73 年,一群角斗士(一种残忍的伊特拉斯坎运动的受害者)在斯巴达克斯(曾是色雷斯国王的名字)的带领下逃出了卡普阿的监狱,在意大利乡下自由自在地游荡了三年,并且还从农场的奴隶营地中获得了增援。在这些人被俘获之后,幸存的俘虏遭受了残酷的惩罚——他们被钉在 6000 个十字架上,沿着阿皮亚古道(Via Appia)从罗马一直延伸到卡普阿。其残酷程度反映出罗马是何等恐惧。

国际奴隶市场中最活跃的供应者就是海盗,他们在第三次罗马与 174
马其顿战争之后——罗马通过摧毁罗得岛的经济击垮了其海军力量——掌握了地中海的支配权。一旦罗马的海军实现了自己的目标将其他军事力量置于脚下,它就不在乎自己对地中海的支配权,因此,罗得岛海军的衰落使地中海再无人监管。塞琉古王朝的衰落让海盗们占据了一个安全的大本营——沿着西里西亚崎岖西端岩石环绕的海岸。海盗们还在声誉不佳的克里特城邦找到了自己的同伙——那里一直处于独立状态。这些海盗一旦抓住机会,就会绑架罗马贵族供自己取乐。比如,一位选举出来的行政区长官,带着自己的随从,在赴任的路上就被海盗绑架。大约在公元前 76 年,青年恺撒从罗马去罗得岛的路上,就落在海盗手里,度过了一段不愉快的日子。如果俘获恺撒的人选择除掉恺撒——正如恺撒被释放后除掉了这些海盗一样,世界历史有可能会向不同的方向发展。帕迦马王国阿里斯托里库斯王短命的“太阳之城”仅仅是一系列军事民族主义运动中的一个例子,这些运动都曾发生在波斯帝国的疆界内。亚历山大大帝在小亚细亚北部和东北部留下了大片尚未征服的波斯领土;亚历山大死后,他的后继者们忙于相互征战,为这一地区的波斯人和当地君主提供了不少机会去建立独立的后起国家,如比提尼亚(Bithynia)、庞蒂克海岸和内陆的卡帕多西亚

(Cappadocia)、亚美尼亚(Armenia)和梅地亚(Media Atropatene)。比提尼亚国和两个卡帕多西亚国——后两者希腊化程度较低——一直都自愿接受希腊精神,而不是迫于马其顿征服者的压力。庞蒂克的卡帕多西亚国和亚美尼亚国,在塞琉古王朝的撤退与罗马的进攻的间隔期
175 确立了自己的军事力量。在公元前 83 年,亚美尼亚的国王提葛拉尼(Tigranes)占领了塞琉古王朝的都城——奥龙特斯河上的安条克。公元前 88 年,庞蒂克的卡帕多西亚国国王米斯拉达特(Mithradates)攻占了之前的帕迦马王国——现在是罗马在亚洲的行省。米斯拉达特让自己摆脱了罗马的压迫,在他的煽动下,整个小亚细亚爆发了一场针对罗马商人的大屠杀(死亡人数据说达到了八万人,或许还包括一些当地的雇佣者)。米斯拉达特的势力还从爱琴海蔓延到希腊中部,这一次,波斯的侵略者得到了雅典的双手迎接。米斯拉达特推进到希腊的欧洲地区,最远抵达了薛西斯随同其军队到达的地方,随后在公元前 86 年被击退到彼奥提亚。罗马人因为忙于自己在意大利的内战,没能在早期抑制住米斯拉达特的发展。虽然罗马人现在开始努力把米斯拉达特抵挡在国界之外,他依然在公元前 84 年和前 74 年重新挑战了罗马,直到公元前 66 年才偃旗息鼓。

即便马其顿人的征服给某些人带来了撕心裂肺的经历,这些人最终也恢复了自己的道德。当塞琉古王朝国王安条克三世在公元前 218 年威胁到埃及的核心领土时,托勒密政府被迫拼命维持自己的防御力量,以前所未有的规模组建军队,并且训练当地的埃及人为方阵步兵服务。托勒密和塞琉古的军队第二年在拉菲亚交战,安条克训练有素的印度大象打败了庞大的非洲同类,但经过训练的埃及当地方阵步兵却令人惊讶地为他们的主人托勒密四世赢得了战争,击退了安条克由马其顿人组成的临时方阵队伍。从这一个划时代的时刻开始,希腊人在埃及的"支配权"便失去了威信,托勒密政府的埃及臣民变得难以约
176 束。那些武装的叛乱团体(*en masse*)和个人以某种"非暴力不合作"的战术找到了如何逃避政府苛捐杂税的方式:他们躲到庙宇附近和荒野

里的避难所,在那里,税官和监工鞭长莫及。

接下来,塞琉古王朝也发生了转折。安条克三世在公元前 192 至前 190 年的战争中被罗马人打败的耻辱,已经在这个君主国(从前归顺)的臣民中妇孺皆知,这使他们鼓起勇气,起来反抗塞琉古王朝统治者的压迫。安条克三世和四世据说都死于民众暴乱,起因是这些人想要占有梅地亚和艾拉穆当地庙宇内的财宝。在公元前 189 年,塞琉古王朝统治者同罗马缔结了沉重的和平协议后,不仅需要金钱支付战争赔款,还需要国家的团结以重建国内的残垣断壁。耶路撒冷这个宗庙国(temple-state),作为科伊勒-叙利亚领土的一部分——安条克三世在公元前 198 年从托勒密王权手中夺取,在公元前 175 年为继承者安条克四世提供了一个一石二鸟的机会。约书亚·耶逊(Joshua—'Jason')作为一位"希腊的爱慕者"(Philhellene),渴望成为当地神耶和华(Yehweh)的最高祭司,他从安条克的政府手中获得最高祭司的位置,而代价是向其贡赋更多的年金,并且还要把自己的犹太人宗庙国改造为希腊模式的城邦。塞琉古王朝统治者还鼓励那些年轻的犹太祭司和青年人参加希腊的体育竞赛。

希腊化以类似的方式在塞琉古王朝领土的其他地方都顺利进行,但在吞并科伊勒-叙利亚的犹太人区域时遇到了麻烦。耶和华的祭司们在祭祀过程中,呈现出这样一幅场景:他们完全赤裸,除了带着希腊式的遮阳帽,不穿任何衣物。这给那些保守的犹太人带来了致命的冲
击,而耶逊的希腊化政策也挑起了军事对抗。安条克四世在公元前 177
167 年展开了回应,他把耶路撒冷宗庙供奉的耶和华变为奥林匹斯神宙斯,还在最为神圣的地方树立了这位希腊神的雕像。"残存的伤痛出现在不得当的位置",刺激了巴勒斯坦的犹太人,以至于爆发了动乱。压迫引出了殉道者,而殉道者又引出了武装反抗。领导者是哈斯摩尼(Has-monaean)家族(更为人所知的名字叫"马丘比"[Maccabees]家族),这个家族从未被塞琉古统治者成功消灭过。哈斯摩尼家族把犹太人的宗庙国变成了一个好战的独立邦国。犹太人进攻并捣毁了一些殖民化的希腊城邦,它们由托勒密政府建立,位于通往约旦河以东的迷人

的山区。此外，犹太人还征服了两个毗邻的当地部落，以都麦和加利利。这两个部落是过去已经消失的以色列王国幸存的撒马利亚(Samaritan)民族，他们根据自己的传统成功地在盖里济姆山延续着其对耶和华的崇拜。但犹太征服者们强迫他们改信了犹太教。倘若以都麦和加利里没有落入哈斯摩尼家族之手，世界历史会迈向不同的方向。因为，假如这种情况发生，希律大王和拿撒勒的耶稣都不会生为犹太人。

公元前175年左右，希腊精神与犹太教的相遇是希腊史上最独特的一个事件。当罗马颠覆了希腊世界的其他军事力量后，“被俘虏的希腊人已经吸引了征服他们的野蛮人，并且把文明引入拉丁人的乡村”。但获胜的希腊人没能吸引被俘虏的耶路撒冷，他们试图以自己理解的方式将文明引入犹太人的农村时，却被犹太人愤怒地回绝了。最终，受挫的希腊人同不愿妥协的犹太人达成协议，接受了一种犹太狂热宗教的希腊化版本。希腊精神与犹太教之间暴风骤雨般的遭遇和最
178 终的融合产生了基督教和伊斯兰教。这两种犹太—希腊式宗教，如今全人类有一半的人信仰。

一个遭受苦痛的希腊世界激起了周围蛮族的贪婪。在西欧和地中海西岸的西北非内陆，罗马军队用包裹在拉丁外衣下的蛮族式反击成功扩张了希腊文明的范围，但这种行动给意大利带来的社会代价已呈现出来。在另一方前线，一旦波斯帝国的继承者塞琉古王朝开始失控，蛮族就从亚历山大摧毁波斯帝国的行动中受益。公元前2世纪的叙利亚，阿拉伯部落(公元7世纪阿拉伯民族大迁徙中的先进族群)离开了沙漠进入城邦之间的空间，并在那里建立了王国——正如700多年前以色列部落所做的一样。在东北前线，波斯人一直更为积极和成功地保卫自己——相比他们在遥远的西北前线对抗希腊人而言，自从公元前7世纪的游牧民族大迁徙以来，已经被波斯人逼入绝境的中亚伊朗游牧民族，如今又卷土重来。

在公元前248或前247年之前，帕尔尼(Parni)这支弱小的部落，从今天的土库曼斯坦(毗邻里海东岸的波斯北部边疆)出发进入帕提

亚,切断了从奥龙特斯河的安条克和底格里斯河的塞琉古王朝到巴克特里亚国和粟特国(Sogdiana)平原东北部的希腊化居民点的主干道(位于兴都库什山脉与锡尔河之间)。这些居民点如今被孤立起来,默默退出了塞琉古王朝,建立了独立的希腊化巴克特里亚王国。在接下来的90年间,塞琉古王朝始终能够抵御“帕提亚人”(随着帕尔尼人占领这个行省而得名),并将他们抵挡在里海隘口外——在厄尔布尔士 179
山脉南脉与伊朗中部沙漠的北缘之间。在公元前161至前142年间,帕提亚人将自己的西南边界从里海隘口推进到了幼发拉底河,突然把自己提升为一支强大的军事力量。以前一直是塞琉古王朝主要的食物和财政收入来源的巴比伦,因而落入帕提亚人之手。塞琉古王朝曾两次企图征服巴比伦和梅地亚的努力都以悲剧告终,第一个是塞琉古王朝国王德米特里乌斯二世,他在公元前140年沦为囚徒;另一个是安条克三世,他在公元前130年丧命。随后,罗马在克拉苏(Publius Licinius Crassus)的指挥下,试图从帕提亚人手中夺取幼发拉底河东以前塞琉古王朝的领土,却于公元前53年在哈兰同样以悲剧收场。罗马步兵草率地向美索不达米亚平原进军,被帕提亚人马背上的箭兵包围、击败——一支训练有素负载大量武器的骆驼队伍增援了帕提亚人。

帕提亚驱除了希腊的军事力量,但接受了其“爱希腊的精神”(philhellenism)。它尊重塞琉古王朝撤退后留给希腊殖民城市的自主性,并且为希腊世界作出了贡献。帕提亚人遏制了来自中亚大草原中央其他伊朗语游牧民族(萨卡人[Sakas]和吐火罗人[Tokharians])的浪潮,而这些民族大约在公元前130年颠覆了阿姆河上游希腊化的巴克特里亚王国。

希腊世界的痛苦并没有阻挠其扩张,在这个时代,正如在公元前431至前338年期间,战术的进步是以牺牲生活中所有有价值的事物为代价的。在这个痛苦时代,希腊精神版图之外能为现代西方人熟知的成就是:罗马征服了迦太基和马西莉亚在西北非、西班牙和高卢的商业腹地。第一次布匿战争中,罗马人就打破了迦太基人海军的“木 180

障”,后者让西班牙和西北非远离希腊人的征服300年。在第二次战争中,罗马逐渐开始着手征服一直盘算的西班牙。公元前126年,罗马沿着(阿尔卑斯山)北部高卢的地中海沿岸吞并了一些领土,以填补它在西班牙与波河扩张领土之间的间隔。公元前58至前50年,阿尔卑斯山北部高卢的余下地区,一直到大西洋和海峡的海岸以及莱茵河左岸,都被恺撒的军事力量征服,这些军事人力资源由波河新建的意大利能够提供。然而在希腊史上,希腊精神扩张进入西部蛮族地区的事件,并不如它扩张进入印度重要:当希腊人同印度接触时,他们很欣赏这个次大陆及其文明。

亚历山大路过印度的方式与抢劫无异,但他摧毁一个帝国的场景激励了一位印度政治家,这位政治家以亚历山大式的征服规模建立了另一个帝国。印度北部的战略中心是比哈尔(Bihar),那里有五六条大河交汇。大约在亚历山大经过兴都库什山脉之前200年,这个重要区域一直战争频发,当地一些国家被削弱,有个国家却强大起来成为领头羊,那便是摩揭陀国(Magadha)。摩揭陀国的国王旃陀罗笈多·孔雀①(公元前322—前298年在位)发动了浩浩荡荡的征服。他轻而易举地击败了亚历山大留在印度河流域的驻守部队,还从“胜利者”塞琉古那里得到了从印度河西部割让的领土。作为交换,塞琉古得到了印度战象,打破了他与“独眼”安提戈努之间的势均力敌,而后者身为亚历山大的联络官,妄图霸占其已故主人的所有遗产。旃陀罗笈多的孙子阿
181 育王(公元前273—前232年在位)②即位后,让自己成为除了羯陵伽(Kalinga)的一个省之外整个“次大陆”的主人。阿育王以成功的侵略战完满建立了自己的帝国,但也对自己释放的罪恶感到震惊,以至于皈

① 旃陀罗笈多·孔雀(Chandragupta Maurya),印度摩揭陀孔雀王朝的第一任皇帝。——译注

② 阿育王(Açoka),古印度摩揭陀国孔雀王朝的第三位国王,前半生勇于征讨扩大帝国领土,后半生信奉佛教,大力支持佛教的发展。——译注

依了佛陀悉达多·乔达摩[①]的哲学，并把余生献给了佛教（在印度和希腊世界）的传播。在孔雀王朝的统治下，印度获得了统一、和平和秩序——亚洲的西南区域在波斯政权统治的更繁荣年代曾享受到。但在公元前183年，孔雀王朝被一位篡位者颠覆。波斯帝国在阿姆河的希腊文明继承国巴克特里亚的国王德米特里乌斯，沿着亚历山大的足迹，对印度展开了征服，其规模之大、时间之长都超过了亚历山大的行动。大约经过16年的时间（公元前183—前168年），从西北方的阿姆河流域上游到东南方恒河流域上游的大片区域，都在这位希腊帝国缔造者的统治下获得了统一。在公元前167年，一支塞琉古王朝远征军在安条克四世的表兄尤克拉底达斯（Eucratidas）指挥下，绕过伊朗沙漠的东南角前进，攻入巴克特里亚，并且从后方抓住了颠覆者德米特里乌斯。此后，希腊人在远东分解成一些支离破碎的国家，并且相互争斗，直到其中的大多数国家被来自中亚的萨卡人和吐火罗人的游牧民族吞并。

大约在公元前31年，当屋大维[②]在亚克兴战胜马库斯·安东尼（Marcus Antonius）、结束了罗马的第二波内战后，希腊精神的痛苦——如今看来似乎是希腊精神最后的一次——已经摧毁了远至印度和欧洲大西洋海岸的地方。

---

① 悉达多·乔达摩（Siddhartha Gautama），即释迦牟尼的原名。——译注

② 屋大维（Octavianus Caesar），又名奥古斯都，作为罗马帝国的开国君主，曾统治罗马43年。——译注

第十三章

奥古斯都的和平与希腊文化的衰落

到公元前 31 年,希腊世界已经经历了 188 年的痛苦,当奥古斯都 182
时期的和平突然为希腊精神带来了意料之外的舒缓后,这个社会似乎正在面对自己的最后一次机会。但事实证明这种舒缓只是暂时的。当时实现的政治和睦,人们已经期待了 500 年,且迟到了 400 年;在这些麻烦不断的世纪里,希腊人给自己带来了致命的伤口。希腊精神的恢复在奥古斯都的保护下延续了 265 年。直到公元 225 年,希腊精神才再度落入困境,其严重程度和持续时间可以跟奥古斯都解决的困境相比。无论是与马其顿腓力王为希腊世界赢得的 14 年和平相比,还是与公元前 218 至前 189 年世界战争爆发前夕转瞬即逝的风景相比,这 260 多年时间都是一段长期的恩赐。

崭新的政治和睦并未体现为建立一个可以涵盖从恒河到大西洋整个希腊文明时代范围的单独的世界国家。当时,这个辽阔的地域仅仅组建了三个大帝国:环地中海海岸的罗马帝国;伊拉克和伊朗的帕提亚帝国;晚于罗马帝国 80 年、建立在横跨阿姆河和印度北部兴都库什山脉的贵霜帝国。这三个帝国的最初统治者都不是希腊人,但三个帝国
都不同程度地融入了希腊文化。罗马人是彻底转向了希腊的生活方 183
式,帕提亚人慷慨地赞助这种生活方式,贵霜人则被接纳为希腊人。贵霜人原本是吐火罗族游牧部落中的一支,来自大草原,在公元前 2 世纪对希腊化的巴克特里亚王国展开进攻。在公元前最后一个世纪,贵霜人与一位希腊君主赫曼乌斯(Hermaeus)建立了协议,后者当时仍然在帕罗潘尼区域兴都库什山脉的堡垒中抵抗。这一协议为贵霜人开辟了

通过山区进入印度的路径，并且在那里重新将大多数领土置于其统治下，而巴克特里亚的德米特里乌斯在 200 年前已经将这片区域引入希腊世界。

三个“爱慕希腊”的帝国之间的相互关系，立足于其对于“共存”前景的共同接受。

罗马帝国与贵霜帝国之间达成友好协议比较容易，因为它们被横跨大陆的帕提亚帝国阻隔，因此没有任何领土争议。与此同时，亚历山大里亚与贵霜帝国在印度河三角洲口的港口之间有一条穿越尼罗河—苏伊士运河的水上交通线，被波斯皇帝大流士一世切断。在公元前最后一个世纪和基督教纪元首个世纪的前半叶，亚历山大里亚的水手们逐渐找到了直接横渡印度洋的办法。他们利用季风，从红海口航行至印度河三角洲甚至锡兰。在印度南部东海岸离本地治里只有几英里的阿里卡曼陀，现代考古学家们重新发现了一个希腊化的商业中心。另外，在贵霜帝国的边境，通过与罗马的商业往来带来的希腊文化的影响力，已经由一个希腊化学派的艺术作品证实。这些艺术品在位于贵霜
184 帝国的中心地带犍陀罗被发现，它也是白沙瓦与拉瓦尔品第（Rawal Pindi）之间的一个国家。

在奥古斯都的统治下，罗马与帕提亚帝国之间的关系依然恶劣，因为它们都有遭遇颠覆的仇恨回忆。但在公元前 20 年，奥古斯都提出的一种和解协议，既保全了罗马的颜面，又消除了帕提亚的焦虑。两个帝国之前力量的角逐确实表明，罗马的力量不足以把帕提亚人驱逐出巴比伦；帕提亚的力量也不足以把罗马人驱逐出叙利亚。我们可以在公元前 20 年的和解协议中察觉出上述结论，并且在公元 113 至 117 年加以确认，当时，罗马皇帝图拉真（Trajan）重复了克拉苏的错误判断，试图击败帕提亚帝国的军事力量，并为罗马赢得塞琉古王朝失去已久的领地。图拉真躲过了灭亡，但却被身后的叛乱击败，而罗马帝国也无法承担那种富有野心的军事冒险。幼发拉底河东部尚未被完全征服的领土迅速被图拉真的继承者哈德良放弃。从公元 117 至 224 年，当帕提

亚帝国被复兴的波斯帝国取代，即使美索不达米亚平原上不断摇摆的边界最终符合了罗马向东扩展的意愿，无论是帕提亚帝国还是罗马帝国，都没有再梦想过颠覆自己的邻国。

尽管偶尔有脱离和平状态的时候，但自从公元前 31 年以来的 250 多年间，只有很短暂的一段时期内，说希腊语的亚历山大里亚商业航行家无法从一个方向安全抵达阿里卡曼陀或塔希拉，或者从另一方向安全抵达加的斯或特里尔，并以其商业化的希腊语四处经商（从公元前 2 世纪至公元 3 世纪，罗马街头说希腊语的人几乎和说拉丁语的人相当）。亚历山大里亚，如爱丁堡一样，无法接受其不再是一个主权国家 185
的首府，但值得安慰的是，它一直还是整个希腊世界商业、工业和科学的首府。

其间，罗马最终开始对这个遭受创伤的世界担负起责任——因为其之前 188 年的松散政策，它要以此证明自己的政治权威。当奥古斯都（屋大维）在亚克兴对安东尼和克丽奥帕特拉取得决定性胜利，又开始着手重建使命的时候，他已经不必从头开始。两位最重要的“政治领袖”前辈庞培（Pompey）和奥古斯都本人的叔伯、养父恺撒，一直都是伟大的组织者和军事家。公元前 67 至前 62 年，庞培在罗马国民大会的授权下——它几乎赋予庞培无限的权力——清除了海上的海盗，把米斯拉达特驱逐出其继承的领土，从叛乱的犹太人和侵略的阿拉伯人钳口下解救了在叙利亚殖民的希腊化城邦，把塞琉古王朝余下的领土并入罗马行省。当奥古斯都的助理、行政官马库斯·维普萨尼乌斯·阿格里帕（Marcus Vipsanius Agrippa）在公元前 23 至前 21 年和公元前 17 至前 13 年解决了黎凡特区域的问题后，就开始继续推进由庞培奠基的事业。公元前 58 至前 50 年，恺撒也在阿尔卑斯山外高卢地区奠定了类似的基础。奥古斯都的天赋无法与其养父比肩，但他胜过庞培和恺撒的地方在于他有这样一些优势：时代正需要一位社会的救世主。庞培一直缺乏政治远见。而恺撒对待失败的敌人时，总是糅合着慷慨与急切——他急切地渴望能够施予对方某种值得尊重却不合时宜的政

治制度,正是这种危险的糅合的美德让他丢掉了性命。奥古斯都明白
186 如何“缓慢加速”和“保存颜面”,因此,他得以寿终正寝,并留下一个延续了221年(自他在公元14年去世后)的新秩序。

这个新秩序基于四种重要的机制:一位神圣化的救世主;一个神圣化的世界国家——一些地方性的城邦国家组成了这个政治体;一支职业军队;一批职业的行政官。这些机制当中没有一项是全新的,它们在后亚历山大时代就已经创建,作为权宜之计弥补独立城邦在以前的希腊精神主要机制崩塌后的空缺。但在亚历山大后人的时代和随后的痛苦时代,所有这些后续的机制都未能发挥预想的作用。奥古斯都能使其产生效果,部分缘由在于他谨慎地掩饰了它们。

救世主奥古斯都是一位有所改变的罗马“政治领袖”,他亲自完成了自己的转变。在谋得上位的争斗中,他不得已跟自己的竞争者和前辈一样犯下了相同的罪行。奥古斯都冷酷地“清除”政敌(“清除”著名的发言人和不朽的文豪西塞罗的恶行是由安东尼开始的,但也得到了屋大维的同意)。奥古斯都没收了那些合法所有者的土地,并分配下去贿赂士兵。为了满足个人的野心,他蹂躏了这个世界。当奥古斯都清除了最后一个同他争夺最高权力的竞争者时,这位胜利者在亚克兴有意改变了自己的行事方式——无论他是否为之前的错误行为感到忏悔;而且,在这个时候,他具备了“奥古斯都”(希腊语中的“君王”)的气派,并被称颂为“国父”。他也配得上这些荣耀的头衔。奥古斯都的确把自己通过不义手段夺得的财富奉献给了公共福利。那些取自私人财富的大量收入,由恺撒积累,并由奥古斯都继续扩充,通过无情征用受害者的财富,为新的世界国家的政府财政提供了额外收入。

187 奥古斯都深谙讨好所有人的政治权术。从奥特郎托海峡以东来看,奥古斯都展现的形象是一位强有力的神圣显灵的救世主——自从亚历山大大帝的自我神化以来,希腊世界已经熟悉了这种形象。但从罗马一边来看,奥古斯都在那些曾经享有主权的罗马人民和新近掌权的罗马贵族面前戴上了面具。因此,奥古斯都作为罗马共和国混合制

度权力下的主要执行官，事实上永久享有了绝对和不可挑战的权威。这些混合的权力就如同棋盘上皇后的“混合移动”（combination of moves）一样势不可挡。庞培在公元前 67 至前 66 年就预见到，这种混合制度的设计中隐藏着凌驾于制度之上的独裁者。奥古斯都因为手里有了制度牌，因此可以故作谦逊、心满意足地称自己为“元老院的首席公民”。

毫无疑问，这种隐藏被他所面对的阶层看穿了，但却被视为某种优雅的表现：帝国的第二位缔造者。与其目空一切的养父不同，他本希望不辞辛苦地展现出一种更为明显的掩饰。元老院的贵族们怒不可遏，他们当中的一些人在奥古斯都去世后，用了七八十年时间去培育一种不切实际的共和主义。然而，假象维持了下去，因为奥古斯都巧妙地把那些无需驻守的行省交还给元老院管理，并且雇用那些议员成为自己控制下的行省的长官，尽管始终没包括他绕过元老院管理的埃及（元老院议员甚至不被允许进入专制政府的兵工厂）。对于罗马的中间阶层和所有政治成分（拉丁人、盟国国民和本国臣民）中余下的希腊中间阶层，奥古斯都为他们缔造了安全的世界。他们也明白这一点，其他也别无所求。奥古斯都的专制的确为这些人带来了长达 265 年的安定： 188
从亚克兴战争的时间开始，直到无教养的下层人士发动暴乱的公元 235 年。对于大批下层劳动者而言，他们在过去的 100 年间一直充满愤怒，而奥古斯都减轻他们痛苦的程度仅止于维持他们的怒火不至于爆发。但仅仅是建立世界范围的和平和秩序便给种植园奴隶制带来了致命的厄运，因为它断绝了奴隶制的来源。庞培通过镇压海盗已经阻断了奴隶制最充足的源头，并且为了扭转余下的海盗重操旧业的欲望，给了他们耕作的土地和居住的城市。不顺从的埃及农民在罗马明智的仁慈与严厉的调和下，也走向臣服。当埃及农民受罗马统治后，他们曾无法承受的托勒密政权下的负担被明显减轻了。另外，他们同时还面临着一支罗马守卫部队的全方位监管，与之前的托勒密政权不同，这支部队不容小觑。当罗马的军事力量重新在埃及苏醒时，埃及农民已经几乎500年没发生过骚乱。罗马城中也有一批身为罗马公民(大多数是自由民或有自由民的血统)的失业无产者,他们依然是这套新建秩序的潜在危险,这是因为他们所遭遇的不幸、数量以及在世界军力地位上的战略立场。奥古斯都沿袭了盖约对埃及农民的救济,使之保持稳定。为了更保险,奥古斯都还为他们的基本"生计"增加了油和酒的配额。

马略(Marian)后继无望的兵源,必定会打击奥古斯都的职业军队。在罗马发动内战的军队一直是那些全副武装、组织有序的土地配额申请者。在公元前31年内战第二个回合的尾声,奥古斯都手上膨胀
189 出一支力量,部分源于其本人,另外则是他清除政敌庞培和安东尼之后获得的。这些难以驯服的军人是一种公共危机。正如庞培击败和遣散了海盗一样,奥古斯都处理这些军人的方式就是为他们提供一种有尊严的生活。他们当中的一部分成功地在这片土地上重新定居下来,其他人则被征召为职业常备军终身聘用,这为他们的晚年带来了保障。职业化的军事力量并不属于希腊世界的新制度。自公元前7世纪后,城邦的专制者和西塞利奥特僭主就经常会雇佣一批职业守卫以维持其镇压公民的力量,但通常组成这支军队的不是公民而是异乡人。他们驻扎在城邦的要塞,为了那些无法无天的雇主的利益而镇压城邦。奥古斯都也养了一队守卫,由日耳曼的雇佣兵构成,驻扎在罗马帕拉丁的营地内。奥古斯都职业军的新特征在于,大多数都是由罗马公民组成,并且大多数都永久驻守在边疆。当然,如若有需要,其职业军在任何时候都可以被召回内地,去应对臣民的叛乱,或者去应对罗马公民群体的共和运动和某个试图废黜奥古斯都以僭取其位的人。然而"眼不见为净",公众并不喜欢见到这支不受欢迎的军队。当时这支军队的正式职责不是全面震慑公众,而是在边疆抵御帕提亚人和蛮族,保护公众。他们驻守边疆有双重好处:一是把他们安置在最需要的地方;二是让他们远离国内民众的视线,不那么惹民众厌烦。

这支改良的军队的首要任务,就是把前奥古斯都时代罗马不规整
190 而且凌乱分散的领地边境推进到"天然"的边界。此刻已经在西班牙

结束的军事行动几乎征用了意大利的人力200年,因为他们征服了从半岛西北角到海岸线的高原居民(那些居住在安纳托利亚中南部抵抗任何征服的高原居民,被服役期满的罗马老兵建立的殖民地封锁圈包围)。幼发拉底河的西岸——河流在那里拐向地中海——被罗马和帕提亚接受为边界。时至当时,阿尔卑斯山外的高卢地区、阿尔卑斯山南侧的高卢地区(波河流域)以及马其顿(自公元前146年以来的一个罗马行省)之间隔绝的疆界已经相互衔接了起来,沿着一条新的河道从北海延伸到黑海。奥古斯都理想中的边界是从多瑙河到易北河,但由于日耳曼蛮族在森林中的成功抵抗,迫使奥古斯都接受了从多瑙河到莱茵河的边界。然而,不幸的是,对于奥古斯都的继承者们而言,这已经是欧洲所能找到的最长的"天然"边界。

奥古斯都的职业行政官制度甚至比他的职业军队更堪称伟大创举,因为军队构成的来源更不被看好——即便是可能的。低级别行政官由自由民组成,他们曾被训练来管理恺撒的私人家务和庄园。而高级别的行政官员则来自于在痛苦时代掠夺了希腊世界罗马贵族和商人的后裔;如今,他们的子孙们被征入仁义的事业,以平复其父辈带来的创伤。这些人在诸如包税和放贷等不义行为中获得的商业经验,现在用到了公共管理上。在腐败行为中滥用权力的传统也被瓦解,一部分原因在于诱惑的减少,另一部分原因在于那些以身试法的人遭到了惩罚,以儆效尤。这些新的职业行政官有大笔稳定的收入,倘若他们行为不当,就必须向恺撒述职。狼变成了牧羊犬。柏拉图的乌托邦式城邦 191
虚构的"卫戍者"在现实生活中的形象,就是芝诺的乌托邦式世界国家规模的帝国管理者。招募行政官的范围最终扩大到了罗马军队所到之处。这套普世的行政制度在公元235年瓦解,而此前150年,它是由说希腊语的学者官员比如阿里安(Arrian of Nicomedia)和卡西乌斯(Dio Cassius of Nicaea)维护的。

罗马帝国政府的长期法令只发挥了最低限度的作用。它的功能在于完成那些必要的任务,而这些任务无法在整个城邦范围内由无薪的非职业民选行政官完成——他们无法连续任职 12 个月以上。罗马帝国作为罗马共和国的延续,保留了共和国的制度结构。罗马帝国本质上依然是一些自治的(虽然没有主权)城邦通过各种永久的关系同拥有无上主权的罗马城邦结成的联合体。一些组成罗马政治体的城邦单位是罗马的自治区域,其公民也是罗马的公民。其他的城邦就是罗马的盟国,因为它们有拉丁殖民地的地位或者因为条约依附于罗马。还有一些城邦是罗马的"自由"或附庸的臣服国。然而,所有这些城邦都希望只管自己的地方事务,最低限度地监督和干涉帝国的权威。奥古斯都及其握有最高统治权的继承者们,要逐渐把帝国转变为这样一个政治体:这个帝国的每一个部分都是自治的城邦,并且每一个城邦都是罗马的自治区。因而,每一位帝国内的自由男性居民都是两个城邦的公民:自己的城邦和罗马。这个目的在公元 212 年的安托尼努斯赦令
192 下,至少以法律的形式实现了。罗马花费了大约两个半世纪去完成这项赋予政治公民权的事业并不足为奇,因为我们要知道,这项事业的前提在于倡导一种本质上属于希腊文明的市民生活方式。拉丁城邦不得不争取资格把自己拔高到罗马自治区的地位;盟国和臣服国把自己拔高到拉丁城邦的地位;村镇和部落区域的居民则拔高到最低等级的城邦公民的地位。帝国边远地区的那些纯粹蛮族不得不攀登至少三级阶梯,才能在文化和政治上与罗马公民平起平坐——罗马公民的祖先用武力把蛮族的祖先带入了这个世界国家。

基于让城邦肩负起最大责任的原则,在任何可能的地方,帝国政府都让城邦充当那些曾经是蛮族的帝国臣民的督导。这个政策是庞培征服了庞蒂克并驱逐了国王米斯拉达特之后制定的。庞培意识到,如若阻止了米斯拉达特在祖传的领地上东山再起,就能获得一些有利因素,占有王族权威的传统位置。庞培在当地的城邦中找到了这样的因素,尽管为数稀少,他也为每个城邦分配了大量的领土去管理和教化。这种把落后的部落"分配"给最近的城邦监管的制度设计,成为罗马帝国的普遍惯例。比如,奥古斯都执政期结束前,在那尔玻年西(Gallia

Narbonensis）的城邦内马斯乌斯（Nemausus）依附着24个部落；另外，在皇帝克劳迪乌斯（Claudius）执政期内（公元41—45年在任），内高卢地区（Gallia Cisalpina）北部边界的城邦特伦托（Tridentum）依附着三个部落。

在开化的城邦世界的边界之外，也是欧洲最蒙昧的区域，那里追求着“天然”的边界。罗马突然间将大量的外围蛮族引入了世界城邦的范 193
围内，帝国的权威随后在那里的军队中建立了当地的教育机构，那就是这些边远地区唯一的文明代表。一些辅助性的机构也建立起来，曾经是蛮族的帝国臣民也可以自由应征，并且在他们充当优秀的军事人力资源的同时也找到进入罗马兵团的道路——尽管兵团只会正式征召罗马公民。在帝国多瑙河边界建立的200年间，伊利亚的行省沿着河岸右侧从维也纳山林（Wiener Wald）到黑海，成了帝国军队主要的征兵基地。伊利亚地区就沿着这条军事化道路进入了文明。在公元235至285年的危机中，当敌人再一次压境时，伊利亚的罗马士兵挽救了罗马的公共福祉，正如公元前218至前203年的危机中罗马士兵所做的一样。他们有一种坚毅的自我牺牲精神，如同英雄一般保持着对共和国的希望。

在不断推进的赋予公民权的政策中，奥古斯都及其两位伟大的后继者庞培和恺撒，在汉尼拔战争沮丧而令人怨恨的经历使以前的统治阶层不再信奉自己的优势之前——这对于世界、罗马和贵族制的罗马政体都有灾难性的后果——复苏了黄金时期的罗马元老院贵族制传统。由奥古斯都创立和他的后继者完善的新制度，使得最高权力能够在地中海流域及其内陆地区继续从事亚历山大大帝的希腊化使命，并且得以在以前波斯帝国的领土上大规模实现——他们系统、持续而有效地利用了亚历山大及其后继者们的手段。

第一步是治愈罗马自己在颠覆对手的过程中（痛苦的时代）为希腊世界带来的创伤。恺撒在他战胜庞培的内战之后、被暗杀前，抓住时 194
间在重建了卡普阿之后又重建了迦太基和科林斯。这三个古朴而著名的城邦占据着希腊世界的关键地理位置，修复它们本该具有一种象征意义。但恺撒重建的这些衰败的城邦,不过是一幅更大的衰败景象中最抢眼的伤痕而已。自从公元前 2 世纪以来,人口的锐减已经侵袭了希腊的欧洲大陆地区,最北包括了马其顿,并且侵袭了意大利南部,直到罗马附近 100 英里范围以内。沃尔图耳努斯河南部地区和"山脉"区域在汉尼拔战争中人口锐减之后,毗邻的萨谟奈高原区域的人口也在公元前 90 至前 80 年的内战中锐减。公元前 4 世纪,萨谟奈人已经是与罗马争夺意大利统治权的竞争者,他们从未遗忘或宽恕过罗马人带给自己的挫败。公元前 82 年,萨谟奈人在罗马外的科林隘口(Colline)——在这片汉尼拔公元前 211 年踏过的土地上——以一场激烈的战争差点实现了姗姗来迟的复仇。敌对的罗马独裁者苏拉(Sulla)以摧毁萨谟奈的方式实施反击,他的行动如同汉尼拔一样,因为太过于彻底而无法回头。无论是后汉尼拔时代罗马对波河南部流域的殖民化,还是恺撒允诺给北岸已然罗马化的人群罗马的公民权——这些人曾在公元前 89 年受骗,只被吝啬地允诺了拉丁人的地位——都无法完全抵消意大利阿佩尼斯区域一半的面积遭受破坏的影响。在元首制统治下,一个崭新的意大利在贝提卡产生,而另一个崭新的意大利出现在那尔玻年西,它取代了位于阿佩尼斯区域一侧的老意大利。另外,一个崭新的希腊出现在安纳托利亚。由于罗马给那里带来了和平,因此,以弗所以及其
195 他沿西海岸的古代希腊化文明中心产生的经济和文化影响,向东辐射到那些马其顿军队从未征服过的区域。

在元首制下,罗马从容地完成了马其顿人未竟的希腊文明大厦。色雷斯,一个墨守成规的蛮族区域,紧靠着希腊世界的中央,并且控制着黑海海峡的欧洲海岸,也在短时期内由马其顿的腓力带入了文明的范围。但当马其顿人的精力被亚历山大转向波斯帝国的征服时,色雷斯再一次脱离了文明。自公元 46 年以降,罗马帝国的权威便着手对这个关键地区进行希腊化。在色雷斯,希腊语而非拉丁语被引介作为官方语言。而有一个城邦在为它选定的位置上建立了起来——在海布罗斯河(Hebrus)与其主要的支流汇集而自然形成的地方。这个城邦一

直沿用着其缔造者皇帝哈德良的名字。哈德良(公元117—138年在位)耗费了不少时间周游巡视自己的帝国,他不断完善前人的事业,或者使其得以完成。哈德良在雅典完成了奥林匹斯神宙斯的宏伟神庙的修建。它的修建肇始于雅典的僭主庇西斯特拉图斯,其宏大的规模甚至耗尽了一个格外庞大的城邦的资源;而当塞琉古王朝国王安条克四世雇用了一位罗马建筑家柯苏蒂乌斯(Cossutius)继续庇西斯特拉图斯的工作时,安条克四世为柯苏蒂乌斯提供了大量的资助。正如恺撒修复了卡普阿、迦太基和科林斯,哈德良完成雅典奥林匹斯神庙的修建是一种具有象征性的行为。

因而,罗马元首制仁慈而积极的政策及时恢复和完成了这两项令人仰慕的事业。但这些成就并没有为他们带来希腊世界亟须的复兴。一个破败的社会缓慢地由一个世界国家统一起来,但它具有普世性的行政管理体制是专横而官僚的,它的生活沉闷乏味。崇拜罗马女神和 196
恺撒神的人为仪式,无法满足人们内心在崇拜偶像化的城邦衰落之后留下的真空——当时人们崇拜雅典城邦的守护者雅典娜和斯巴达"铜墙铁壁之家的女神"雅典娜以及其他神祇。帝国的公共机构需要一些高效而勤勉的士兵、官员和法学家(古罗马的法学家大多数在叙利亚出生,在元首制下的最后一代人中出人头地),但却不再为严肃的政治家和公共演说家提供舞台。此时的演说家们仅止于谈论一些学究气的古物话题。

元首制下生活的沉闷,还反映在当时"古语"的流行上。人们在自己的当下生活中找不到任何有创造性的灵感,因而就在对往昔的刻意模仿里寻求新意。这种风尚以不同的媒介表现出来。从罗马到塌柏(Tibur)的道路两旁,映入眼帘的遗迹都是对哈德良官邸中古时期和前古典时期希腊艺术作品的精致复制品。而文学遗产则表现出对公元前4世纪才华横溢的阿提卡希腊风格和公元前2世纪粗鄙的拉丁风格的学究式模仿。在宗教领域,同样的风尚表现在积极建立那些已经废除的宗教仪式,如罗马令人厌倦的瓦尔乌祭司团的仪式和斯巴达阿尔忒弥斯神的野蛮仪式。奥古斯都以花言巧语骗取了一帮精明而多疑的罗马中间阶层同他合作,在醒目的奥林匹斯神的外表下复兴了对罗马民族神的崇拜。19 世纪法国中间阶层重新信奉罗马天主教,正是在精神上对上述历史的公开回应。道德的重塑尽管令人厌恶,但它却有效地保障了私人财产的神圣性。

197 对往昔的怀念或许有利于希腊社会传统的政治制度——城邦。尽管城邦不再令人反感,但最终还是无法证明维护城邦的传统魅力是合理的。在罗马作为世界国家的早期,基督教的犹太布道者保罗,除了因为自己是一位罗马公民之外,也一直因为自己是一位塔尔苏斯的公民而自豪。然而,既然城邦已经(毫无疑问地)沦落为自治的市镇,不再是有权同邻国开战——如果城邦选择开战——并被偶像化的具有主权的独立军事力量,那么,解除其军力的代价就是同时消解其魅力。这些城邦能为其公民提供的机会及其激励已经减少,它们选举的执政官在处理公共事务时仅仅流于形式,轻浮荒唐,不再像过去那样把公共事务视为生死大事。城镇官僚制曾作为城邦民众远大雄心的目标,如今人们对此不仅在心理上觉得得不偿失,同时也在经济上深感捉襟见肘。雅典民主制曾经采用了一种习俗,让富人出资获得行使公共事务的权利,而上演一出戏剧让获选行政官承担的花费同装备一支战舰相差无几。市镇行政官开始草率履行自己的义务。更糟的是,那些最有资格的公民也不再从政,最后他们像逃避令人厌烦的税收一样逃避行政。公民的效率犹如其自尊一般以同样的速度在萎缩,而城邦自治制度——元首制的缔造者们在它的基础上为地方管理奠定的条件——的衰败束缚了帝国政府的双手。帝国的行政部门原本是发挥监督作用,却被迫无可奈何地担负起地方政府的管理任务,因为市镇当局已经越来越腐败无能。这使得帝国的行政部门摇摇欲坠、成本高昂。而对于公众而言,它则让生活变得前所未有的沉闷。

198 随着市镇的公共精神和行政活力的萎缩,市镇把文明扩散至周边乡村的效率越来越低。为了回报这种教化的服务,市镇要求农民对城邦的维护做出贡献：农民需要为自己的财富上税，并且向占有土地的公民交纳地租。但此时的城邦为农民提供的文化教益越来越少，而农民还在为此付出经济代价——城邦一直从农民那里获取经济收益。城邦不再激励农民，却成了他们背后的负担，尤其是在文化和经济上落后的西部和多瑙河行省，那里的城邦带有某些异域特征，而且供养自己的负担历来也格外沉重。因此在罗马帝国，如同波斯帝国的马其顿人后继国家一样，柏拉图和亚里士多德基于（寄生而压抑的）斯巴达模式的理想城邦蓝图已经不幸变为现实。

奥古斯都的政策是把罗马军队驻扎在边疆，依靠军队教化那些边境外来自蛮族的人口。由于远在郊野，军人不再会因为他们烦冗的阵势引起文明世界的厌恶；但也正是因为这个原因，军人成了城邦生活方式背后遥远的陌生人，他们反而对自己控制的边境两边的蛮族生活方式越发适应。另外，军队征募士兵的区域性也越来越强，随之产生的趋势是，每一个军团都扎根在自己驻守的边境防御区内。这意味着，每个不同区域的军团之间彼此互不相识。

这是一种新的公共危机，因为每当最高权力被架空时，世界就会陷入内战。对皇位的继承缺乏任何普遍认可、自动适用的法律是一种无法弥补的缺陷，而这种缺陷也是日后导致革命的源头之一。宪政的综 199
合权力作为元首权威的法律来源，代表着罗马人民，由罗马元老院授权给元首，但没有一个制度化的机构去选举受权者。此外，如果有一位官员被边疆军团拥戴为“最高领袖”，军队就会要求元老院对其选择作出追溯性的认可，只要他能够在罗马战胜其他那些明确要争夺权位的军队。驻扎在多瑙河一隅的潘诺尼亚的军队行军路线最短，正是这支军队为公元 69 年的韦帕芗（Vespasian）和公元 193 年的塞维鲁斯（Septimius Severus）夺取了帝国的王位。公元 69 年和公元 193 至 197 年，边疆的军队为了支持相互敌对的王位觊觎者爆发了内战，这是公元前 88 至前 31 年无产者的军队为支持“政治领袖”而爆发内战的重演。这些军队也是使希腊世界在公元 235 年沦入长达 50 年无序状态的肇始者。

维吉尔让一位阿尔卑斯以北的农民——屋大维把这位农民的田地给了一位士兵——讲出了“残暴”和“蛮族”等词,这些词其实用来描绘在韦帕芗、塞维鲁和马克西米努斯(Maximinus Thrax)的支持下袭击意大利的士兵更为恰当。因为,对于那些边疆蛮族的后裔而言,文明的内地事实上才是异乡;而对于那些惊恐的内地居民而言,边疆军队的来临事实上是蛮族入侵。

沿着边疆驻扎的罗马士兵与边界另一边的蛮族“对手”之间的原始差异正在逐渐消失。此外,当军团士兵开始向蛮族同化时,蛮族也通过不断向他们学习兵法向后者靠拢。而一旦学会,蛮族就比其不甘愿
200 的导师更能简洁而熟练地运用兵法,因为边疆的交战区就是蛮族的故土。与其对手不同的是,蛮族没有任何繁冗的组织和机构的负担。通过引入文明的技术手段,或许可以重新恢复有利于文明的均势。亚历山大里亚的希罗的玩具式涡轮制动发动机被用到了运输牵引上,这能解决罗马军队的后勤问题。以机械弥补人力的意见,出现在了一篇有关军事问题的拉丁语论文中。这篇论文是由公元4世纪的一位佚名作者完成的。但是,对科学发现的实际应用从未吸引过希腊人的想象力。随着时间的流逝,帝国边疆驻守军的压力渐增,这种压力从边疆传递到了内地,其形式是:纳税人的负担更重,而军事保护的效率更低。

由于东部边界外的伊朗发生了一场出乎意料的革命,罗马边疆的防御负担更加沉重。公元224年,松散而衰败的帕提亚帝制突然被颠覆,并且被其一片封地(的波斯君主)取代,这个国家产生了第一个波斯帝国。第二个波斯帝国由萨珊世家的阿尔塔薛西斯(Artaxerxes)建立,它同第一个波斯帝国一样富有活力。在一场有居鲁士大帝风范的闪电战中,这位新的波斯帝国缔造者占领和吞并了贵霜帝国。阿尔塔薛西斯因此提升了其帝国的实力。对罗马不利的是,阿尔塔薛西斯的帝国打破了罗马调校好的几乎已维持了250年的力量平衡。再者,与第一个波斯帝国不同,第二个波斯帝国赋予祆教(Zoroastrian religion)正式的地位,并且将第一波斯帝国的宽容演变为狂热。希腊精神在帕

提亚和贵霜帝国的支持下，在从幼发拉底河延伸到亚穆纳河的大片区域继续延续，但在波斯人对待祆教的新体制下迅速萎缩。而罗马东部 201
出现的不安分而挑衅的力量，为罗马增加了沉重的军事负担。

日益沉重的压力向多方扩散。农民有支撑附属城邦的压力；行政部门除了自己的城邦外，还有接管那些衰败城邦政府工作的压力；纳税人有支撑日益庞大的行政部门和军队的压力。我们可以在带有斯多亚思想的奥勒留皇帝私人日记的忧郁笔调中感受到这种多重的压力。积蓄的重压在奥勒留（公元 180 年）去世之后的 55 年里以大面积瓦解的方式爆发。乡村的农民和边疆的士兵对其城邦内的中间阶层监工和雇主发动暴乱，蛮族和波斯人长驱直入。公元 251 年，罗马的一位皇帝德西乌斯（Decius）在色雷斯同哥特人的战争中被杀；公元 260 年，另一位皇帝瓦伦利安（Valerian）在叙利亚被波斯军队俘虏（波斯皇帝沙普尔［Shahpur］，还把这支战功彪炳的军队记录在两幅令人难忘的浮雕上）。货币贬得一文不值。世界国家也瓦解了。自从罗马在迦南被汉尼拔击败以来，从未落入如此困境。但罗马就是在这样绝望的逆境下，颠覆了所有的理性预判，由一系列伊利亚的军人皇帝扭转了命运，他们分别是奥勒良（Aurelian）、普罗布斯（Probus）、卡鲁斯（Carus）和戴克里先（Diocletian）。统一重新回归。除了两个没有再被占领的暴露在外的战区之外，古老的边界重新建立起来。由于纳税人额外的沉重负担，边疆戍卫的固定警戒线得到了增援，一支新组建的游动的军队提供了全面的防御。内部秩序开始恢复。

伊利亚人拯救了罗马帝国，而非希腊文明。那些有教养的城市中间阶层，在过去的 600 年来，一直是希腊精神的维系者和传播者，此时
也被摧毁，并且再没有复原。在奥古斯都的元首制下——它建立在混 202
乱的 50 年间——希腊的中间阶层已经是希腊世界国家不可或缺的合作者。有什么崭新的乐谱可以取代破损的双簧管片，治愈这个世界国家？在当时，人们理所当然地认为，世界国家的新合作者应该是某种世界范围的宗教组织。但问题是：哪一种宗教？

第十四章

东方宗教对希腊精神的吸纳及其在希腊世界的传播

痛苦时代的经历与文明时代随后的停滞和衰落，不可避免地在希 203
腊人的灵魂中产生了剧烈反响；而且，它们还为希腊人发起了一场精神的长征，最后以令人惊异的着陆结束了全程。

这场运动首先是在哲学领域展露。后亚历山大时代，希腊哲学已经分化为不同的学派，每个学派都着力于某些特定的对象。在此前的时代，柏拉图将整个宇宙作为自己的研究领域，他研究的立场不仅代表一位理性主义者，还代表一位诗人和预言家。甚至连亚里士多德的羽翼都没有伸展得如此宽阔，他在公元前 3 世纪雅典学园的弟子们（漫步者们[Promenade]）专精于自然科学和学术，而柏拉图的弟子们则在学园中专精于知识论。当下一代的芝诺和伊壁鸠鲁为雅典带来了两个新的哲学学园“斯多亚派”和“花园派”后，他们及其弟子便专精于生活的实践，并将那些科学、逻辑学和形而上学的研究约束在最低层次内，仅仅作为伦理学研究的背景。与此同时，托勒密政府在亚历山大里亚建立和资助了一个人文和科学的皇家机构（博物馆），使亚里士多德的雅典学园作为泛希腊的科学和语文研究中心相形见绌。

紧随痛苦时代之后，希腊世界发生了一场精神风气的转变，其倡导 204
者是斯多亚派哲人波赛东尼奥（Poseidonius of Apamea，公元前 135—前 51 年）。波赛东尼奥坚持对不同思想进行调和，而这些思想的差异正是以往时代的哲人们引以为趣的地方。波赛东尼奥明显要恢复对某位超验神祇的信仰和依靠。但与此相对的是芝诺和伊壁鸠鲁，他们的教导称，人的理想就是要通过努力把自己提升到神一样自足的境界。

调和的学说与超自然宗教的复兴——这些趋势由波赛东尼奥发轫——在300年后由普罗提诺(Plotinus of Alexandria,约公元203—262年)创立的新柏拉图主义学派达到顶峰。普罗提诺重视历史上所有的希腊哲学学派,并把它们织为一体。对于他而言,一个哲人的最高追求,并非思想的成果,而是沉思;沉思的顶点就是人的灵魂同神结合的神秘体验。

自公元前2世纪以降,那些不如普罗提诺和波赛东尼奥超脱的思想家便被伪科学的占星术吸引。即便是希腊社会中有教养的少数人也对之如痴如醉。这种朝向迷信的庸俗飞越,反映了希腊人对神秘对象孜孜以求的相同体验。在痛苦时代,希腊的思想家们都有意识地任由社会中(和自己身上)的毁灭力量摆布自己,因为他们不知道该如何控制它。这种力量瓦解了对人类的崇拜,也羞辱了自足的哲人以及救世主的理想。它随之产生了如此巨大的精神真空,让神秘主义和占星术予以填补。希腊思想中这两种崭新而意义重大的倾向,为东方宗教进入希腊世界提供了两条新的路径。

即使是希腊精神的兴盛期,奥林匹亚神庙的缺憾也为非希腊因素
205 的影响敞开了大门。这也使得希腊人经历了狄俄尼索斯崇拜以及俄耳甫斯和毕达哥拉斯派的运动。这种趋势已经在公元前431年雅典与伯罗奔尼撒人大战爆发后得到强化。公元前218至前189年的那场世界战争带来了另一个残酷的转折。另外,由于马其顿的亚历山大和巴克特里亚的德米特里乌斯的相继征服,大片非洲和亚洲领土进入了希腊世界的范围,东方宗教也拥有了前所未有的机会,使希腊产生变化。然而,东方宗教如果要获得任何成功,必须要满足三个条件:一定要以规劝的和平方式传播,而不是诉诸武力(至少直到其获得稳固的地位为止);一定要为希腊世界当时的精神诉求提供某些答案;此外,一定要以希腊的形象展示自己,将其埋入希腊人的内心和头脑。

痛苦时代的无产者们激进地反抗希腊的支配地位,有一部分反抗采用了宗教的形式。西西里叛乱的叙利亚奴隶选出的君主,通过展示

超自然的力量巩固了统治；犹太人反抗科伊勒-叙利亚的塞琉古王朝的原初动力，是他们以传统方式崇拜其民族神耶和华的热情（受到威胁），因为安条克四世的政策是强迫所有其领土内的地方宗教嵌入统一的希腊模式。但痛苦时代的结局表明，在希腊世界里，逐渐激进的东方宗教不会有未来。希腊中间阶层在奥古斯都元首制的联合和组织下，东方宗教已经无力与之抗衡。犹太的狂热分子无视希律大王的警
告，坚持同希腊的世界国家发生争执，并且拿起武器予以反抗——正如 206
他们拿起武器反抗衰落的塞琉古王朝军事力量一样无所畏惧，这在公元 66 至 70 年和公元 132 至 135 年给其带来了毁灭性的灾难。巴勒斯坦的犹太区域已经消失，除了两个仅存的地方拉比察该约安（Johanan ben Zakkai）的学校和基督教会；而这两个地方都已经宣布放弃以武力作为宗教政策的工具。

更意味深长的是，当袄教以激进的犹太教为楷模时，它也丧失了改变希腊世界的机会。但袄教没有灭亡。它的发源地在伊朗，与犹太地不同的是，伊朗在罗马军队的有效范围之外。另外，袄教也得到了一些支持：首先是晚期帕提亚国国王，然后是帕提亚王朝的取代者、第二个波斯帝国的萨珊缔造者。但对袄教而言，与犹太教一样，让其成为民族宗教的代价就是失去了产生更广泛吸引力的机会。袄教在波斯帝国的疆界内有稳固的地位，但没能传播开去；直到阿拉伯人在公元 7 世纪颠覆波斯帝国之后，难民才把袄教带到了中国和印度。在这样的传播下，袄教的历史与环地中海海岸的犹太教历史并无二致。东方宗教明显是一种令人惊讶的社会黏合剂，它可以让那些从自己原始故土中连根拔起的共同体维持团结；然而，它始终是一种民族宗教，因此无法吸引所有人。在东方传教的那一系列宗教，为了吸引希腊的思想改变信仰而相互竞争，它们确实融入了一种伊朗人的宗教密特拉教（Mithraism）和一种犹太人的宗教基督教，但这两种宗教都已经断绝了其民族联系。

每一种传播的宗教所提供的精神领悟和拯救，顺应了所有时代和地域人类灵魂的需要，尤其是顺应了痛苦时代之后处于短暂恢复期的

207 希腊世界的这些需要。奥古斯都和平时代赋予的馈赠是有弊端的。它既没有战争,也无革命。这些缓和没有为希腊人带来任何行动的力量和激励,正如我们所见,希腊人逃离痛苦之后只能落入枯燥生活的折磨。奥古斯都和平时代下的希腊人生活在一种精神的真空中,他们失去了过去崇拜的对象,除了古物之外,他们找不到任何替代品。希腊人在回到传统的精神幻想中存在着某种依恋,因为他们此时已经远离了对传统的恐惧。希腊精神的破产为宗教的传播提供了机遇。这些宗教还有更大的空间向希腊世界的无产者阐明自身,因为希腊精神即便是在其繁荣时期,也很少呵护无产者深重的伤痛,这是希腊人为了统治受害者造成的。基督教尤其吸引妇女,尽管希腊妇女的地位在后亚历山大时代已经有所改善,但她们还是无法获得如在基督教教会团体生活中一样的身份和影响力。在那里,妇女们虽然放弃了性本能的满足,却通过其对教会的服务赢得了人格的尊重。

当时,占据希腊世界印度区域的是一种演变的佛教哲学,信徒们称之为“大乘佛教”。它实际上是一种崭新的宗教。在痛苦的世纪里,即在旃陀罗笈多·孔雀于公元前4世纪末建立印度的世界国家之前,佛陀的弟子们实践了一种与斯多亚哲学和伊壁鸠鲁哲学相对应的印度哲
208 学,但印度人在寻求精神自足的共同目标时比希腊人更明智而虔诚。佛教圣人的修为在于,他们不仅要使自己解脱爱与怜悯,还要解脱所有的欲望,并且通过寂灭自我完全消除欲望,从而解决精神困境。但这种自私的忘我追求为这位精神的强者留下了道德的亏欠,佛陀的生命历程便是阻止这种自私的追求。因为,佛陀在自己觉悟后,克制了40年没有从现实进入涅槃,这种自我牺牲的动机正是出于他怜悯的欲望,向其受苦的同胞展示他已经找到的解脱之道。祖师的榜样产生了菩萨的理想:一位自我牺牲的救世主为了帮助同胞找到归途,刻意永世推延自己的解脱。这种“大乘”的精神解脱,可能首先是在印度南部得到尝试。克里希纳河岸寺院里的龙树(Nagarjuna),便是这种理想的创始者之一。然而,在公元2世纪末之前,大乘佛教活跃的主要区域向西北转

移,进入新建立的贵霜帝国。正是从贵霜帝国开始,大乘佛教传播到了印度之外。新建立的波斯帝国以祆教为自己的官方宗教,让大乘佛教远离了地中海流域的希腊世界中心。从贵霜帝国的领土到兴都库什山脉北部,大乘佛教向东演进,穿越塔里木流域,在东亚找到了自己的归宿。

在希腊世界的中心,首先成功向东传播的宗教是对安纳托利亚的伟大母神西布莉的崇拜和埃及女神伊希斯(受难的作物神奥西利斯的爱妻)的崇拜。这两种"原始形象"拥有普遍的吸引力。而另外两种宗教——对自我净化的伊朗神密特拉(Mithras)的崇拜和对叙利亚人多立克城内独断的暴风神的崇拜,对奥古斯都元首制下常备军中的职业军人有特殊的吸引力。当伊希斯和西布莉由海路俘获人心,从港口发 209
展到希腊世界国家内陆的城邦后,多利刻努斯(Jupiter Dolichenus)和密特拉就沿着幼发拉底河西岸陆地向西北传播,直到北大不列颠的遥远西北部。

基督教的吸引力中融合了每一种与之竞争的宗教的魅力。基督教的上帝正是犹太教和祆教那个全能的唯一真神(One True God);并且在令人敬畏的方面,神性看上去几乎是无法接近的。但对于基督徒而言,公正的犹太上帝也是慈爱的圣父,而圣子的神性通过耶稣这个人物与其信徒建立了联系。与菩萨一样,圣子是自我牺牲的救世主,他是任性的羊群的忠实牧羊人,但圣子所做的牺牲更引人瞩目。出于对自己造物的爱,圣子主动"清空了自己"的神力和福祉,成为一位凡人耶稣,并且遭受了罪犯一样的折磨而死。正如斯巴达优雅殉道的国王阿吉斯和罗马优雅殉道的贵族提比略一样,耶稣为了自己的子民付出了生命,即便出于自卫也没有诉诸过武力。但是,与前两位身在希腊统治阶层的高贵代表不同,耶稣是无产者的孩子——一位来自科伊勒-叙利亚的加利利地区农村木匠的儿子,他的子民是全人类。与阿吉斯、提比略、西西里的奴隶王特瑞丰和起义的格斗士斯巴达克斯(Spartacus)相同,耶稣也被杀害了,但他却像被杀的作物神奥西利斯(Osiris-Adonis-

Attis-Tammuz)①一样，以重生克服了死亡（被钉十字架的基督也许在希腊的"思想家"眼里显得愚蠢，但在那些依然尊重前希腊农业宗教的
210 希腊农民和妇女眼中却并非如此）。跟奥古斯都、亚历山大和每一位法老一样，耶稣是一位人母生育的神子，但耶稣的天父不只是万神庙中的一位成员，他是唯一的真神，而耶稣本人在神性的某一方面——这个方面的另一个名字是圣爱——也是唯一的真神。耶稣跟密特拉相像的是，他克制了自己低层次的本性，首先抑制住了充当无产者的政治领袖的诱惑，然后又抑制住了面对被钉十字架的磨难而退缩不前的更大诱惑。正如多立克的暴风神哈达（Hadad）那样，耶稣重新恢复了力量，穿行于云端。一直以来，耶稣也是永恒创造的理性（Logos）。而凭借理性，自从阿那克萨戈拉以来的一代希腊思想家已经认识并仰望着宇宙现象背后的终极实在。

高深莫测的上帝化身为耶稣，这为基督教带来了激励。它本该有效地确保基督教胜过其他竞争对手，但却没能奏效。而耶稣的人母玛利亚也准备着，等待时机替代伊希斯和西布莉，成为上帝的伟大母亲（Theotókos，意思是"神的孕育者"）。基督殉道者们的坟茔很快就会取代那些希腊英雄的坟茔。希腊英雄都是些传说中的人物，即便是历史人物，他们也都是前希腊混乱时代名声不佳的蛮族军事领袖。而殉道者们是当时一些真诚的男女，他们献出生命是为了证明自己的基督信仰。在各种死者崇拜的相互竞争下，谁不会选择献身成为殉道者？

以一种概括的观点而言，在融合了希腊多神教的神性视角与犹太一神教的视角之后，基督教对希腊思想者有一种无法抗拒的吸引力。
211 但基督教若像它的竞争者那样，没有以希腊的外表呈现自己，那它或许也很难在希腊世界取得发展。犹太教和祆教就没有参与竞争，所以它们不需要迎合希腊的品位。亚历山大里亚的斐洛的哲学著作以及幼发拉底河上"胜利者"塞琉古的杜拉欧罗普斯城内的犹太教堂装饰也表

① Osiris、Adonis、Attis 和 Tammuz 均为作物神奥西利斯的名字。——译注

明，后来传播的宗教沿着犹太教踏过的道路走得更远。

包括大乘佛教在内，所有传播的宗教都以希腊风格的视觉艺术表现自己。已知最早的耶稣画像是基督徒们依照传说中的希腊先知、诗人和音乐家俄耳甫斯形象绘制的。在这幅自然主义风格描绘的风景画中，耶稣以竖琴吸引着那些荒野的野兽。佛陀的人物表现方式似乎(虽然一直存有争议)源自希腊神阿波罗的传统表现方式——公元前2世纪阿波罗神已经紧随德米特里乌斯侵略军的步伐进入印度。300年后，我们看到，当大乘佛教在贵霜帝国畅通无阻后，它找到了一种视觉手段，这种视觉手段的艺术风格是以帝国的中心区域犍陀罗命名的。这种希腊—印度风格，或许来自尼罗河的亚历山大里亚从海上传播的艺术影响，给东亚的佛教艺术打上了烙印。因而大乘佛教的东传，至少是浸润着希腊精神的色泽，抵达了古老世界的东方尽头。

除大乘佛教选择了梵文之外，其他所有相互竞争的宗教传播继续使用希腊语和拉丁语，用于其礼拜仪式、经文、宣教、信条和神学诠释。从圣保罗以希腊语跟其希腊皈依者通信开始，毫无疑问，基督徒的信念迟早会以教义的方式得到确切阐发。因为自后亚历山大时代以来，标准的阿提卡希腊语作为希腊世界的通用语言，其词汇已经负载着沉重 212
的哲学术语；而身处后亚历山大时代思想争锋中的希腊哲人，也开始习惯以体系的形式构建自己的“学说”(dogmas)。第二世纪的基督教传教者们试图向希腊公共空间中有教养的少数人推广基督教，他们把基督教呈现为所有已知哲学体系的极致。倘若没有把基督教信念转译为希腊哲学的专业术语，那些少数人就不可能被基督教俘获，而犹太教或任何希腊人的本土宗教都从未经历过这个过程。

与崇拜西布莉、伊希斯、密特拉和多利刻努斯相对的是，基督教为自己非凡地建立了一个世界范围的管理组织，而不是让每一个区域的皈依者按照自己的方式行事。基督教会又一次把自己调整为寻求变化的社会机构。它的结构也是基于希腊式世界国家的模式。基督教的地方团体自主运行却没有绝对权力，它们是一个“普遍”(大公)教会团体的组成部分，正如自治市是罗马帝国政治体的组成部分一样。

然而，有一种希腊的制度是基督徒们不愿包容的，即对世界国家所集中的人力的崇拜——以罗马女神和恺撒神为象征。当基督教会逐步扭转希腊的思想时，它始终是在同所有希腊式人类崇拜中最新颖、最仁慈、（基于这个缘由）并且也是最令人敬佩的后续版本战斗。

第十五章

基督教战胜希腊世界国家的崇拜

公元 64 年，大约在耶稣逝世 40 年后，罗马帝国政府逐渐意识到，213
基督教不只是犹太教的一个新教派。帝国政府一旦形成这样的结论，就开始全面禁止基督教，并公开表示基督教罪大恶极。然而法律没有对此严格执行过，在很长时期内，禁止基督教的禁令逐渐被有意视为一纸空文。在此期间，基督徒本人也愿意同公共权威合作达成正式共识，而无损帝国政府的颜面。法律作为一纸空文存在了 249 年，直到公元 313 年被君士坦丁（Constantine）和李锡尼（Licinius）皇帝废除。这在罗马政府的宗教政策史上是某种特例。

事实上，罗马政府一直都很提防东方宗教，有时还采用严厉的手段抑制其在罗马境内的传播。比如公元前 186 年，罗马就以严酷的方式压制了狄俄尼索斯崇拜，自从在第二次布匿战争中体验到苦难之后，这种崇拜已经在那些城邦当中普及开来。罗马把反东方主义（anti-orientalism）推到了极致，因为时至当时，色雷斯人的狄俄尼索斯神已经融入希腊世界至少 500 年。在德尔菲的圣地，狄俄尼索斯神已经被允许与阿波罗神和大地神并列；而在雅典的狄俄尼索斯剧场，阿提卡戏剧受其庇护，一直兴旺发展。在公元前 204 年，基于德尔菲神谕的意见，当女 214
神西布莉被以米达斯（Pessinus）圣黑石的形式制作成镇邪物进入罗马，并确保罗马在第二次布匿战争中取得胜利时，稍合情理的做法是罗马政府应该采取措施让这位奇异的女神安置在罗马的新神庙内（及其安纳托利亚祭司）远离罗马公众。同样不足为奇的是，当叙利亚血统的祭司皇帝埃拉伽巴路斯（Elagabalus，公元 218—222 年在位）试图把自己的艾美萨神(Emesa)圣黑石强行放入罗马万神庙时,这种狂热的不审慎行为本该让他丢掉王位而丧命。但总体而言,罗马政府对宗教所持态度的记录还是宽容的;考虑到罗马自己的宗教观念,这也可以想象。宽容精神是希腊多神教光彩的一面,而在罗马接受希腊精神的过程中,奥林匹亚神庙(部分出自伊特拉斯坎人之手)便嫁接了拉丁人对无数非人格的精神实体的原始崇拜——它们代表了那些始终未知而永恒的自然力量。这个世界里的每一个地方共同体都崇拜着一系列的神祇,而这些地方神祇中的每一位都有不同的属性。那么在这样一个世界里,宽容该如何落实?

罗马政府富有希腊特征的宽容,显著地体现在它对待犹太教的政策上。尽管罗马政府残酷地处理那些狂热的犹太教徒,因为他们的宗教信仰要求重建一个激进的犹太国家,但它对拉比察该约安的学校抱有宽和的态度。为了回报犹太人放弃武力,罗马政府不仅同意犹太人(在罗马统治下)自由以他们自己的方式践行宗教,还进一步接受了犹太人的主张:罗马以传统的崇拜方式纪念罗马女神和恺撒神,是与犹太教相冲突的。犹太人这种发自内心的反抗已经由基督教会从犹太教那
215 里继承下去,并且得到了罗马政府格外大度地尊重,另外,放弃战争的基督徒甚至比拉比察该约安的犹太追随者还多。那为什么罗马政府不能像对待剩余的非武装犹太人一样,给予基督徒同样的回报?

在这样一种极端而(初看上去)独断的区别对待下,帝国政府做出的行动,是它从两种情形下的宽容政策中得出的不同政治后果的准确直觉。

犹太教一旦放弃了以武力重建犹太国家的诉求,就不再是奥古斯都所建秩序的威胁。犹太教不太关心让人皈依,它最关心的是保存犹太人在分散的共同体下独特的身份。此外,即使犹太教主动进入了希腊的布道区,其宝贵的信仰和实践也必定会导致自己的失败,因为犹太教毫不妥协的一神论让希腊人在情感上生厌。在希腊人眼中,除一位神之外,排斥其他所有神,这与无神论没有区别。当朱利安(Julian)皇

帝用“无神论者”的绰号诋毁基督徒时，他也意识到了这点。更难吸引人的是（即使有可能）遵守摩西律法（Mosaic Law）中那些非理性和繁冗的戒律的义务。但这是皈依犹太教义不容辞的责任，而且对于那些皈依犹太教的男性而言，他们的义务还包括割礼，这种要求实际上让人望而生畏。分散的犹太教徒必定需要坚守摩西律法，因为自从犹太国家被毁之后，律法就是犹太民族仅存的生命线。一种需要此时成了犹太民族的必要条件，由此可以确定，犹太教不会让这个世界皈依于它。 216
犹太人自己此刻也看清楚了这点，而罗马政府再采取什么预防措施便是多此一举。

另一方面，基督教已经与自己的犹太教母体脱离，向希腊精神妥协。从犹太教的角度来看这是可耻的，而从罗马帝国政府的角度来看这令人不安。与犹太教的主次顺序相对的是，基督教教会首先考虑的不只是保全自身，还要让其余人皈依自己。一旦基督教教会开始争取非犹太人的皈依者，它不仅免除了割礼仪式，还免除了遵守摩西律法的义务——除了流于形式的最低限度的禁忌。此外，基督教教会也通过违反十诫的头两条吸引希腊人。犹太人看到，基督教以富有希腊特征的方式违反了第一条戒律：它把一个人奉若神明，并且将其与耶和华平等联系起来，作为一个有神性的人格（主的遴选者——希腊语中的“基督”——的降临是犹太人期望的，但他不是神圣化的人，严格意义是上帝的代理人，比如波斯皇帝）。基督教教会也违反了第二条戒律，因为它以希腊式的视觉艺术作为宗教宣传的媒介。在犹太人眼里，这些向希腊精神全面妥协的宗教基本原则让人厌恶，但从罗马帝国政府的角度来看它令人担忧。

如果基督教向希腊精神妥协，以至于放弃了作为犹太一神教的阴暗面的排他性和偏狭，那基督教就不比其他与之竞争的东方宗教更让罗马帝国政府厌恶。然而，当基督教向希腊空间敞开足够宽广的双臂，引诱饥渴的希腊灵魂到教会的胸怀中寻求精神养料时，教会表现出了一种彻头彻尾的犹太教式固执：它拒斥任何一种不愿接纳的希腊生活

217 方式。因此,基督教对希腊人的吸引也伴随着它对希腊精神的伤害。当罗马帝国政府拒绝把它已经给予(非激进)犹太教的宽容顺延给基督教时,它已经准确地估计了自己的潜力。然而在禁止基督教的过程中,罗马政府却意想不到地为基督教教会提供了便利。

所有宗教传播的活力都在于复苏希腊生活中某些已经丧失的意义和魅力的力量。当基督教会接受希腊视觉艺术、希腊语和拉丁语、希腊哲学和罗马政治制度作为引起未来的希腊皈依者认同的手段时,它不仅成功为自己提供了有效的交流介质,还复兴了这些介质——将基督教崭新的生命注入了希腊的枯骨。在这乏味的时代,那些尚未受所传播宗教影响的希腊思想者们寻找着自己的论题,即便成功,思想家们也是在人为复兴的希腊传统中找到了它们。相比之下,基督徒对描绘、阐述和组织有更饱满的动力,寻找问题和使命与他们无关。基督徒一旦接受了希腊文化的介质,就会将其发挥到极致;并且,基督徒的创造并不限于艺术和思想的领域。一段时期内,希腊世界国家的城邦中地方自治开始衰落,而教会的自治却以希腊模式在当地的基督教共同体中发展起来。

因此,与元首制时代的希腊人相反,基督徒并不缺乏激励。当罗马帝国政府宣布基督教罪大恶极时,就给了基督徒最大的激励。造成希
218 腊世界国家生活普遍沉闷的一个原因在于,迟到的世界和平夺去了大多数人冒险的机会,(如果发生的话)也夺去了他们为了某种超越个人小利的原因付出生命的机会。在基督徒殉道前,世界国家中唯一乐于接受这种方式的居民是那些驻守边疆抵抗帕提亚人和蛮族的军人。一旦基督徒不得不铤而走险,内陆城邦人群中就会逐渐兴起某种要素,它能让基督徒从这种危险的生活中获益;正是在当时这些城邦里,公民们都接受了这种危险的生活,因为城邦要求公民们冒着生命危险为自己效劳。令人惊异的是,这些新的英雄们招募自中下阶层,他们被希腊的中上阶层和贵族鄙视;在他们的英雄主义与公民士兵先驱的英雄主义之间存在着某种差别,而这正是基督教殉道者的优势。以前的城邦要

求公民为了公共目的奉献生命,但这些目的时常毫无意义,有时不讲道德,并且始终不守成规。希腊世界国家内陆的基督徒,正如边疆的士兵一样,会觉得自己是在为一个更有价值的原因奉献生命。士兵为了宁静而有教养的社会免于苦难和域外蛮族的杀戮,献出自己的生命。基督徒的献身则是为了证明上帝之外别无他神,也是为了证明他们对唯一真神(包括在基督耶稣人格中的神性)的忠诚超过了他们对罗马和恺撒的忠诚。

有文献证明,在世界国家从公元 96 年图密善(Domitian)皇帝去世几乎延续至公元 180 年奥勒留皇帝去世的“兴盛晚期”,如若可能,帝 219
国政府的政策及其地方代表经常会避免判处基督徒死刑。这样的政策一部分出于人性的情感,因为这是希腊精神史上最为人道的时代;而另一部分则出于政治智慧:罗马帝国政府不需要非洲的基督徒律师德尔图良(Tertullian)告诉自己,“鲜血就是火种”。一些保留至今的、似乎真实的法庭诉讼记录显示,罗马地方执政官为被告席上基督徒囚犯——后者向恺撒的圣坛撒了一点香料——辩护的理由是,这样的仪式行为在形式上是无害的;但基督徒却逼迫这位地方执政官审判他们,几乎是以粗暴冒犯的方式。基督徒渴望通往殉道之巅的方式就是被判死刑,因此,当地方执政官试图善意避免采用死刑时,基督徒却背道而驰。可以推断,那些刚直不屈的基督徒们应该是有更好的理由的。因为,倘若必要的行为真的被公共权威视为空洞的形式,那么为什么基督徒还要把不服从变为致命的冒犯?基督徒咄咄逼人的不妥协既崇高又固执,而这两个方面都属于犹太教。但贯穿元首制时代,犹太人基督徒的不妥协依然是和平的。基督徒与拉比察该约安的犹太弟子一样,不同于犹太狂热分子,他们从未用武力对抗过罗马帝国政府。基督徒的意图是用不断使人皈依的方式实现征服,而不是运用武力夺取政权。当基督徒最终以非暴力手段实现目的时,第一位明显亲近基督教的皇帝君士坦丁,在公元 313 年建立了包容所有宗教的政体,但只延续了 68 年。公元 381 年,狂热的基督徒皇帝狄奥多西(Theodosius)发动了

220 消灭所有罗马帝国内非基督宗教的战争,并且至少在表面上于公元390年实现了这个目标。

与此同时,在公元2世纪希腊史上“兴盛的晚期”,(以死亡的痛苦)禁止基督教的法律也是时断时续、心不在焉地被执行着。基督教在当时希腊社会尚未皈依的大多数人中间并不受欢迎,这至少存在着两个原因。首先,基督徒固执地拒斥恺撒崇拜的形式,人们便谴责基督徒表现出一种无耻的狂热。由于这种狂热是非理性的,它又被视为公共的威胁。根据希腊宗教传统的精神,一种公共崇拜的行为无需有任何宗教信仰的明确主张,但它应该有忠诚于共同体的有力主张。因而拒绝服从是一种不守成规的行为,而担忧良心受到谴责也不是有效的借口。第二个原因在于,对罗马女神和恺撒神的崇拜虽然也未给希腊人的内心带来热情,但当其被藐视的时候,却的确激起了人们愤怒的情绪。总之,这种崇拜表达了社会对恩赐的安宁和和睦的感激,为此,自从(公元前6世纪末之前)某种政治联合体的形式实现以来,希腊世界已经花了500年时间去实现和平。感激是真诚的,正如斐洛著作中一段引人注目的话阐述的那样:这位亚历山大里亚的犹太哲人的措辞把奥古斯都歌颂为共同体的救世主,接近于神的边缘。身为一个犹太人,人们或许希望斐洛守护着耶和华独一无二的神圣性;身为一个亚历山大里亚城民,人们或许希望他对罗马征服者剥夺了亚历山大里亚(作为大帝国首都)的荣耀地位感到愤懑。倘若斐洛真的对奥古斯都建立
221 和平深表感激,那么那些既不是亚历山大里亚城民也非犹太人的希腊人可能也会有相同的感受,甚至感受更强烈。

只要希腊的世界国家开始堕入灾难,希腊精神与基督教之间冲突的暗火就会绽出火焰。奥勒留皇帝去世前,已经间或发生了一些反对基督教的暴乱。在公元177年的莱昂就爆发了激烈的地方迫害。当亚历山大·赛维鲁斯皇帝(Alexander Severus)在公元235年被杀害后,世界国家一时间沦入混乱状态,危机也随之而起。公元3世纪50年代,基督教遭受的大规模迫害与它接受的大规模信徒皈依齐头并进。那些感觉希

腊社会的地基在自己脚下崩塌的希腊人乐于到新的社会中寻找避难所，而基督教会将这个新的社会建立在明显稳固的基石上。仅仅是出于这个原因，其他拼命拯救和恢复古老秩序的希腊人就会对基督教感到震惊和义愤，因为基督教要在这个世界国家中建立一个敌对国。自公元212年以来，几乎这个世界国家的所有居民都是它的公民。一位公民既有义务也有权利，他最高的义务必定是当世界国家和希腊文明有被毁灭的危险时支持它们。在这个时候，精诚团结是公民的首要义务和社会的首要要求。任何领域的异见如今都是犯罪，更是宗教领域的罪大恶极，因为它冒犯了这个社会古老的诸神；如果社会要得到拯救，就必须重新获得诸神的恩宠。

毫无疑问，在精明的少数希腊人眼里，那些古老的诸神在过去的700年间早已名声败坏。但这些思想者们是社会瓦解的首要受害者，而踏入
断裂口的拯救者是那些来自多瑙河边界的伊利亚职业军人。晚期转向 222
希腊精神的人，只是在粗鄙的拉丁外表下接受了希腊精神。伊利亚人不加批判地接受了这种文明，并且以能为它服务而骄傲，哪怕有必要献出自己的生命。伊利亚军人的胸像对今天的我们而言还栩栩如生。他们短促的军人胡须、考究的着装以及不可战胜的表情，博得我们尊重，激起我们的共鸣。但他们致命的弱点在于某种源自蛮族的纯朴；这个弱点使其无法处理文明问题，甚至有时候他们还会倒退回半蛮族的水平。反映伊利亚人缺点的典型例子就是朱利安皇帝，他在自己叔叔君士坦丁皇帝已经以清晰的认识和共识同基督教达成和解之后，试图扭转历史的方向。朱利安跟纯朴的伊利亚军人已经间隔了两代人，他从一位有才华的家庭教师那里接受了良好的希腊教育。朱利安对待希腊传统那种盲从而感伤的态度，让同时代更明智的反基督教者感到尴尬，因为他把混杂的整个希腊传统予以理想化。朱利安对于希腊精神的观念，以及他对待这种假想的观念的态度，都会令公元前5世纪到公元3世纪希腊理性主义时代有教养的希腊人震惊。

朱利安时代的100年前，第一代更纯朴的伊利亚军人救世主，试图

以消灭基督教的极端手段解决基督教带来的问题,但这样的解决方式即便是在元首制处于权力和威望顶峰的时期也绝对无法证明是可行的。公元250年,抵抗跨过多瑙河入侵的蛮族并保卫自己公民同胞的英雄皇帝德西乌斯颁布法令,世界国家的每位居民一定要有一份符合官方要求的凭证(tessera),以证明自己按时进行了官方规定的活
223 动——向恺撒的神灵献祭。这种严厉的手段自然会把所有拒不服从的基督徒大白于天下,并且随之还会发生大规模的处决。有许多基督徒的确屈服了,还有一些却献出了自己的生命,而教会也在公元251年德西乌斯死后继续存在下去。公元257年,瓦伦利安皇帝逮捕、驱逐和处决著名基督徒的策略不再有效。公元260年瓦伦利安被沙普尔囚禁,对基督徒的迫害也默默终止。随着不屈不挠的伊利亚人把蛮族赶出边境,并且镇压了来自巴尔米拉和高卢的分裂世界国家的力量,伊利亚人逐渐控制了军事和政治的危机,到公元2世纪70年代,瓦伦利安的策略没有再死灰复燃。既然基督教会没有被一系列的计划灭绝,它必定迟早会控制希腊世界。社会和精神演变的过程本可以和平实现,其前提是:假若德西乌斯注定失败的政策在公元303年没有被副皇帝伽列里乌斯(Galerius)继续推行以反对其年长的同僚戴克里先更好的决策。但是,在缺乏想象力的伊利亚人中,戴克里先这位天才最终把陨落的世界国家重新转入正轨,并且以一种崭新军事化的、管理良好的组织巩固了其基础。

公元203年,罗马帝国政府无论是在道德还是法律上,都没有理由禁止一种或许已有超过三分之一的国民信奉的宗教。世界国家和社会不再处于危机之中,对恺撒的崇拜也不再是世界国家的官方宗教。从神圣化的皇帝被自己的士兵残杀来看,伊利亚人奥勒良皇帝(公元270—275年在位)得出了这样的结论:一位皇帝亲自化身为神也不能
224 消除自己被消灭的危险,因为同一把剑可以让人和神同时毙命,并且不会有神向这位神—人(god-man)的谋杀者复仇。奥勒良不喜欢亲自以神的身份统治,却喜欢以纯粹的神(non-human god)、帕加琴王国的阿

里斯托库斯的不可征服的太阳神(Unconquered Sun)的代言人身份统治,而这个代言人让士兵的武器无能为力。总之,关于皇帝的权威,其理论基础出现了重大变革。虽然这种变革没能让奥勒良逃脱随后被暗杀,但它的确使伽列里乌斯丧失了传统的根基,即声称基督教与忠于世界国家相矛盾。

伽列里乌斯及其政策也落入了应有的结局。在公元311年伽列里乌斯还活着的时候,就在他在病床上逝世前不久,他就废除了公元303年的法令。此后,不可征服的太阳神的一些伊利亚代言人,确实用基督的十字架拭除了太阳神的光晕。达达尼尔人(Dardanian)皇帝君士坦丁在自己的时代也表现出了他对现实的领悟,因为他选择了成为这场不可避免革命的推动者。

第十六章

希腊精神的瓦解

若“死亡”一词可用来描述某种制度的消亡,希腊精神的“死亡”则 225
是一场自杀,而非谋杀。“宗教和蛮族精神的胜利”作为吉本(Gibbon)有关罗马帝国衰亡史的主题,并不是要屠杀某位鲜活的受害者,而是要跨过一具死尸。在基督教成为希腊式世界国家的官方宗教之前,在蛮族立足于希腊人此前奠定的基础建立自己的继承者之前,希腊精神已经死亡。希腊精神之死源自于它没能回应上溯至公元前 5 世纪就已经遭遇的挑战。公元前 6 世纪,当希腊人的经济革命为希腊世界的地方共同体带来了经济上的共存之后,希腊人没能顺应崭新经济环境的需要完成政治统一。失败的报应就是国际与国内爆发的战争。在公元前 431 年雅典与伯罗奔尼撒大战爆发后的 400 年间,这些战争蹂躏了希腊世界,几乎不给它喘息的余地。当奥古斯都最终恢复和平与秩序后,随之发生的事情显示,希腊精神已经遭到了致命的伤害。随着希腊精神丧失了发动战争的可怕力量,曾经被偶像化的城邦再也无力挽留自己公民的灵魂。这表明,建立希腊式的世界国家也无法治愈希腊精神的弊病,它不过是权宜之计。另外,在基督纪元的第三世纪,随着陷入
混乱状态的希腊世界摧毁了希腊的中间阶层,希腊文明也随之没落。 226

希腊精神在混乱时代的瓦解,表现在伊利亚军事政治家随后的政策中,因为这些政治家曾给希腊式的世界国家带来了新生。戴克里先从容地完成了统治职责从自治市执政官向帝国行政体系转移的过程;而君士坦丁则从容地与基督教会携手,让其取代了希腊中间阶层的位置——奥古斯都元首制下的希腊中间阶层一直协助罗马帝国政府管理

希腊世界的事务。伊利亚人思想保守,不会选择革命性的行为,他们仅仅是利用那些最经久不衰的事物,在此基础上支撑起动荡的社会结构。古老的事物始终以自己的完好无损证明其价值。在希腊中间阶层和行政制度已经崩塌的小亚细亚、叙利亚和埃及,由公元3世纪末之前的伊利亚人修复的希腊式世界国家延续到了公元7世纪。然而在落后的西部行省,希腊式的世界国家已经在两百年前瓦解,那里的希腊城邦生活方式一直都带有某种异国情调。查士丁尼皇帝挥霍了黎凡特共同体中仅存的希腊社会宝贵品质,为的是征服世界国家失去的西部行省;查士丁尼的继承者们同样挥霍了那些宝贵品质,他们同波斯帝国进行了两场旷日持久、耗尽国力的战争,而这些战争为阿拉伯人征服他们打开了方便之门。

在希腊史的最后篇章里,希腊社会试图延续自身的脆弱愿望,这反映在它们想以基督教的武器对抗基督教的徒劳努力上。基督教征服了
227 人们对希腊式世界国家的崇拜,但这还不是基督教与希腊宗教之间力量较量的结局。因为作为某种人为的仪式,对罗马女神和恺撒神的崇拜已经成为服务于政治目的的制度,它让希腊人心灰意冷。在公元3世纪,一位新柏拉图主义哲人科伊勒-叙利亚的扬布里柯(Iamblichus,约公元250—325年),把公元前3世纪的叙利亚斯多亚哲人波赛东尼奥引发的思潮推进到新的层次。波赛东尼奥既要恢复争强好胜的哲学间和睦的关系,也支持某种宗教情感的复苏。而扬布里柯则考虑把希腊世界所有现存的非基督宗教和哲学都纳入一个反基督的敌对教会,以此打击基督教。这个计划由两位伊利亚人皇帝落实:伽列里乌斯没有教养的指挥官马克西米努斯(Maximinus Daia,公元305—313年在东部掌权)和君士坦丁教养极高的侄子朱利安(公元361—363年在位)。

马克西米努斯只控制了东部行省,在君士坦丁给予基督教会官方承认前他的一些努力尚有优势。而朱利安尽管控制着整个帝国,但在当时,基督教获得官方承认已成事实,他试图摧毁基督教的努力对他非常不利。令人意味深长的是,两人的努力都同样失败了。扬布里柯曾

指出基督教的两股力量源泉——它的普世性和组织。从理论上讲，打击基督教要从它的基础着手，但这也就承认了基督教对于希腊精神的优势所在，它会要求希腊精神反对自己的传统特征。希腊宗教的精神延续着完整的多神论，尽管最终在表面上强加了某种崇拜恺撒的统一形式，但即便它偶尔有冲动，想通过迫害强行统一宗教，比如在雅典—伯罗奔尼撒大战时期的雅典与安条克四世执政时期的塞琉古王朝，它依然保持着所有的宽容。在公元 4 世纪，受过哲学教育的希腊人可能 228
不会喜欢基督教，还会担忧它的盛行，但如果要让他担任某种人为的敌对教会高层的伪主教(pseudo-bishop)角色，他也不会赞成。希腊人唯一全身心投入的宗教是他们以偶像化城邦的形式对人类集体力量的崇拜。自从公元前 5 世纪以来，其余的希腊宗教已丧失了自己的吸引力；到公元 3 世纪，它们衰败的势头一日千里。到扬布里柯的时代，向德尔菲问询的古老德行和希腊世界的其他传统神谕所都已被废弃。公元 396 年，人们最后一次庆祝了奥林匹亚运动会。朱利安皇帝因为痴迷的虔诚，成了自己支持者们的笑柄。对于朱利安皇帝而言，这比基督徒咒骂他为叛教者更为致命。

朱利安建立的敌对教会随他一起消亡了。君士坦丁宽容一切宗教的政治制度由朱利安的继承者们重建，而后被狂热的西班牙基督教皇帝狄奥多西废除。狄奥多西为了支持激进的政策，用帝国政府的力量铲除了世界国家境内所有残存的非基督宗教。希腊人的反抗也无能为力。虽然希腊世界西半区人口中基督徒的比例仍然较低，艾古鲁斯(Eugenius)在公元 392 至 394 年的武装起义还是轻而易举地被狄奥多西镇压。罗马元老叙马库斯(Quintus Aurelius Symmachus)和平地抗议这种以世俗手段镇压传统宗教制度的做法，也被狄奥多西严厉地压制了。在有关圣安布鲁斯(Sanit Ambrose)的公共辩论中，叙马库斯发 229
布了一份永世难忘的宣言，他在其中比扬布里柯更为忠实地表达了希腊精神的灵魂。叙马库斯写道："通往伟大宇宙之神秘内核的道路，必定不只一条。"时至当时，基督教精神中偏执和不宽容的犹太气质所遭受的质疑，依然没有得到回应。倘若叙马库斯当时的希腊精神还有生命力，迫害对希腊精神产生的激励就该像元首制时代的基督教和安条克四世执政下的犹太教受到的激励一样。可是，当希腊社会面对相同的考验时，它萎缩成一群忠诚而古怪的信徒，他们把一些崇高而富有象征的意义融入到最为空洞和蒙昧的非基督教宗教习俗中。

公元 529 年，查士丁尼皇帝关闭了雅典的四所学园，那里在过去 1000 年的黄金时期里传播着希腊哲学四种主要学派的学说。有七位传授者因为不愿被迫放弃自己的希腊宗教而遭解雇，他们寻求并得到了波斯皇帝霍鲁斯一世（Khusraw Ⅰ）宫廷的庇护。然而，在长期去除希腊化的伊拉克，他们很快就对新近基督教化的故土生出了思乡病。霍鲁斯并没有厌烦他们的思乡病，反而彬彬有礼地把他与罗马帝国政府商议的约定写入和平协议，允许七位希腊避难者回家，并且授予终身豁免的特权，不必被强迫改信基督教。

这七位传授者是最后受到基督教的罗马政府监控的希腊人。但 350 年后，对奥林匹亚神的崇拜又开始在离雅典不远、隔绝的泰纳伦（Taenarum）半岛蔓延，那是伯罗奔尼撒南部三个“尖岔”居中的一个半
230 岛。在那里，斯巴达此前某些“附庸国”的乡村后裔从未听到过色诺芬尼和欧里庇得斯对奥林匹亚神不当行为的指责，也从未听说过狄奥多西和查士丁尼反对非基督宗教信仰的刑法。查士丁尼死后不久，这些乡村后裔的堡垒就同基督教王国断绝了联系，因为从遥远的普里皮亚特河（Pripet）沼泽来了一批异教的斯拉夫人，并涌入伯罗奔尼撒。当时，随着马其顿的人口在后亚历山大时代锐减，伊利亚的人口也因为 300 年的军事活动而急剧减少。斯拉夫蛮族大移民的浪潮冲击了东南欧空旷的乡村，直至抵达海岸及其附近一些修筑了防御工事的城墙外。公元 6 世纪末的人口剧变，既体现在今天保加利亚和南斯拉夫人讲的斯拉夫语中，也体现在如今罗马尼亚和希腊无数个斯拉夫语地名中。然而，公元 9 世纪，居住在伯罗奔尼撒的那些异教的斯拉夫人，被一个复兴的希腊式基督教罗马帝国征服；这些在泰纳伦半岛的奥林匹亚神

的希腊异教信徒被人发现,他们的希腊宗教被身为基督徒的希腊征服者镇压。

当时,“希腊人”一词的含义已经在讲希腊语的基督徒口中发生了改变。希腊人在繁盛时期把人类划分为“希腊人”(意思是“文明人”)与“蛮族”,而讲希腊语的罗马人则把人类划分为“罗马人”(意思是他们自己)与“希腊人”(当时意指异教徒)。但随着基督教的胜利,历史名称的含义又回到了原点。一个词曾表示光明之子,如今却表示坐在
冥冥黑暗之中的人们。事实上,这时的“希腊人”一词已经染上了此前 231
曾附着于“蛮族”一词的气息。运用希腊语的这种急剧变化表明,尽管人们还继续以希腊语作为自己的母语,但他们已经不再是希腊人。

希腊的基督教世界通过一些领域的激进革新,同希腊精神的传统脱离了关系。《圣经》作为希腊语读者阅读的著作取代了荷马史诗。希腊诗歌的节奏中,重读的韵律替代了音长的韵律。基督徒以希腊语创作的仪式和祷告的诗歌,在公元 7 世纪重新模仿了叙利亚的基督教格式。基督徒的希腊文世俗诗歌吸收了被视为“城市”韵文的重读韵律——大概源自君士坦丁堡。对于讲希腊语的基督徒而言,那独一无二之城不再是希腊化的罗马、亚历山大里亚或雅典,而是君士坦丁建立的从一开始就属于基督徒的城市。希腊建筑的风格——长方形的大厅、有三角形墙面的屋顶和一条外廊——在公元 6 世纪被拜占庭的风格取代:一个正方形的大厅顶着圆形屋顶,内部还掩藏着圆柱。这种新的风格与过去的风格形成的反差如此强烈。希腊神庙表现出一种外向的精神姿态,而拜占庭教堂则是内向的。甚至那些希腊的山峦也失去了自己著名的希腊名字。位于欧洲大陆的很多山峦都被迁入的斯拉夫蛮族以其斯拉夫语重新命名。在那些避开了斯拉夫人入侵的海岛上,著名的山峰是以先知以利亚(Elijah)的名字命名的。这位以色列英雄升入天国的传说在基督徒的想象中不会陌生,但他们遗忘了希腊英雄赫拉克勒斯从奥塔峰上下来的传说。

基督教取代了希腊精神,但它不会、也不能否定希腊文化的要素,

因为基督教此前为了进一步实现自己改变希腊世界信仰的最初目的曾
232 将其作为工具。基督教会的经文、祷告文和神学文献都是用希腊语和拉丁语写作的。教会的教义以希腊哲学的术语阐发。后者浸润和融合着前基督教时代的希腊式文学的主流风格,其中东方的希腊语文学和西方的拉丁语文学,它们充当了文学风格的代表与形而上学推理的典范。基督教会所支持的希腊文学的数量和种类,实际上大大超过了仅从实用目的出发的最低要求。基督教会对希腊文学传统的大度欣赏和保护的确值得称赞,但也能引出困境。因为,就像埃及掌管繁育的奥西利斯神被杀害肢解的尸体一样,希腊精神的碎片(*disjecta membra*)在自己体内潜伏着生命的火花,在蛰伏了数个世纪之后,定会重新绽出火焰。因此,基督教会无意间成为非基督教甚至反基督教观念和理想的传播者,而这些观念和理想有时会重新引起其基督教承接者们的惊愕。

东方民族在公元前 3 和前 2 世纪起义反抗马其顿的统治,并且在公元前最后一个世纪被罗马军队再次征服;他们的第二次复兴运动史说明了基督教中埋藏的希腊活力。公元 5 世纪,东方人的反攻重新开始,它不再采用抵抗希腊世俗力量的武装形式,这一次的战斗发生在基督教会的内部,运用的是神学和语言的武器。讲叙利亚语、埃及语和亚美尼亚语的基督徒此时开始接受有关基督三位一体第二位格本质的不
233 同学说,并且采用自己的民族语言取代希腊语以作为其基督教祷告文和文学的载体。通过这些举措,讲叙利亚语、埃及语和亚美尼亚语的基督徒确立了自身,并对抗讲希腊语和拉丁语的基督徒。在第二场以文化为武器的战斗中,东方民族胜利了。在公元 7 世纪,罗马帝国横跨多瑙河的行省被穆斯林阿拉伯人军事占领前,在陶洛斯山脉东南部,希腊语和基督教神学学说的希腊“正统”版本已经被驱除出农村,局限在一些城邦如安条克、耶路撒冷和亚历山大里亚的城墙之内。然而,在东方民族抵抗希腊语和“帝国”教会希腊语领导层的同时,他们并没有拒斥希腊思想。东方民族不仅翻译了基督教父的希腊语原著,还把希腊哲人以及那些为基督神学家提供过思想工具的科学研究者的希腊语原著翻译成

自己的语言。在此基础上,希腊思想通过基督一性派(Monophysite)教会在罗马帝国的东方臣民中传播,通过聂斯脱利派(Nestorian)教会在波斯帝国的臣民中传播。当上述两个帝国都被穆斯林阿拉伯人征服时,皈依了征服者那种新式犹太教的东方基督徒为伊斯兰教提供了自己的神学,它源自与基督教神学相同的希腊资源。以前曾被译为叙利亚文的希腊哲学和科学著作,此刻被译为阿拉伯文。当西方基督教世界已经脱离了希腊思想魅力的松散形式并且开始自主思考的时候,伊斯兰世界一直还把柏拉图、亚里士多德、希波克拉底和盖伦(Galen)奉为泰斗。

因此,随着三种曾属于希腊文明范围内的新文明拜占庭基督教、西
方基督教和伊斯兰教的兴起,它们共同证明自己通过基督教和伊斯兰 234
教获得了希腊的启发。事实上,这三种文明可以一起被归为“希腊化的”(Hellenistic)和“犹太的”(Judaic)文明。

一种“希腊化的”文明或许会被爆发的希腊精神超越,后者就埋藏在基督教和伊斯兰教的外表下尚未灭绝。目前,西方的基督教世界依然感受到一股不寻常的爆发力的影响,即众所周知的文艺复兴。它在大约600年前的意大利兴起,从那里开始,首先蔓延到西方基督教世界的其余地区,随后又蔓延到世界的其他地方,成为近代世界范围内“西方化”进程的结果。公元17世纪末以前,被重新发掘的希腊文化在艺术和科学领域产生的影响,已经被西方思想家们消化和超越。而在政治领域内,将区域性国家偶像化的希腊式崇拜也在复兴,今天它已成了西方以及迅速西方化的世界的主导宗教。对此,基督教、伊斯兰教和其他精深的宗教也几乎不作太多掩饰。希腊世界的可悲历史表明,希腊的偶像崇拜形式是希腊精神的一个幽灵,而我们正把它藏匿在自己的危机之下。现代世界若要避免遭遇其希腊祖先的命运,就必须义无反顾地驱除这个恶灵。

参考书目

一、原作英文译本

HOMER: *The Iliad* and *The Odyssey*: E. V. Rieu. (London, 1956 & 1945, Penguin.)

HESIOD: *Hesiod* (*Theogony, Works and Days, & c.*): H. G. Evelyn White. (This also includes the Homeric Hymns.)(London, 1914, Heinemann, Loeb Library.)

GREEK ELEGIAC POETS: *Elegy and Iambus*: J. M. Edmonds. (London, 1931, Heinemann, Loeb Library, 2 vols.)

GREEK LYRIC POETS: *Lyra Graeca*: J. M. Edmonds. (London, 1922 – 7, Heinemann, Loeb Library, 3 vols.)

Also *The Oxford Book of Greek Verse in Translation*: T. F. Higham, C. M. Bowra. (Oxford, 1938, Clarendon Press.)

PRE-SOCRATIC GREEK PHILOSOPHERS: *Ancilla to the Pre-Socratic Philosophers*: A Complete Translation of the Fragments in Diels, *Fragmente der Vorsokratiker*: K. Freeman. (Oxford, 1949, Blackwell.)

PINDAR: *The Odes of Pindar* (*Odes in Honour of Victors at the Panhellenic Festivals*): Sir John Sandys. (London, 1915, Heinemann, Loeb Library.)

AESCHYLUS: *The Complete Plays* (*Tragedies*): Gilbert Murray. (London, 1952, Allen & Unwin.)

SOPHOCLES: *Sophocles* (*Tragedies—complete works*): F. Storr. (London, 1912 – 13, Heinemann, Loeb Library, 2 vols.)

Individual plays translated by Gilbert Murray and published by Allen & Unwin are: *Antigone* (1941); *Oedipus at Colonus* (1948); *Oedipus King of Thebes* (1911); *The Trachinean Women* (1947); *The Wife of Heracles* (1947).

HIPPOCRATEAN SCHOOL OF MEDICINE: *Hippocrates* (*Collected Works*) *and the Fragments of Heracleitus*: W. H. S. Jones & E. T. Withington. (London, 1923 – 31, Heinemann, Loeb Library, 4 vols.)

HERODOTUS: *The History of Herodotus* (*A History of the Conflicts between Asia and Europe*): George Rawlinson. (London, 1910, Dent, Everyman's Library.)

THUCYDIDES: *History of the Peloponnesian War* (*A History of the Great Atheno-Peloponnesian War*) 2nd ed.: B. Jowett. (Oxford, 1900, Clarendon Press, 2 vols.)

EURIPIDES: *Euripides* (*Tragedies, complete works*): A. S. Way. (London, 1912, Heinemann, Loeb Library, 4 vols.)

Gilbert Murray's translations of individual plays (published by Allen & Unwin) are: *Alcestis* (1915); *The Bacchae* (1902); *Electra* (1905); *Hippolytus* (1902); *Iphigenia in Tauris* (1910); *Medea* (1906); *Rhesus* (1915); *The Trojan Women* (1906)—now obtainable in one vol., *The Collected Plays of Euripides* (1954). *Ion* (1954) is issued separately.

ARISTOPHANES: *Aristophanes* (*Comedies*—complete works): B. B. Rogers. (London, 1924, Heinemann, Loeb Library, 3 vols.)

Gilbert Murray's translations of individual plays (published by Allen & Unwin) are: *The Birds* (1950); *The Frogs* (1908); *The Knights* (1956).

PLATO: *The Dialogues of Plato*, 4th ed.: B. Jowett. (Oxford, 1953, Clarendon Press, 4 vols.)

The Republic: A. D. Lindsay. (London, 1954, Dent, Everyman's Library.)

XENOPHON: *The Hellenica* (*Hellenic Affairs*, a continuation of Thucydides' *History down to the year* 361 B.C.): C. L. Brownson & O. J. Todd. (This also includes *The Apology* (*Socrates' Defence*) and *The Symposium*.) (London, 1921 – 3, Heinemann, Loeb Library, 3 vols.)

The Persian Expedition (*The Return March of Cyrus the Younger's Greek Mercenaries*, 401 – 399 B.C.): Rex Warner. (London, 1949, Penguin.)

Cyropaedia (*The Education of Cyrus the Elder*): Walter Miller. (London, 1914, Heinemann, Loeb Library, 2 vols.)

Memorabilia and Oeconomicus (*A Memoir of Socrates* and *A Treatise on Housekeeping*): E. G. Marchant. (London, 1923, Heinemann, Loeb Library.)

ISOCRATES: *Isocrates* (*Lectures and Addresses*): George Norlin & La Rue van Hook. (London, 1928 – 45, Heinemann, Loeb Library, 3 vols.)

DEMOSTHENES: *Public Orations*: A. W. Pickard-Cambridge. (Oxford, 1912, Clarendon Press.)

Private Orations: A. T. Murray. (London, 1936 – 9, Heinemann, Loeb Library, 3 vols.)

AESCHINES: *The Speeches of Aeschines*: Charles Darwin Adams. (London, 1919, Heinemann, Loeb Library.)

ARISTOTLE: *The Oxford Translation of Aristotle: vol.* 1 *Logic*: E. M. Edghill, A. J. Jenkinson, G. R. Mure, W. A. Pickard Cambridge; 2 *Philosophy of Nature*: R. P. Hardie, R. K. Gaye, J. L. Stocks, H. H. Joachim; 3 *The Soul*: E. W. Webster, E. S. Forster, J. A. Smith, J. I. Beare, G. R. T. Ross, J. F. Dobson; 4 *History of Animals*: Sir D'Arcy W. Thompson; 5 *Parts of Animals*: W. Ogle, A. S. L. Farquharson, A. Platt; 6 *Minor Biological Works*: T. Loveday, E. S. Forster, L. D. Dowdall, H. H. Joachim; 7 *Problems*: E. S. Forster; 8 *Metaphysics*: Sir W. D. Ross; 9 *Ethics*: Sir W. D. Ross, St. G. Stock, J. Solomon; 10 *Politics and*

Economics: B. Jowett, E. S. Forster, Sir F. G. Kenyon; 11 *Rhetoric & Poetics*: W. Rhys Roberts, E. S. Forster, I. Bywater; 12 *Select Fragments*: Sir W. D. Ross. (Oxford, 1912 – 52, Clarendon Press.)

Also *The Politics of Aristotle*, translated with notes: Sir Ernest Barker. (Oxford, 1948, Clarendon Press.)

The Nichomachean Ethics of Aristotle (from vol. q, *Oxford Translation*): Sir W. D. Ross. (London, 1954, Oxford University Press, World's Classics.)

ARRIAN: *The Life of Alexander the Great*: Aubrey de Selincourt. (London, 1958, Penguin.)

THEOPHRASTUS: *Characters*: A. D. Knox. (London, 1929, Heinemann, Loeb Library.)

Enquiry into Plants: Sir Arthur Hort. (London, 1916, Heinemann, Loeb Library, 2 vols.)

MENANDER: *Menander* (*Comedies of Manners*): F. G. Allinson. (London, 1921, Heinemann, Loeb Library.)

Also *The Arbitration, The Rape of the Lochs*: Gilbert Murray. (London, 1945 & 1942, Allen & Unwin.)

EPICURUS: *Epicurus: The Extant Remains*: with critical apparatus, translation, and notes: Cyril Bailey. (Oxford, 1926, Clarendon Press.)

POLYBIUS: *The Histories* (*A History of the Roman Conquest of the Hellenic World*): W. R. Paton. (London, 1922 – 7, Heinemann, Loeb Library, 6 vols.)

LIVY (TITUS LIVIUS): *Livy* (*A History of Rome*, volumes covering the years 218 – 167 B.C.): B. O. Foster, F. G. Moore, Evan T. Sturge, A. C. Schlesinger. (London, 1922 – 7, Heinemann, Loeb Library, vols. 5 – 13.)

Epitomes: *The History of Rome*: W. A. M'Devitte. (London, 1862,

Bohn's Classical Library.)

CATO, MARCUS PORCIUS: *Marcus Porcius Cato on Agriculture*: W. D. Hooper. (London, 1934, Heinemann, Loeb Library.)

THE BOOK OF DANIEL: *The Bible: An American Translation*:

Edgar J. Goodspeed. (Chicago, 1935, University Press.)

THE BOOKS OF MACCABEES: *The Apocrypha*:

Edgar J. Goodspeed. (Chicago, 1938, University of Chicago Press.)

DIODORUS OF AGYRIUM: *Diodorus Siculus* (*A Library of Universal History*): C. H. Oldfather, C. L. Sherman, Russel

M. Geer, F. R. Walton. (London, 1933 – 57, Heinemann, Loeb Library, 12 vols.)

STRABO: *The Geography of Strabo* (*Geographica*): H. L. Jones. (London, 1917 – 32, Heinemann, Loeb Library, 8 vols.)

THE NEW TESTAMENT: *The Four Gospels*: E. V. Rieu. (London, 1952, Penguin.)

The Acts of the Apostles: C. H. Rieu. (London, 1957, Penguin.)

The Epistles and Book of Revelation: *The Bible: An American Translation*: Edgar J. Goodspeed. (Chicago, 1935, University of Chicago Press.)

EPICTETUS: *Epictetus* (*His Lectures from Arrian's Notebooks*): W. A. Oldfather. (London, 1926 – 8, Heinemann, Loeb Library, 2 vols.)

PLUTARCH: *Plutarch's Lives*: Bernadotte Perrin. (London, 1914 – 26, Heinemann, Loeb Library, 11 vols.)

Plutarch's Moralia: F. C. Babbit, W. C. Helmbold, P. H. de Lacy, B. Einarson, H. N. Fowler, H. Cherniss. (London, 1927 – 31, Heinemann, Loeb Library, 14 vols.)

MARCUS AURELIUS: *The Meditations of Marcus Aurelius* (*Private Fournal*): J. Jackson. (Oxford, 1906, Clarendon Press.)

LUCIAN: *Lucian* (*Essays*): A. M. Harmon. (London, 1913 – 36, Heinemann, Loeb Library, 8 vols.)

PAUSANIAS: *Description of Greece*: W. H. S. Jones. (London, 1918 – 35, Heinemann, Loeb Library, 5 vols.)

CHRISTIAN MARTYRS' RECORDS: *Some Authentic Acts of the Early Martyrs: A Selection*: E. C. C. Owen. (London, 1933, S. P. C. K.)

MINUCIUS FELIX: *See under Tertullian below.*

TERTULLIAN: *Tertullian* (*Apology* with the *Octavius* of Minucius Felix) : T. R. Glover & G. H. Rendall. (London, 1931, Heinemann, Loeb Library.)

Also *The Early Christian Fathers: A Selection*, edited and translated by Henry Bettenson. (London, 1956, Oxford University Press.)

ORIGEN (ORIGENES): *Origen Contra Celsum* (*A Reply to Celsus*): Henry Chadwick. (Cambridge, 1953, University Press.)

PLOTINUS: *The Enneads* (*Philosophical Papers*): Stephen MacKenna. (London, 1957, Faber.)

JULIAN, THE EMPEROR: *Fulian* (*Works*): W. C. Wright. (London, 1913 – 23, Heinemann, Loeb Library, 3 vols.)

SALLUSTIUS: *Concerning the Gods and the Universe*, edited with Prolegomena and Translation: A. D. Nock. (Cambridge, 1926, University Press.)

EUNAPIUS: *Lives of the Sophists*: W. C. Wright. (London, 1922, Heinemann; Loeb Library.)

AUGUSTINE, ST.: *The City of God*: John Healy (ed. Tasker). (London, 1957, Dent, Everyman's Library.)

PROCOPIUS: *Procopius* (*The Emperor Fustinian's Wars*): (London, 1914 – 40, Heinemann, Loeb Library, 7 vols.)

THE GREEK ANTHOLOGY: *Select Epigrams from the Greek Anthology*, 3rd ed.: J. W. Mackail. (London, 1911, Longmans.)

The Greek Anthology: W. P. Paton. (London, 1916 – 18 Heinemann, Loeb Library, 5 vols.)

二、英文版近现代著作

1. 综合类

ANDREWES, A.: *The Greek Tyrants*. (London, 1956, Hutchinson.)

BOWRA, C. M.: *The Greek Experience*. (London, 1957, Weidenfeld & Nicolson.)

The Cambridge Ancient History: 12 vols. of text and 5 vols. of plates, 1924 – 39; vols. i and ii of the text are being rewritten.

FERGUSON, W. S.: *Greek Imperialism*. (London, 1913, Constable.)

GIBBON, E.: *The History of the Decline and Fall of the Roman Empire*, ed. by J. B. Bury, smaller edition. (London, 1900 – 2, Methuen, 7 vols.)

GLOVER, T. R.: *The Ancient World*. (London, 1953, Pelican.)

GRIFFITH, G. T.: *The Mercenaries of the Hellenistic World*. (Cambridge, 1935, University Press.)

HOGARTH, D. G.: *Philip and Alexander of Macedon*. (London, 1897, John Murray.)

JAEGER, W.: *Paideia*, translated by Gilbert Highet. (Oxford, 1939, Blackwell.)

JONES, A. H. M.: *The Cities of the Eastern Roman Provinces*. (Oxford, 1937, Clarendon Press.)

JONES, A. H. M.: *The Greek City from Alexander to , Fustinian*. (Oxford, 1940, Clarendon Press.)

LOT, F.: *The End of the Ancient World*. (London, 1931, Kegan Paul, Trench, Trubner.)

MANNOU, H. I.: *History of Education in Antiquity*, translated by George

Lamb. (London, 1956, Sheed & Ward.)

MYRES, J. L.: *Who were the Greeks?* (Berkeley, 1930, University of California Press.)

PARKE, H. W.: *Greek Mercenary Soldiers from the Earliest Times to the Battle of Ipsus.* (Oxford, 1933, Clarendon Press.)

ROSTOVTZEFF, M.: *The Social and Economic History of the Hellenistic World.* (Oxford, 1941, Clarendon Press, 3 vols.)

ROSTOVTZEFF, M.: *The Social and Economic History of the Roman Empire*, revised edition. (Oxford, 1957, Clarendon Press, 2 vols.)

TARN, W. W.: *Alexander the Great*. (Cambridge, 1948, University Press, 2 vols.)

TARN, W. W.: *Hellenistic Civilisation*, revised edition. (London, 1952, Edward Arnold.)

URE, P. N.: *The Origin of Tyranny*. (Cambridge, 1922, University Press.)

WEBSTER, T. B. L.: *From Mycenae to Homer: A Study in Early Greek Literature and Art*. (London, 1958, Methuen.)

ZIMMERN, A. E.: *The Greek Commonwealth,* 5th ed. (Oxford, 1931, Clarendon Press.)

2. 希腊世界的扩张

BELL, H. I.: *Egypt from Alexander the Great to the Arab Conquest*. (Oxford, 1948, Clarendon Press.)

CARPENTER, RHYS: *The Greeks in Spain*. (London, 1925, Longmans.)

DUNBABIN, T. J.: *The Western Greeks*. (Oxford, 1948, Clarendon Press.)

DUNBABIN, T. J.: *The Greeks and their Eastern Neighbours*. (London, 1957, The Society for the Promotion of Hellenic Studies.)

NANAIN, A. K.: *The Indo-Creeks*. (Oxford, 1957, Clarendon Press.)

ROSTOVTZEFF, M.: *Dura-Europus and its Art*. (Oxford, 1938, Clarendon

Press.)

ROSTOVTZEFF, M.: *Iranians and Greeks in South Russia*. (Oxford, 1922, Clarendon Press.)

TARN, W. W.: *The Greeks in Bactria and India*. (Cambridge, 1938, University Press.)

3. 宗教与哲学

ALFÖLDI, A.: *The Conversion of Constantine and Pagan Rome*. (Oxford, 1948, Clarendon Press.)

BAILEY, C.: *The Greek Atomists and Epicurus*. (Oxford, 1928, Clarendon Press.)

BAYNES, N. H.: *Constantine the Great and the Christian Church*. (London, 1929, Milford.)

BELL, H. I.: *Cults and Creeds in Graeco-Roman Egypt*. (Liverpool, 1953, University Press.)

BEVAN, E. R.: *Stoics and Sceptics*. (Oxford, 1913, Clarendon Press.)

BURNET, J.: *Greek Philosophy, Part I: Thales to Plato*. (London, 1914, Macmillan.)

COCHRANE, C. N.: *Christianity and Classical Culture*. (London, 1940, Oxford University Press.)

CORNFORD, F. M.: *From Religion to Philosophy*. (London, 1912, Arnold; New York, 1957, Harper Torchbooks.)

CORNFORD, F. M.: *Principium Sapientiae: The Origins of Greek Philosophical Thought*. (Cambridge, 1952, University Press.)

DODDS, E. R.: *The Greeks and the Irrational*. (Berkeley, 1951, University of California Press.)

FESTUGIÈRE, O. P., A. J.: *Personal Religion among the Greeks*. (Berkeley, 1954, University of California Press.)

Freeman, K.: *The Pre-Socratic Philosophers*. (Oxford, 1946, Blackwell.)

Glover, T. R.: *The Conflict of Religions in the Early Roman Empire*, loth ed. (London, 1923, Methuen.)

Harrison, J. E.: *Prolegomena to Greek Religion*. (Cambridge, 1922, University Press.)

Harrison, J. E.: *Themis: A Study of the Social Origins of Greek Religion*, 2nd ed. (Cambridge, 1927, University Press.)

Jaeger, W.: *The Theology of the Early Greek Philosophers*. (Oxford, 1947, Clarendon Press.)

Jones, A. H. M.: *Constantine and the Conversion of Europe*. (London, 1948, Hodder & Stoughton.)

Kirk, G. S. & Raven, J. E.: *The Presocratic Philosophers*. (Cambridge, 1957, University Press.)

Linforth, I. M.: *The Arts of Orpheus*. (Berkeley, 1941, University of California Press.)

Murray, Gilbert: *Five Stages of Greek Religion*. (London, 1935, Watts: The Thinker's Library, No. 52.)

Murray, Gilbert: *The Stoic Philosophy*. (London, 1915, Watts.)

Nilsson, M. P.: *A History of Greek Religion*, 2nd ed. (Oxford, 1949, Clarendon Press.)

Nilsson, M. P.: *Greek Piety*. (Oxford, 1948, Clarendon Press.)

Nilsson, M. P.: *Greek Popular Religion*, second printing. (New York, 1947, Columbia University Press.)

Nock, A. D.: *Conversion: The Old and the New Religion from Alexander the Great to Augustine of Hippo*. (Oxford, 1933, Clarendon Press.)

Parke, H. W.: *A History of the Delphic Oracle*, revised edition. (Oxford, 1939, Blackwell, 2 vols)

Snell, Bruno: *The Discovery of the Mind*. (Oxford, 1953, Blackwell.)

4. 艺术与建筑

(i) *Greek and Graeco-Roman Sculpture*

ANON.: *A Short Guide to the Sculptures of the Parthenon*. (London, 1950, British Museum.)

BIEBER, M.: *The Sculpture of the Hellenistic Age*. (New York, 1955, Columbia University Press.)

RICHTER, G. M. A.: *Archaic Greek Art*. (New York, 1949, Oxford University Press.)

RICHTER, G. M. A.: *Sculpture and Sculptors of the Greeks*. (London, 1950, Oxford University Press.)

RICHTER, G. M. A.: *Three Critical Periods in Greek Sculpture*. (Oxford, 1951, Clarendon Press.)

STRONG, E.: *Art in Ancient Rome*. (London, 1929, Heinemann.)

STRONG, E.: *Roman Sculpture*. (London, 1907, Duckworth.)

(ii) *Greek and Graeco-Roman Painting*

HINKS, R.: Catalogue of Greek, Etruscan, and Roman Paintings and Mosaics in the British Museum. (London, 1933, British Museum.)

MAIURI, F.: *Roman Painting*. (Geneva, 1953, Skira.)

RUMPF, A.: 'Classical and Post-Classical Greek Painting' (*Fournal of Hellenic Studies*, vol. LXVII, 1947, PP. 10 – 21).

(iii) *Greek and Graeco-Roman Pottery*

BEAZLEY, J. D.: *The Development of Attic Black Figure*. (London, 1951, Cambridge University Press.)

CHARLESTON, R. J.: *Roman Pottery*. (London, 1955, Faber.)

LANE, E. A.: *Greek Pottery*. (London, 1948, Faber.)

RICHTER, G. M. A.: *Attic Red-Figured Vases*. (New Haven, 1946, Yale University Press.)

(iv) *Greek and Roman Architecture*

DINSMOOR, W. B.: *The Architecture of Ancient Greece*, 3rd ed. (London, 1950, Batsford.)

LAWRENCE, A. W.: *Greek Architecture*. (Harmondsworth, 1957, Penguin.)

PLOMMER, H.: *Ancient and Classical Architecture* (vol. 1 of F. M. Simpson's *History of Architectural Development*, new edition). (London, 1956, Longmans.)

ROBERTSON, D. S.: *A Handbook of Greek and Roman Architecture*, 2nd ed. (Cambridge, 1943, University Press.)

5. 文学

MURRAY, GILBERT: *Aeschylus*. (Oxford, 1940, Clarendon Press.)

MURRAY, GILBERT: *Aristophanes*. (Oxford, 1933, Clarendon Press.)

MURRAY, GILBERT: *Euripides and His Age*. 2nd ed. (London, 1945, Oxford University Press; Home University Library.)

MURRAY, GILBERT: *A History of Ancient Greek Literature*, 2nd ed. (Chicago, 1956, University of Chicago Press; Cambridge, University Press.)

MURRAY, GILBERT: *The Rise of the Greek Epic*, 4th ed. (Oxford, 1934 Clarendon Press.)

MYRES, J. L.: *Herodotus, Father of History*. (Oxford, 1953, Clarendon Press.)

6. 区域性国家

BEVAN, E. R.: *A History of Egypt under the Ptolemaic Dynasty*. (London, 1927, Methuen.)

BEVAN, E. R.: *The House of Seleucus*. (London, 1902, Edward Arnold, 2 vols.)

FERGUSON, W. S.: *Hellenistic Athens*. (London, 1911, Macmillan.)

HANSEN, E. V.: *The Attalids of Pergamum*. (Ithaca, N. Y., 1947, Cornell University Press.)

LINFORTH, I. M.: *Solon the Athenian*. (Berkeley, 1919, University of California Press.)

MICHELL, H.: *Sparta*. (Cambridge, 1952, University Press.)

SHERWIN-WHITE, A. N.: *The Roman Citizenship*. (Oxford, 1939, Clarendon Press.)

WOODHOUSE, W. J.: *Solon the Liberator*. (Oxford, 1938, University Press.)

索　引

（本索引中的页码为英文原书的页码，即本书的边码）

A

B

C

D

E

G

H

I

J

K

L

M

N

O

P

Q

R

S

T

V

W

X

Z

译后记

汤因比最初接受古典学家默雷委托写作《希腊精神》一书是在1914年，当他重新提笔完成余下的章节已经是四十多年以后——本书于1959年在牛津大学出版社出版。这期间，作者见证了两次世界大战的爆发和余震。细品本书的脉络不难发现，倘若20世纪之初刚接手本书时汤因比对于“希腊精神”还是一种古典学者惯有的“朝圣”之心，本书出版之时作者对“希腊精神”的态度更多是一种哀思之态。

在汤因比看来，“希腊精神”并不能等同于“希腊（国家）”、“希腊语”、“希腊人”承载的文明形态，它应当属于一种糅合了多个地理区域、文化要素、种族特性、宗教精神的文明综合体，其时空范围远远超出了上述任何一种传统限定的“希腊”因素。从时间上，它自公元前2000年末一直延续到公元7世纪；从空间上，它不仅涵盖了爱琴海、黑海、地中海沿岸，还延伸到了大西洋沿岸和印度。汤因比将此书副标题命名为“一部文明史”，并不代表当时的主流史学界完全认同这种写作方式和史观。时至今日，“文明史”似乎早已经成为史学专业化视野下颇值得怀疑的历史“虚构”和宏大“书写”。当代历史研究的切入点倾向于事件和人物，大多以国别和断代为界。“文明形态史”和“文化形态史”自然被视为一种哲学或形而上学的历史建构。汤因比著述中的“文明史”观念恰好需要突破这种限制，而文明本身需要史学家将其作为一个与事件、人物同样“确实”的历史认知对象予以认真对待。更为重要的是，它不仅需要史学家不断廓清一种文明形态的边界和内核，能够对不同文明形态在不同历史时期的彼此消长与互动做出游刃有余的判断和反思，也需要读者能够清楚意识到,任何一种文明形态的发展并不能简单化约为某个国家或某个固定区域、族群的内在精神历程,任何文明史无法逃避"比较史"的视域。

汤因比的"挑战与应对"模式依然是《希腊精神》历史叙述的重要线索,在这个线索之中,汤因比大量穿插了他对于希腊"文明圈"的地理风貌(甚至有通过本人亲自旅行得到的直接经验)、工商业、科技、宗教、艺术、政治、战争、殖民、人性等要素的全景式把握,汤因比以其精到的历史洞察力将这些要素梳理进希腊文明的发展脉络。换言之,汤因比并没有被任何一种历史问题"模式"本身束缚,《希腊精神》无论是在全局还是细节上都提出了许多独到的历史见解,呈现了不同于往常的判断,比如,将斯巴达文明和雅典文明相对独立于其余希腊文明(如同时代更为典型的代表是柯林斯),而将罗马文明作为希腊文明的组成部分,收归于希腊文明内部。诸如此类的洞见,并非没有争议,但无论是对于文明的参与者,还是见证者,汤因比笔下的希腊精神作为西方文明的支柱之一远远没有终结。

毕竟,文明史的写作和阅读永远都会是一场充满精神诱惑和心智危机的探险。

在翻译本书的过程中,本人深感译事的繁难和不易。汤因比原书行文挥洒、汪洋恣肆,出身古代史研究的他对古典文献、考古材料、历史典故、地理格局如数家珍,信手拈来,书中出现的大量历史地名、人名和事件,也给翻译增加了困难。再加上原作者本人宏阔的历史关怀和学术视野总是渗透在微妙的历史叙述之间,使得不少译文的推敲殊为不易。

本人平素研究多集中于哲学,虽对古希腊相关领域有所涉猎,但承接希腊史的翻译依然感觉多有力有不逮之处,尽管勉力而为,译文势必还存有不少疏漏和失误,好在译事本身是一项永无止境的行为,而认真的读者必定能够诚挚地指正译者的不当之处,这也是本书译者的期待。

感谢陈恒教授对本书的策划和联络所做的工作,也感谢我的同事兼师友程志敏教授的信任和委托。老友王恒教授也时常关心本书翻译的进度。翻译工作的关键阶段,家人为我承担了几乎全部家务,使我能在繁忙的教学工作之余最终完成译稿。爱人李贞甚至帮我解决了书中的一些语言疑难,她纯熟的英文对本书的翻译多有助益。在此一并致谢。当然,所有的文责还是一概由本人承担。

乔　戈

2015 年 1 月 1 日

改定于重庆渝北

“二十世纪人文译丛”首批出版书目

《希腊精神》 ［英］阿诺德·汤因比 著 乔 戈 译

《十字军史》 ［英］乔纳森·赖利-史密斯 著 欧阳敏 译

《大地与人：一部全球史》 ［美］理查德·W. 布利特 帕梅拉·凯尔·克罗斯利 等著 刘文明 邢 科 田汝英 译

《欧洲历史地理》 ［美］诺曼·J.G. 庞兹 著 王大学 秦瑞芳 译

《希腊艺术导论》 ［英］简·爱伦·哈里森 著 马百亮 译

《意大利文学史》 ［意］弗朗切斯科·德·桑科蒂斯 著 魏 怡 译

图书在版编目（CIP）数据

希腊精神：一部文明史/（英）汤因比著；乔戈译.—
北京：商务印书馆，2015（2025.8重印）
（二十世纪人文译丛）
ISBN 978 - 7 - 100 - 11467 - 7

Ⅰ.①希…　Ⅱ.①汤…　②乔…　Ⅲ.①文化史 — 古希
腊　Ⅳ.①K125

中国版本图书馆CIP数据核字（2015）第160530号

希 腊 精 神
一部文明史
〔英〕阿诺德·汤因比　著
乔　戈　译

商　务　印　书　馆　出　版
（北京王府井大街36号　邮政编码 100710）
商　务　印　书　馆　发　行
山 东 临 沂 新 华 印 刷 物 流
集 团 有 限 责 任 公 司 印 刷
ISBN　978 - 7 - 100 - 11467 - 7

2015年8月第1版　　开本 640×960　1/16
2025年8月第4次印刷　　印张 15

定价：78.00元